Criminología
y conducta antisocial

Arturo Silva Rodríguez

DIRECCIÓN EDITORIAL: Miguel Escorza T.
COORDINACIÓN EDITORIAL: Matilde Schoenfeld
PORTADA: Perla A. López Romo

© 2003   Editorial Pax México, Librería Carlos Cesarman, S.A.
          Av. Cuauhtémoc 1430
          Col. Santa Cruz Atoyac
          México D.F. 03310
          Teléfono: 5605 7677
          Fax: 5605 7600
          Correo electrónico: editorialpax@editorialpax.com
          Página web: www.editorialpax.com

Primera edición
ISBN 13 dígitos: 978-968-860-638-4
ISBN 10 dígitos: 968-860-638-3
Reservados todos los derechos
Impreso en México / *Printed in Mexico*

Índice

Capítulo 3
La acción humana: sus modalidades y su configuración
en antisocial   49

Arturo Silva Rodríguez, Campus Iztacala, UNAM

Capítulo 4
Aproximaciones sociológicas en el estudio de la antisocialidad   91

Arturo Silva Rodríguez, Campus Iztacala, UNAM

Prólogo

En la década de 1960 y hasta la de 1980, debido a la aparición de la criminología crítica, dejó de haber interés en las teorías patológicas cuyo sello distintivo consistía, según menciona Baratta, 1989, en estudiar las características biológicas y psicológicas que distinguen a los sujetos criminales de los individuos normales y además, en adoptar un rígido determinismo que negaba férreamente la posibilidad de que los sujetos actuaran con libertad. La criminología crítica surge en cierta manera como una especie de reacción a la antigua criminología positivista que cultivaba un enfoque biopsicológico, el cual hacía a un lado la posibilidad de imputar el delito al acto libre de la voluntad, sustituyendo con esto la responsabilidad moral y jurídica por una responsabilidad social, en la que el delito es atribuido al comportamiento de un sujeto más que a la relación funcional o disfuncional que tiene el delito con las estructuras sociales y con el desarrollo de los nexos de producción y de distribución. Para la criminología crítica, el fenómeno de la criminalidad deja de ser una cualidad ontológica de determinados comportamientos e individuos para transformarse en un estatus asignado a las personas por medio de un doble código. Uno de los códigos tiene que ver con la forma como la sociedad selecciona los bienes que debe proteger y la manera como los comportamientos de los individuos atentan contra esos bienes. El otro código está relacionado igualmente con un proceso de selección que hace la sociedad, pero con la acción dirigida a identificar sujetos estigmatizados entre otros individuos que infringen normas penalmente sancionadas.

Los dos códigos anteriores han servido de sustento para construir los caminos por los que ha transitado en los últimos años la criminología crítica que tiene que ver, por un lado, con el desplazamiento del interés por el autor del delito, característico de los enfoques positivistas, hacia las condiciones objetivas, estructurales y funcionales, que originan la desviación; y, por otro, asociada con un desplazamiento, pero éste alejado del aspecto cognoscitivo de las causas de la desviación criminal y centrado en los mecanismos sociales e institucionales mediante los que es construida la realidad social de la desviación, esto es, la atención se fija primordialmente en los mecanismos con los cuales son creadas y aplicadas definiciones de desviación y de criminalidad y se realizan procesos de criminalización (Baratta, 1989).

En cuanto al sustento conceptual, la criminología crítica adopta una visión materialista en la que existe una marcada predilección por utilizar categorías teóricas de la naturaleza económico políticas derivadas del marxismo para explicar la criminalidad manifestada mediante la desviación y los comportamientos socialmente negativos. Como resultado de esto, el principal interés de dicha aproximación es mostrar la relación funcional o disfuncional que tiene el comportamiento desviado tanto con las estructuras sociales como con el desarrollo de las relaciones de producción y de distribución. La criminología crítica adopta un enfoque macrosociológico cuyo foco de atención son los mecanismos de control social que tienen la posibilidad de establecer las fronteras de la criminalización más que en el comportamiento desviado. Este desplazamiento fue realizado con la ingenua ilusión de superar el paradigma etiológico naturalista característico de una ciencia que sigue las directrices dictadas por la teoría de las causas de la criminalidad, por un paradigma que permitiera identificar el entramado macrosocial que envuelve a la criminalidad y pusiera en evidencia los lazos invisibles que crea una jerarquía de intereses auspiciada por el sistema socioeconómico, en el que los más desprotegidos son las víctimas susceptibles de sufrir los procesos de criminalización.

La criminología crítica es un área del conocimiento humano como muchas otras orientaciones que enarbolan como bandera de lucha una posición de rechazo apasionado y firme a cualquier tipo de conocimiento que tenga el mínimo indicio de positivismo cualquiera que sea su signo. Este tipo de visiones en la criminología tuvieron su auge durante la década de 1960, pues en esa época ocurrieron las condiciones favorables para que confluyeran una serie de aproximaciones teóricas que emprendieron una especie de guerra santa contra la criminología de sello positivista. El clima de hostilidad fue de tal magnitud que llegamos a considerar todo aquello que no gustaba y no funcionara como una criminología positivista de la más baja ralea de la que deberíamos desconfiar sin concesiones por ser una visión conservadora de criminalidad que está al servicio de las clases dominantes.

Según Lamnerck (1987), tal confrontación fue al parecer una réplica de la querella que entabló la sociología alemana en contra del positivismo en la cual eran reprochadas principalmente las posiciones científico sociales en las que es sustentada dicha orientación. Esta disputa de la sociología alemana se propagó con igual intensidad al estudio teórico del comportamiento desviado. En la actualidad existe una especie de armisticio parcial implícito aceptado por ambas partes; sin embargo, en Latinoamérica y principalmente en México existe aún una proporción considerable de estudiosos de la criminología que siguen alimentando la disputa, debido a que están etnocéntricamente atrapados en su propia teoría. Para estos círculos de estudiosos el tiempo no ha pasado y continúan profesando un amor ciego al pensamiento científico de la década de 1960, relacionado con la criminología, a pesar de que en el plano internacional ha sido señalado lo importante que es transitar por derroteros que lleven a unir esfuerzos para comprender de manera más cabal como se manifiesta la criminalidad en la sociedad actual, con la premisa de que tanto la criminología crítica como la que adopta una visión positivista no son incompatibles por principio.

En el plano operativo, la criminología en general ha navegado en dos ámbitos principalmente: el de las ideas o conceptos y el de los hechos fácticos que ocurren de modo cotidiano y lo que los criminólogos críticos han dado en llamar despectivamente el ámbito positivista. Ante esta situación de controversia que aún impregna los círculos científicos latinoamericanos sobre los enfoques crítico y positivista de la criminología, la idea de Popper acerca de la existencia de tres mundos posibles adquiere una relevancia trascendental, pues permite dar un poco de luz en ese ambiente tan enrarecido que en ocasiones se ha convertido en la atmósfera que envuelve a la criminología.

La idea de la existencia de mundos diferentes parte de la suposición de que la mayoría de los problemas de la ciencia en cuanto a su interpretación tendrán solución si hacemos una división tripartita que permita clasificar todas las cosas sobre las cuales la ciencia pueda dedicar sus esfuerzos en estudiarlas. El primer universo de cosas pertenece a las entidades u objetos físicos que comprende las cosas vivas, las plantas y los animales, los cuerpos materiales, procesos que corresponden a sistemas abiertos que intercambian algunas de sus partes constitutivas con el medio. Todas estas cosas que atañen al mundo físico corresponden a lo que Popper llama el *mundo 1*. El otro tipo de cosas son los estados mentales que incluyen los estados de conciencia, las disposiciones psicológicas y los estados inconscientes, los cuales en su conjunto forman el *mundo 2*. En cuanto a los estados mentales, existen dos tipos que explican las acciones humanas; uno es la determinación que impulsa a alcanzar metas y objetivos, y otro es el conocimiento de los códigos que fijan las normas de comportamiento ante determinadas situaciones. A la par de los dos mundos anteriores existe otro, llamado *mundo 3*, que incluye en su rango de existencia los contenidos del pensamiento y los productos de la mente humana, como las historias, los mitos explicativos, las herramientas, las teorías científicas (sean verdaderas o falsas), los problemas científicos, las instituciones sociales y las obras de arte. En síntesis, los objetos del mundo 3 son obras del ser humano, aunque no necesariamente producto de una acción planificada por parte de hombres individuales.

La idea de esos tres mundos permite integrar lo referente a la ideas y los conceptos en que ha navegado la criminología crítica con el ámbito empírico al que tanto énfasis pone la corriente positivista de la criminología, pues la disputa en que se han enfrascado está reducida a un problema de carácter exclusivamente intermundano. Si bien los objetos del mundo 3, predilectos de la criminología crítica, son un producto netamente humano en íntima relación con las estructuras sociales en las que surgen y que a su vez resultan independientes de los sujetos que los producen, no son el único medio por el cual puede entenderse la criminalidad, pues no todos los acontecimientos en la criminología corresponden al mundo 3, sino que comparte características de los otros dos mundos.

De lo anterior deducimos que los acontecimientos de interés de la criminología no son exclusivamente los comprendidos en el mundo 3, por tal razón, para entender de forma cabal la criminalidad es necesario partir de una estructura conceptual que integre en sus enunciados explicativos los tres mundos. La necesidad de esta integración resulta más marcada si, además de lo anterior, consideramos que la criminalidad está impregnada de objetos o estados a más de uno de los mundos, por ejemplo: cuando una persona comete un asesinato puede convertirse en un modelo para que otros lo imiten, de tal manera que el asesinato influya en otras personas mediante las experiencias que tengan en el mundo 2 e, indirectamente, mediante el nuevo objeto influir también en el mundo 1, es decir, que consumen el asesinato. Ante esto, es evidente que la criminología no debe conformarse con sólo navegar en el ámbito de los conceptos que son los objetos correspondientes al mundo 3, sino también debe dar cuenta de los objetos del mundo 1, que pertenecen a los estados o eventos físicos relacionados con la criminalidad, así como a los estados mentales del mundo 2, representados por la intencionalidad del comportamiento de los sujetos involucrados en un acto criminal.

Con ese enfoque de integración del conocimiento criminológico escribimos esta obra en la que los múltiples temas son examinados considerando que un estudio completo de la criminalidad debe hacerse integrando como categoría de análisis los tres mundos en los que actúa el comportamiento humano que conduce a la comisión de algún delito. De esta forma, en el capítulo 1, cuyo título es "Las ciencias sociales y sus dilemas teóricos", empieza con un recuento de los dilemas que han enfrentado las ciencias sociales en la construcción de conocimiento teórico y empírico de los hechos sociales ubicados en su ámbito de influencia. Presentamos también la manera de conformar estos dilemas desde posiciones teóricas irreconciliables que consideran, por un lado, que lo propiamente humano es tan particular, espontáneo y subjetivo que no es posible llegar a generalizar; por lo cual el conocimiento de las ciencias sociales debería estar fundado en la intuición, una especie de adivinación de la realidad que no puede verificar y comprobar sus resultados con base en los eventos empíricos, sino mediante enunciados lógicos formales y en ocasiones hasta mágicos. En el otro extremo están las posiciones que consideran que las ciencias sociales deberían utilizar, al igual que las ciencias naturales, las hipótesis, la observación, la generalización y la verificación en el estudio de los fenómenos sociales.

En el capítulo llamado "Algunas reflexiones filosóficas sobre la voluntad, la responsabilidad y la culpabilidad en la conducta humana" retomamos algunas categorías del sistema filosófico de Hegel para analizar algunos conceptos jurídicos, para lo cual en primer término presentamos la relación que existe entre el derecho y el Estado; posteriormente, examinamos la universalidad del delito y los fundamentos del poder punitivo del Estado; en seguida, analizamos las categorías filosóficas de voluntad, responsabilidad y culpabilidad, así como el papel que desempeñan los intelectuales en el ejercicio de dicho poder; y en la parte final del capítulo estudiamos el estado presente de la voluntad, la responsabilidad y la culpabilidad, haciendo especial énfasis en el punto de vista psicológico de la imputabilidad dentro del derecho penal.

El capítulo 3, denominado "La acción humana, sus modalidades y su configuración en antisocial", es uno de los más completos, pues ahí estudiamos las tres modalidades de respuesta en que se manifiesta el comportamiento humano y que son la piedra angular en el análisis de la conducta criminal. Igualmente, en este capítulo también examinamos la manera de vincular la modalidad motriz, fisiológica y cognoscitiva con algunos conceptos jurídicos; en seguida, a partir del papel que desempeña el comportamiento humano desde el punto de vista social, analizamos cómo se configura éste en antisocial y cuáles han sido las variaciones que ha sufrido el concepto de delito; luego explicamos la forma de relacionarse la filosofía de la acción con algunos conceptos jurídicos; y finalmente, exploramos las fronteras teóricas del delito, así como analizamos la dificultad de tender límites precisos del concepto de delito, ante la diversidad de pensamientos.

Es indiscutible la importancia que ha tenido la sociología en el estudio de la criminalidad; por ello, en capítulo 4 explicamos de qué forma algunas visiones sociológicas han incursionado en el campo. Al inicio de este capítulo proporcionamos un panorama general de los principales temas de controversia sobre la manera de construir el conocimiento y las disputas hechas con la finalidad de diseñar una plataforma teórica que sirva de referencia para comprender más hondamente el dilema que enfrenta cualquier persona que desea estudiar la antisocialidad y que adopta el marco sociológico en el cual analizará dicho fenómeno social. Una vez sentadas las bases para iniciar el examen teórico de la antisocialidad, presentamos los orígenes sociológicos del estudio de aquélla. A continuación, tratamos el pensamiento reciente producido en la compresión teórica de la antisocialidad. Finalmente, exponemos como conclusión los temas de mayor actualidad y las direcciones futuras que seguirá el estudio de la antisocialidad desde un enfoque sociológico.

Si bien en el campo de la criminología la presencia de los enfoques jurídicos y sociológicos ha sido permanente, en la actualidad la psicología ha empezado a forjarse un prestigio debido a que ha realizado importantes descubrimientos que permiten entender más cabalmente el comportamiento criminal; por ello, en el capítulo 5 describimos algunas aportaciones que ha realizado la psicología en el entendimiento de tan complejo problema. Con base en ello, al principio de dicho capítulo mostramos el marco general en que se desenvuelve el enfoque psicológico de la antisocialidad. Posteriormente, echamos una mirada fugaz al estudio de la antisocialidad en México y, por último, analizamos el contexto general que envuelve al menor involucrado en conductas antisociales.

La criminología, al igual que otras ciencias, tiene un rumbo determinado por los caminos que toman los paradigmas de la ciencia; por esto, en el capítulo 6 reconsideramos el concepto de paradigma con el cual examinamos los objetos por los que están interesadas las ciencias formales y factuales. En otra sección analizamos el papel que ha desempeñado la criminología en la construcción de conocimiento científico con una secuencia paradigmática que utiliza como primer eslabón en la cadena de desarrollo de la ciencia la búsqueda y construcción de teorías, en seguida la comprobación y contraste de éstas y, por último, la solución de problemas de relevancia social.

En el capítulo 7, el título es sugerente, pues plantea que en la criminología sean centrados los esfuerzos a construir una tecnología social de naturaleza gradual, con el propósito de estar en posibilidad de cambiar el rumbo de los acontecimientos en el campo de la criminalidad. Para llevar a cabo lo anterior, en primer lugar exponemos las características que debe tener una tecnología social en el ámbito de la criminología; posteriormente, explicamos la manera como es factible resolver el problema de la ausencia de uniformidades en el comportamiento criminal. En las secciones restantes delineamos la ruta que deberá seguir la criminología comprometida para solucionar los problemas de criminalidad, por medio del desarrollo y construcción de una tecnología social de naturaleza gradual.

Como podemos ver en los siete capítulos, el tema fundamental son las cuestiones teóricas tejidas alrededor de la criminología, principalmente aquellas relacionadas con sus distintas aproximaciones como las que tienen que ver tanto con su sustento social y con su soporte filosófico (capítulos 1 al 3). En los dos capítulos siguientes, mostramos el panorama actual en que la sociología y la psicología han incursionado a través de la antisocialidad en el estudio de la criminalidad. Finalmente, en los capítulos 6 y 7 explicamos los fundamentos teóricos y metodológicos a partir de los cuales es nutrida la práctica actual de la criminología vista como una ciencia social de naturaleza fáctica. En el último de estos capítulos abogamos por la creación de una tecnología social con la finalidad de trascender el plano netamente especulativo e incidir en el rumbo que toma la criminalidad manifestada mediante la comisión de conductas antisociales.

La persona interesada en ponerse en contacto con una visión fresca del tema de la criminología encontrará atractivo este libro, ya que en él damos especial atención a los temas de mayor controversia en el campo. Cabe también señalar como advertencia para quien su interés sea por el momento conocer más a fondo el panorama actual que guarda la investigación en el campo del comportamiento antisocial, que esta obra sólo trata de manera tangencial dicho asunto, pues se centra más en los aspectos de controversia de las teorías y de sus fundamentos epistemológicos. Para la persona interesada en conocer las acciones emprendidas en cuanto a investigar los factores determinantes en la comisión de una conducta antisocial, así como las terapias aplicadas, les recomiendo la lectura del libro del mismo tema, complemento de la presente obra, publicado por esta casa editorial, en el cual analizamos de forma más detallada los problemas de mayor trascendencia que actualmente ocupan la atención de los científicos y de la sociedad en general como la agresión, el maltrato infantil, el abuso sexual infantil y la violencia sexual encarnada en la violación. No resta más que agradecer a todas las personas que con su grano de arena ayudaron a la publicación de esta obra. También deseo hacer una mención especial a la DGAPA, pues sin su programa PATIID, este proyecto no hubiera visto la luz; además, con su apoyo financiero por medio del convenio IN-308397, fue posible aportar recursos al equipo de trabajo que integró el proyecto de investigación.

Alusión personal merece Laura, coautora de algunos capítulos de este volumen, pues sin su colaboración, los materiales aquí presentados no tendrían la vitalidad, el entusiasmo y la dedicación que aquella imprime siempre a todo lo que emprende en su vida.

A ti, Laura, porque con cada decisión que tomas en tu vida renuevas mi capacidad de asombro.

ARTURO SILVA RODRÍGUEZ
FES-Iztacala, UNAM
Verano de 2001

Bibliografía

Baratta, A. (1989), *Criminología crítica y crítica del derecho penal,* México, Siglo XXI Editores.

Lamnek, S. (1987), *Teoría de la criminalidad: una confrontación crítica,* México, Siglo XXI Editores.

Ciencias sociales y criminología

Arturo Silva Rodríguez
Campus Iztacala, UNAM

Al iniciar el estudio de la conducta antisocial, es imprescindible hacer un recuento de los dilemas que han enfrentado las ciencias sociales en la construcción de conocimiento teórico y empírico de los hechos sociales ubicados en su ámbito de influencia. Dichos dilemas son nutridos desde posiciones teóricas irreconciliables que consideran, por un lado, que lo propiamente humano es tan particular, espontáneo y subjetivo que no es posible generalizar. Por ello, el conocimiento en las ciencias sociales debería estar fundado en la intuición, una especie de adivinación de la realidad que no puede verificar y comprobar sus resultados con base en los eventos empíricos, sino mediante enunciados lógicos formales y en ocasiones hasta mágicos. Colocadas en el otro extremo están las posiciones que estiman que las ciencias sociales deberían utilizar –al igual que las ciencias naturales– las hipótesis, la observación, la generalización y la verificación en el estudio de los fenómenos sociales. Esta situación ha sido resultado de los diversos rumbos que han tenido las ciencias sociales en su desarrollo, y hasta el momento hemos identificado dos grandes áreas de influencia: la europea, cuya peculiaridad ha sido a lo largo de su existencia eminentemente teórica, abstracta y globalizadora de los fenómenos sociales, teniendo como principal objeto de estudio el desenvolvimiento de la sociedad y la estadounidense, que ha tendido más a la experimentación, investigación y descripción de casos concretos de la vida social, centrándose principalmente en el estudio de las pandillas, de los problemas de los consumidores, de las formas de relacionarse que tienen determinados grupos étnicos, etcétera (Gómez-Jara y Márquez, 1969; p. 21). Estas dos grandes áreas de las ciencias sociales han dirigido sus esfuerzos hacia el estudio de la totalidad social o hacia la búsqueda de soluciones a problemas sociales específicos.

Si a lo anterior agregamos que en cada área aún existe un trasfondo marcado por disputas filosóficas que las particularizan todavía más, será entendible por qué hasta el momento persisten múltiples encrucijadas teóricas en las ciencias sociales, relacionadas principalmente con la forma de conceptualizarla, ya sea como ciencia natural o como ciencia no regida por leyes universales y cuya finalidad principal es comprender los fines y motivos de los hechos sociales. Otra situación que alimenta la controversia es la dirección que debería seguir la teoría social, en términos de dirigirse hacia las acciones micro y las interacciones individuales, o a la estructura macro que crea tales acciones e interacciones. Por último, otra situación que ha acrecentado la disputa, aunque con menor medida, está relacionada con el grado en que la teoría social integra diferentes paradigmas vinculados con la forma de ver la realidad y con la adopción de diversas estrategias de investigación. Esta última situación de disputa no había sido tan pronunciada en Latinoamérica debido a la hegemonía que había tenido la visión marxista de la realidad social en esta parte del mundo; sin embargo, con la caída del socialismo real, cada vez más voces se han alzado para manifestar la crisis de los paradigmas sociológicos, algunas de ellas muy tímidamente, como la de Ianni cuando señala que dicha crisis puede ser real o imaginaria, pero sin duda de que ha sido proclamada por muchos. Independientemente de los éxitos reales o aparentes de las modas que se suceden, subsiste la controversia sobre la crisis de la explicación en las ciencias sociales (Ianni, 1991). Éstos y otros temas de conflicto los trataremos en los apartados de este capítulo.

El campo de la antisocialidad no ha escapado a las disputas ocurridas en las ciencias sociales, impactando de manera muy marcada la forma de estudiar dicho problema social. Puesto que la polémica de los enfoques acerca de la antisocialidad tiene sus raíces profundas no sólo en la forma de tratar dicho problema, sino también en las controversias aún no resueltas en el seno de las ciencias sociales, hasta el momento no ha sido posible dar respuesta satisfactoria a las preguntas siguientes: ¿qué clase de conocimiento es posible desarrollar?, ¿qué procedimientos habríamos de seguir en la construcción de dicho conocimiento?, ¿por dónde deberíamos empezar a impulsar el desarrollo de tal conocimiento?, ¿qué usos tendríamos que dar al conocimiento generado? Con base en ello, es pertinente comenzar este capítulo presentando un panorama general de los principales temas de controversia sobre la forma de elaborar conocimiento en las ciencias sociales y las disputas surgidas, con la finalidad de construir una plataforma teórica que sirva no sólo de referencia para comprender más hondamente la antisocialidad, sino también como puente para analizar tanto los conceptos teóricos como los empíricos manejados en esta obra sobre antisocialidad. Por tal motivo, el capítulo comienza con la presentación de las formas en que generalmente se ha construido conocimiento en las ciencias sociales; luego estudiamos los principales elementos de la teoría social; a continuación describimos en qué consisten los argumentos teóricos utilizados en el conocimiento de los fenómenos sociales y la forma de organizarlos en esquemas metateóricos, analíticos, proposicionales y de modelamiento; y finalmente describiremos los niveles de abstracción y los alcances de los distintos esquemas teóricos empleados en la construcción del conocimiento social.

Formas de conocer el mundo social

El principal punto de divergencia que existe en las ciencias sociales y que prepara el terreno para el florecimiento de las demás controversias es acerca de la forma más conveniente de generar conocimiento confiable y verdadero del universo social humano. Desde hace algún tiempo en otras disciplinas, como la física, la medicina, la biología, etcétera, un conjunto de procedimientos llamados *ciencia* se ha convertido en el recurso obligado para generar y acumular conocimiento de todos los fenómenos que abarca el universo de estudio de dichas disciplinas. Sin embargo, no siempre éste es el caso y aún, hoy día, cuando los avances de la ciencia están presentes en casi todos los aspectos de la vida y de nuestra manera de mirar el mundo, existe todavía una discrepancia muy grande sobre el tipo de ciencia que cultivan las disciplinas sociales, si puede ser alguna, como señalan los más radicales.

Una forma de tener una perspectiva acerca de las dimensiones en que han actuado teóricamente las ciencias sociales la presenta excelentemente Turner, en un arreglo de columnas y renglones que se entrecruzan hasta formar una tabla de dos dimensiones, como vemos en la cuadro 1.1, la cual muestra cuatro tipos de sistemas de razonamiento utilizados para interpretar los eventos y generar conocimiento respecto a los asuntos humanos (Turner, 1986). La primera dimensión de dicho cuadro alude a los tipos de eventos empleados para desarrollar conocimiento sobre las cuestiones humanas, ya sea eventos o procesos empíricos reales, o eventos o procesos con una realidad no empírica. La segunda dimensión tiene que ver con la manera como los juicios y los valores del investigador influyen en la selección e interpretación de los hallazgos encontrados al analizar los fenómenos de la vida terrenal. En síntesis, las direcciones seguidas en la producción de conocimiento pueden ser agrupadas, por un lado, en aquellas que señalan lo que debería ser o lo que es y, por otro, las que toman como punto de referencia el mundo observable o un campo menos observable.

		Se toman en cuenta los eventos empíricos en la construcción del conocimiento	
		SI	NO
Se toma en consideración que la versión de las personas influye en la construcción del conocimiento	SI	IDEOLOGÍAS Razonamientos que establecen la forma en el mundo debería ser	RELIGIOSOS Razonamientos que establecen que el mundo sigue el dictado de las fuerzas sobrenaturales
	NO	CIENCIA Razonamientos que establecen que todo conocimiento es reflejo de la forma de operar del mundo empírico	LÓGICOS Sistemas de razonamiento que emplea reglas de cálculo

Cuadro 1.1 Diferentes maneras de crear conocimiento.

Con base en esa organización, si los conocimientos generados ponen especial interés en indicar la manera como debería ser el mundo o los eventos sociales y alertan de los peligros por tener una falsa conciencia y olvidar de qué forma los juicios de las personas influyen en la visión que tenemos de los eventos, ese conocimiento será de tipo ideológico,[1] pues atiende a los even-

---

[1] El término *ideología* es tomado aquí como un sistema de ideas, creencias y valores sobre el hombre y la sociedad con validez objetiva, impregnado fuertemente por la manera de ver las cosas de quien elabora dicho sistema, ya sea el sistema verificable o no verificable de forma empírica. Por tanto, es necesario subrayar que el término *ideología* no lo consideramos en el sentido de que sea una doctrina que exprese los intereses o necesidades de un grupo social con la finalidad de controlar o dirigir el comportamiento de los hombres en una situación determinada, sino como un sistema no científico en el cual todas las teorías carecen de una aproximación lógico-experimental, a diferencia de la ciencia, en la que la mayoría de las teorías giran alrededor de este tipo de pensamiento. En ese sentido, la ideología se ubicaría en el campo de la observación, del sentimiento y de la fe, y la ciencia en el de la observación y del razonamiento lógico experimental; aún más, tomando el pensamiento de Pareto, citado por Abbagnano, una teoría puede ser en general juzgada por medio de tres cuestiones: la primera tiene que ver con su aspecto objetivo, esto es, en relación con la experiencia; la segunda, por su aspecto subjetivo, es decir, por su fuerza de persuasión; y la tercera, por su uso social, o sea, por la utilidad que tiene para el que la produce o la adopta como suya. De acuerdo con este esquema, la *ideología* estaría ubicada sobre todo en los dos últimos aspectos de la clasificación de Pareto, ya que si bien se basa en eventos verificables empíricamente, su interés guía al conocimiento humano hacia razonamientos utilitarios y persuasivos, más que a desarrollar argumentos lógicos experimentales para comprender la realidad del mundo humano (Abbagnano, 1974, p. 633).

tos empíricos y está marcado grandemente por los juicios y valores de las personas. Esto es, en el tipo ideológico los razonamientos teóricos utilizados en el desarrollo de conocimiento hacen referencia a lo que debería existir, así como a lo que no debería ocurrir en el mundo empírico, ubicándose en el cruce de caminos que conducen al empirismo y a la incertidumbre.

Otro campo de desarrollo del saber humano ha sido consagrado a producir conocimiento encaminado, al igual que el ideológico, a indagar cuál es el deber ser del humano, sin considerar la realidad empírica de los eventos. En dicha clase está agrupado todo el conocimiento religioso, pues su premisa fundamental es que el mundo sigue el dictado de las fuerzas sobrenaturales de seres en una realidad de existencia diferente de la que gobierna al mundo terrenal; más aún, como diría Eliade, los objetos del mundo exterior y los actos humanos propiamente dichos no tienen valor intrínseco autónomo, ya que tanto unos como otros adquieren valor y de esta forma son reales conforme participan de una manera u otra de una realidad que los trasciende, es decir, de una fuerza sobrenatural que les confiere sentido y valor (Eliade, 1992; p. 14).

Otro ámbito de conocimiento lo constituye el campo que considera a los eventos no empíricos y a los no afectados por los juicios o valores de las personas, ya que el único interés es elaborar sistemas formales lógicos que relacionen entes ideales que escapan a la realidad empírica por medio de deducciones racionales, sistemáticas y verificables que sólo existen en el intelecto humano fuera de la experiencia sensible. El campo de las matemáticas es un ejemplo de este tipo, ya que para generar su conocimiento utiliza el razonamiento y la lógica con el fin de estudiar entes abstractos, como los números o las figuras geométricas; de la misma manera, se interesa por la filosofía del entorno que los comprende y las relaciones y operaciones que vinculan los distintos conceptos abstractos entre sí.

Finalmente, otro ámbito muy vasto del conocimiento humano tiene como premisa fundamental que toda construcción teórica debe basarse en eventos empíricos e interpretar desapasionadamente sin inmiscuir nuestros valores o juicios al mundo real de los eventos, como sucede en la ciencia, entendida como el conocimiento ordenado de los fenómenos naturales y de sus relaciones mutuas, cuya finalidad es alcanzar la sistematización y legislación de la experiencia pasada y la predicción y el control de la futura (Rosenblueth, 1981; p. 16).

En ese orden de ideas, el concepto de ciencia mostrado en la última casilla del cuadro 1.1, consiste en la lógica experimental en la que la experiencia y no la idea, es la fuente de conocimiento primordial para interpretar el mundo; esto elimina la creencia pretenciosa e inalcanzable de crear

uno nuevo, así como aquella que busca crear modelos que, más que explicar la realidad, sistematicen la acumulación de la experiencia humana.[2]

Evidentemente, el intento anterior de aglutinar en una clasificación
todos los desvelos realizados en la generación de conocimiento es modesto y controversial; sin embargo, es indiscutible que dicha clasificación constituye un ensayo legítimo aunque inacabado de sistematizar una temática
que por su naturaleza resulta de gran efervescencia en los círculos académicos, puesto que en la actualidad no existe un consenso sobre los modos
de mirar, interpretar y desarrollar conocimiento acerca del mundo. Pero,
independientemente de la polémica que pudiera suscitarse, la clasificación
pone de manifiesto que la ciencia es sólo una manera de aproximarse a la
elaboración de conocimiento acerca del mundo, la cual se fundamenta en
la suposición de que es posible explicar de forma real lo que es el mundo,
mediante la observación cuidadosa de los eventos del universo. Las características anteriores distinguen a la ciencia de las otras manifestaciones presentadas en el cuadro 1.1, que también tienen como propósito crear
conocimiento, sin embargo, aun esa imagen de la ciencia es cuestionada por
un gran número de filósofos de la ciencia y sociólogos, quienes piensan que
esa forma de ver la ciencia es una situación idealizada, por la sencilla razón
de que el mundo en su dimensión empírica no es como lo creemos común-

---

[2] En este capítulo, la ciencia es entendida como lo opuesto a la opinión, caracterizada esta última por la falta de garantía acerca de su validez. De este modo, la ciencia otorga el grado máximo de certeza al conocimiento obtenido a través de ella, ya que para llegar a tal nivel seguimos
los caminos de la demostración, la descripción y la corregibilidad. El primer camino garantiza la validez de los conocimientos demostrando sus afirmaciones, por medio de la integración
de cada una de ellas en un sistema o cuerpo unitario en el que todas son necesarias y ninguna
puede ser dejada a un lado. El segundo camino proporciona el fundamento de validez en la
observación de los hechos y las inferencias o los cálculos basados en los hechos. Por último,
la corregibilidad proporciona garantía de validez en el sentido de que ningún conocimiento es
en sí mismo absolutamente cierto, ya que probar como falsa una aserción significa sustituirla
por otra, aún no probada como falsa y que, por tanto, corrige la primera.

En lo que respecta a las actitudes consideradas ante el problema del conocimiento humano y
teniendo en cuenta que la ciencia está basada en la confrontación de sus proposiciones abstractas con los fenómenos reales observados, adoptamos aquí una aproximación lógico-experimental, pues ésta integra la visión racionalista y empirista del mundo. De ese modo,
abandonamos el planteamiento empírico puro, por considerar que desestima la teoría al cam-
biarla por una justificación plenamente experimental, mientras que los planteamientos racionalistas puros no son satisfactorios, porque anteponen los postulados teóricos extraídos del
análisis mental a cualquier resultado práctico, y supeditan la ciencia al estudio y comprobación
de las hipótesis. En este sentido, el concepto de ciencia en el presente capítulo lo entendemos
como el proceso de conocimiento iniciado con la observación de un hecho y que finaliza con
la comprobación empírica de sus conclusiones teóricas.

mente, debido a que siempre lo miramos con el filtro de los conceptos teóricos y rara vez, en la comprobación de las teorías, observamos los hechos desinteresadamente. Como consecuencia de este modo de pensar, existe una controversia muy grande que ha polarizado a la comunidad científica acerca del lugar que ocupan las ciencias sociales y humanas en el concierto mundial de la generación de conocimiento.

Principales elementos en las teorías sociales

La única manera de encontrar un punto de concordancia es aceptar que la teoría es un proceso en el cual son desarrolladas ideas que permiten conocer cómo y por qué ocurren algunos eventos sociales; a partir de esta premisa, es posible encontrar un punto de concordancia entre las distintas formas de ver el objeto de estudio y, de esta manera, examinar los elementos básicos que toda teoría social comparte con las otras, al elaborar conocimiento del mundo real.

Los elementos que las teorías sociales utilizan en la construcción de su estructura explicativa de los fenómenos sociales son: los conceptos, las variables, los argumentos y las estructuras utilizados en la organización de los avances conceptuales logrados en la explicación de determinado hecho social.

Las teorías son elaboradas desde los conceptos, llamados también *fenómenos*, que separan —metafóricamente hablando— las características del mundo que al momento de la elección se convierten en foco de atención del científico, pues a través de ellos es posible dar cuenta de lo real (Campenhodt, 1992, p. 115).

Algunos conceptos conocidos de las ciencias sociales incluyen la idea de grupo social, organización formal, poder, estratificación, norma, roles, socialización, sistema jurídico, militancia, etcétera. Cada uno de estos términos es un concepto que hace referencia a ciertos aspectos del mundo social considerados esenciales para ciertos propósitos analíticos. La mayoría de los conceptos son expresados frecuentemente en palabras de lenguaje cotidiano, de modo que es difícil evitar el empleo de palabras con distintas connotaciones o significados en una gran variedad de grupos científicos; por esta razón, muchos conceptos son explicados en lenguajes técnicos o más *neutrales*, como sucede en las matemáticas.

Sin embargo, en las ciencias sociales, la utilización de conceptos traducidos a lenguajes más neutrales o técnicos es —algunas veces— no solamente imposible sino también indeseable; por ello, en la mayoría de las

ocasiones pretendemos establecer una relación entre los términos y proposiciones del lenguaje teórico con los aspectos empíricos de los fenómenos,
es decir, buscamos atribuir un sentido empírico al lenguaje teórico (Academia de Ciencias de Cuba y Academia de Ciencias de la URSS, 1984, p. 256).

En consecuencia, debido a que los conceptos en las ciencias sociales
pueden expresarse en un lenguaje técnico, es necesario mínimamente que
los símbolos verbales utilizados para desarrollar un concepto sean definidos
tan precisamente como resulte factible con la finalidad de delimitar claramente las dimensiones teóricas o empíricas a las que hace referencia el concepto. Aunque con un lenguaje convencional nunca obtengamos un
consenso perfecto, como el logrado por las matemáticas con el uso de un lenguaje técnico, es innegable que en las ciencias sociales los cuerpos teóricos
están apoyados en la premisa de que dicho lenguaje –por más que sea convencional– permite definir los conceptos con menor grado de ambigüedad;
así, en un momento posterior, debemos explicar el significado del concepto, mediante un sistema de términos extraídos del lenguaje convencional
que recibe el nombre de *definición*, la cual proporciona información sobre la
forma como es denotado el concepto.[3] Por ejemplo, el concepto de sistema
jurídico sólo tiene significado cuando es definido; una posible definición de
éste podría ser la que señala Quinney. Para él, dicho sistema es un aparato
creado para asegurar los intereses de la clase dominante, que proporciona,
además, los medios para el control compulsivo y violento del resto de la
población (Quinney, 1988, p. 224). Otra muestra de cómo utilizar un sistema de términos para definir los conceptos la proporciona Wuthnow, cuando afirma que la militancia ideológica es un movimiento social difuso que
intenta activamente derrocar un orden social establecido por medio de la
violencia o de la fuerza, y legitima sus esfuerzos en términos de una ideología radicalmente opuesta a las instituciones culturales prevalecientes
(Wuthnow, 1987, p. 240).

Sería posible seguir citando ejemplos de cómo los científicos definen sus
conceptos, pero con los dos anteriores es suficiente para mostrar el papel
que desempeñan las definiciones en la visualización que adquiere el científico de determinado fenómeno, además de la forma como lo entiende y de
dónde parte para estudiar el fenómeno social de su interés.

---

[3] En el capítulo 3 presentamos la forma como ha sido definido el delito desde el punto de vista
operacional, analítico, nominal y real, remarcando que los científicos sociales no se ciñen a una
única definición del delito y que la clase de definición que adopten depende del tipo de actividad a que se dediquen o a la clase de relaciones en que tengan interés.

Es claro, pues, que los conceptos desempeñan un papel protagónico en la construcción de teorías, pues poseen una característica especial consistente en transmitir un significado uniforme a lo largo del sistema lógico formal en el que es utilizado. Algunos conceptos hacen referencia a un tiempo y a una localización específica y otros más abstractos comprenden fenómenos o procesos sociales no relacionados con algún tiempo o localización determinada. Por ejemplo, en el estudio de grupos pequeños, el concepto concreto podría referirse a las interacciones persistentes de individuos particulares, mientras que una conceptualización abstracta del fenómeno aludiría a las propiedades generales que tiene el grupo para enfrentar determinada amenaza a su conformación, lo que no estaría ligado a ningún individuo o lugar específico.

En las ciencias sociales, los conceptos abstractos son los que principalmente utilizan la mayoría de los cuerpos teóricos, por lo cual no ha sido posible encontrar un mínimo de acuerdo, dado su alto nivel de abstracción, para sumar esfuerzos y hallar un punto de equilibrio que aglutine alrededor de él a todas esas fuerzas. Una demostración de ese desacuerdo lo representan los distintos marcos teóricos que dan cuenta de la conducta antisocial, como veremos más adelante en otras secciones de este capítulo.

En la construcción de una teoría utilizamos dos tipos generales de conceptos: uno, el que simplemente etiqueta o nombra a los fenómenos, y el otro, el que hace mención a los diversos grados en que difiere un fenómeno determinado. Los conceptos del primer tipo incluyen algunas abstracciones que sólo nombran a los fenómenos, como clase social, grupo de pertenencia, delincuente, obrero, sindicato, etcétera. Ninguno de los conceptos anteriores proporcionan información sobre diversas propiedades como cohesión, disfuncionalidad, o algún otro criterio utilizado para informar sobre la diferencia en grado entre fenómenos; sin embargo, las ciencias sociales pueden en ocasiones, como lo hacen otras ciencias, traducir sus conceptos en variables, esto es, en estados que varían o, más precisamente, en dimensiones de un fenómeno que tienen como característica la capacidad para asumir distintos valores, ya sean cuantitativos o cualitativos (Tamayo, 1983; p. 84).

Las variables, al igual que los conceptos, deben definirse primero de forma teórica y posteriormente empírica, recibiendo esta última operación el nombre de *indicadores de la variable*, cuya función es trascender el aspecto especulativo de las teorías y confrontarlas con la realidad de los hechos sociales empíricos, de modo que a partir de ellos sea posible efectuar inducciones o deducciones sobre el nexo de las variables, las implicaciones de las relaciones establecidas y la forma de vincularse los conceptos entre sí dentro del marco teórico que les dio origen.

El procedimiento mediante el cual los conceptos son traducidos en variables y posteriormente en indicadores puede seguir uno de dos caminos, los cuales corresponden a un diferente nivel de conceptualizar el método más adecuado de generar conocimiento de la realidad social: uno es inductivo y produce conceptos operantes aislados, y el otro es deductivo y genera conceptos sistémicos. El rigor analítico e inductivo caracteriza a los conceptos operantes aislados, debido a que se estructuran a partir de la observación directa sin ningún vínculo con los otros elementos del sistema teórico, mientras que el rigor deductivo y sintético caracteriza a los conceptos sistémicos; su estructura está basada en un razonamiento abstracto y no inducido por la experiencia sensible, buscando determinar la lógica de las relaciones entre los distintos conceptos que forman un sistema.

Aunque está apoyado necesariamente en el comportamiento de los objetos reales y en los conocimientos adquiridos sobre dichos objetos, el trabajo abstracto se articula a uno u otro marco de pensamiento más general, llamado *paradigma* (Campenhodt, 1992; p. 119). Esta última aproximación de traducir los conceptos en indicadores comparte la misma finalidad que la que pretende alcanzar la teoría de sistemas, cuando ésta dice que las propiedades o el comportamiento de cada elemento del conjunto afectan las propiedades o el comportamiento del conjunto tomado como un todo (Jiménez, 1993, p. 124). Como podemos ver, la transcripción de conceptos en indicadores busca, al igual que la teoría sistémica, analizar las interacciones y examinar secciones cada vez más grandes del mundo en el cual se desenvuelve el hombre, evitando aislar los fenómenos sociales en contextos confinados estrechamente.

Los enunciados teóricos y las formas de organización

Los conceptos en aislado no tienen gran valor en el conocimiento científico; para que puedan tener sentido, se requiere que estén conectados entre sí por medio de una composición teórica. Las relaciones resultantes del proceso de conexión dan origen a los enunciados teóricos, los cuales especifican el modo de interrelacionar cada evento denotado por los conceptos, proporcionando a la vez una interpretación de cómo los eventos se entrelazan y por qué lo hacen de esa manera.

La acción de agrupar una serie de declaraciones sobre la realidad social produce una estructura teórica que permite caracterizar de manera general y de diferentes modos los enunciados teóricos; así, una estructura teórica es una forma general de organizar diversos enunciados teóricos y, en el caso de las ciencias sociales, sobre el mundo social. Desafortunadamente, en las ciencias sociales existe muy poco acuerdo acerca de la manera de organizar los enunciados teóricos dentro de una estructura; de hecho, muchas de las controversias en las ciencias sociales giran alrededor de las distintas formas de generar conocimiento social, así como sobre el camino que debemos seguir en la construcción de enunciados teóricos y de la forma de agruparlos en una estructura conceptual.

Dependiendo de cómo consideremos a las ciencias sociales, en caso de que creamos que realmente son una disciplina científica, serán esenciales los enunciados y la forma de organizarlos en estructuras teóricas dramáticamente distintas. Turner (1986, p.8) identifica cuatro tipos principales de esquemas utilizados en la organización de las estructuras teóricas: a) esquemas meta-teóricos, b) esquemas analíticos, c) esquemas proposicionales, y d) esquemas de modelamientos.

El cuadro 1.2 muestra cada tipo de esquema, los cuales relaciona con los elementos básicos de la teoría. Las estructuras que observamos en el cuadro son sólo un acercamiento muy modesto para clasificar el proceso de teorización en las ciencias sociales, ya que posiblemente algunos otros estudiosos consideren que existen más esquemas; sin embargo, éstos son los más comúnmente utilizados en la organización del conocimiento social.

Al observar dicha cuadro, notamos que el conocimiento teórico social parte de conceptos que luego define, derivando esta acción en enunciados teóricos relacionados y, finalmente, estos últimos se organizan con base en cuatro tipos de estructuras, llamados *esquemas*, que, si bien en el cuadro son representados como si fueran independientes, no siempre se excluyen unos con otros, pues a menudo algún tipo de esquema conduce a un siguiente paso en la construcción de teorías, esto es, como si fuera un fase previa para una etapa más avanzada del conocimiento del mundo social. Sin embargo, esta idea de inclusión y secuencia de las estructuras no siempre es aceptada en las distintas aproximaciones teóricas, debido a que a veces son vistas como si fueran antagónicas, más que como estadios imbricados del conocimiento social. Los representantes de este punto de vista han derramado bastante tinta para apoyar el antagonismo y defender apasionadamente la estructura que consideran la más adecuada para generar conocimiento social.

Más aún, dentro de un tipo particular de estructura, ya sean esquemas meta-teóricos o cualquiera de los tres restantes, existe una batalla constante sobre la mejor manera de desarrollar teoría. Esto es una desgracia, pues, como señala Turner, en una ciencia madura, que lamentablemente las ciencias sociales no lo son, las diversas estructuras disponibles para realizar teorías son muy compatibles y se complementan unas con otras (Turner, 1986, p. 8). A continuación presentamos con detalle cada una de estas estructuras, para la cual utilizamos la clasificación mostrada en el cuadro 1.2, que engloba a los esquemas en metateóricos, analíticos, proposicionales y de modelamiento.

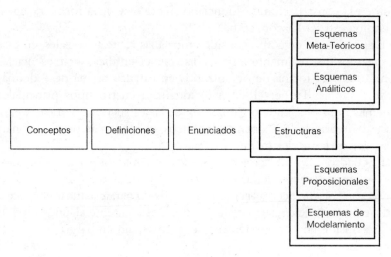

Cuadro 1.2 Elementos básicos de la teoría social.

Esquemas metateóricos

El tipo de actividad que abarcan los esquemas metateóricos es más extensa que la teoría ordinaria, debido a que dicha actividad no es en sí misma una teoría que explique una clase específica de eventos, sino que tiene como propósito plantear las cuestiones básicas sobre las que la teoría social debería dirigir sus esfuerzos. En algunos círculos académicos, especialmente de las ciencias sociales, la metateoría es considerada un prerrequisito esencial para construir adecuadamente un teoría, aunque los diccionarios definen el término *meta*, en el sentido de lo que ocurre después de ciertas actividades secuenciales previas, de modo que dicho término considera el prefijo griego que significa *además, más allá, después* (Moliner, 1992, p. 402). Incluso en la mayoría de las otras ciencias, como en la física, la química, la medicina, etcétera, las reflexiones metateóricas ocurren después de haberse desarrollado un conjunto de enunciados teóricos formales.

Sin embargo, en la teoría social, contrariamente a lo que pregonan los esquemas metateóricos, por lo general destacamos que no es posible desarrollar teorías explicativas del mundo social hasta haber dado respuesta a las preguntas epistemológicas y metafísicas fundamentales. No obstante, la visión social típica de supeditar la elaboración de teoría hasta estar resueltas las cuestiones metafísicas y epistemológicas, se contrapone a los objetivos de la metafísica, ciencia arraigada fuertemente a la tradición filosófica.

En la actualidad, consideramos la realización de metateorías como un antecedente para construir una teoría, pues partimos de la creencia de que, antes de cualquier esfuerzo por conocer el mundo social, es necesario tener un saber que penetre en lo situado más allá de lo físico. Es decir, debemos encontrar el fundamento que suministre coherencia a todo el ser social y a partir de esto revelar los principios ontológicos de los que depende, aunque no conozcamos los elementos o partes que conforman el todo del ser social.

Los esquemas metateóricos en las ciencias sociales se han centrado, principalmente, en remarcar la importancia que tiene para el desarrollo de las teorías dar respuesta primero a los temas relacionados con las cuestiones metafísicas y epistemológicas interesadas en desentrañar el misterio de lo siguiente: ¿cuál es la naturaleza básica de la actividad humana y qué teoría debería desarrollarse?, ¿cuáles son los vínculos que conectan a los individuos unos con otros y con la sociedad?, ¿cuál es el modo apropiado de desarrollar teoría y qué clase de teoría es posible? Por ejemplo, ¿deberíamos construir sistemas formales de leyes abstractas altamente especializados (como en la física) o conformarnos con la elaboración de conceptos generales que sólo nos sensibilicen y orienten sobre la importancia de los procesos sociales?, ¿deberían someterse las teorías a evaluación utilizando procedimientos de medida precisos o tendríamos que usar teorías como marcos conceptuales que no pueden probarse como lo hacemos en las ciencias naturales?, ¿cuál es el problema decisivo sobre el que la teoría social debería concentrarse?, esto es, ¿deberíamos examinar los procesos de integración social o concentrarnos en los conflictos sociales?, ¿debemos enfocarnos a la naturaleza de la acción social entre individuos o es mejor preguntarnos acerca de la estructura de las organizaciones?, ¿debemos subrayar el poder de las ideas (como los valores y las creencias) o enfocarnos en las condiciones materiales de las personas? En resumen, podemos agrupar todos estos asuntos metateóricos en tres cuestiones metafísicas fundamentales: la primera es sobre la naturaleza básica de la actividad humana, la segunda es sobre el mejor modo de desarrollar teoría, y la ter-

cera está relacionada con los principales problemas que las ciencias sociales
deberían estudiar.

Esquemas analíticos

Una actividad teórica muy difundida en las ciencias sociales es organizar los
conceptos en esquemas tipológicos o clasificatorios. Este apartado sobre
los principales temas de controversia es un ejemplo de esa clase de actividad, al presentar una manera de ordenar los caminos seguidos en la construcción de conocimiento. En los esquemas analíticos, cada concepto
representa una propiedad básica del universo social, por lo que, a partir de
ésta, se organizan los conceptos en una tipología que pueden ser naturalistas-positivistas o interpretativas-descriptivas.

Esquemas analíticos naturalistas-positivistas

El trabajo teórico de Parsons es de naturaleza analítica de tipo naturalista-
positivista, cuando señala que el mundo social está constituido por sistemas
de acción más generales, como el social, el cultural, de la personalidad y de
los organismos conductuales. Este sistema clasificatorio es sólo uno entre
una gran variedad de esquemas analíticos de tipo naturalistas-positivistas; el
aspecto común de todos ellos es que buscan construir un sistema de categorías interrelacionado de modo estrecho y que refleje fielmente las propiedades invariantes del universo, el cual no es un caos, sino que está
ordenado de acuerdo con ciertos principios que es necesario descubrir; por
ejemplo, la visión de Sellin sobre la delincuencia establece que el estudio de
ésta debe fundamentarse en la identificación de las propiedades naturales
del comportamiento criminal. Así como los científicos sociales se interesan
por la relaciones universales y las normas de conducta representan nexos de
este tipo, es necesario deslindar y clasificar las normas en categorías universales, más allá de limitaciones de índole política u otra, es decir, atender a
una necesidad impuesta por la lógica de la ciencia (Schwendinger y Schwendinger, 1988, p. 151).

Esquemas analíticos interpretativos-descriptivos

Los otros tipos de esquemas analíticos son los interpretativos-descriptivos, los
cuales reúnen libremente un cúmulo de conceptos con el único propósito

de sensibilizar y orientar la atención del científico social hacia ciertos procesos críticos. Un exponente de dicha aproximación es Anthony Giddens con su teoría de la estructuración, en la cual este concepto es utilizado con el propósito de comunicar la "dualidad de la estructura", clasificada como las reglas y los recursos que los actores sociales usan en los contextos de interacción que se extienden a lo largo del espacio y del tiempo, y que propicia la reproducción de las estructuras sociales (Turner, 1986, pp. 456-478).

Esquemas analíticos en el campo de la antisocialidad

En el campo de la antisocialidad, Gibbons aboga por la elaboración de una tipología de la criminología que permita agrupar las diversas modalidades de la delincuencia, lo cual redundaría en beneficio de la construcción de una serie de teorías de alcance medio que cubran varias formas específicas de conductas antisociales que culminen en el descubrimiento de una teoría general, la cual integre a las demás subteorías referidas a cada clase de eventos antisociales. Para él, esta última etapa será alcanzable cuando tengamos un esquema analítico de tipo descriptivo sensibilizador que permita organizar en categorías analíticas todos los tipos de conductas antisociales.

El plan que Gibbons propone para elaborar el esquema clasificatorio consiste en separar la conducta antisocial con base en las facetas que adquieren los delincuentes en relación con el papel social que representan. Dicho autor propone que los delincuentes jóvenes pueden clasificarse en nueve modalidades:

- El pandillero ladrón
- El pandillero pendenciero
- El pandillero casual
- El delincuente casual no pandillero
- El ladrón de automóviles–"paseador escandaloso"
- El drogadicto–heroinómano
- El agresivo de peligrosidad extrema–"matón"
- El joven delincuente
- El delincuente psicópata–con una predisposición obsesiva. (Gibbons, 1974, pp. 107-174)

La anterior tipología la deriva Gibbons del análisis de la trayectoria de actuación criminal tomando en consideración cuatro factores distintivos. El primero tiene que ver con la configuración del delito y en él es analizada la variedad de delitos cometidos en un evento antisocial o durante la vida del joven. El segundo factor considera el escenario natural de interacción, en el cual es evaluado el tipo de relación que mantuvo el joven con otras personas al realizar la conducta antisocial, ya sea que lo haya consumado con la participación de pandillas numerosas y bien organizadas o sólo en colaboración con dos o tres camaradas. El tercer factor toma en cuenta la imagen que el delincuente tiene de sí mismo, y es identificada la visión que tiene el joven acerca de sus actos antisociales; esto es, se enorgullece de su "sangre fría" y de su fama de "rebelde" o, por el contrario, se siente apenado y arrepentido de sus actos. El cuarto y último factor corresponde a la forma como adquiere sus actitudes el joven en cuanto a la comisión del evento antisocial, y es evaluado el grado en que el sujeto adopta una visión de sus hechos relacionada íntimamente con la percepción que de ellos adquiere, por ejemplo: puede mostrar una actitud hostil hacia los agentes de control y, en general, hacia los ciudadanos apegados a las leyes, o sentirse víctima de una sociedad que niega toda clase de oportunidades a las personas que son como él, o asumir una actitud responsable acerca de su conducta antisocial.

En resumen, cabe decir que los esquemas naturalistas positivistas suponen que existen procesos eternos y universales en el ámbito social, como sucede en los ámbitos físico y biológico. En contraste, los esquemas descriptivos interpretativos son típicamente más escépticos acerca de la existencia eterna de dichos procesos, los esquemas argumentan que los conceptos y sus eslabones deben siempre ser provisionales e interpretados, debido a que la naturaleza de la actividad humana cambia esos arreglos denotados por la organización de conceptos dentro de enunciados teóricos. Por tanto, excepto para ciertas categorías conceptuales muy generales, el esquema debe ser flexible y capaz de ser revisado al cambiar las circunstancias en el mundo empírico. En el mejor de los casos, la explicación simplemente da como resultado una interpretación de eventos al considerarlos como una instancia o ejemplo de conceptos provisionales y sensibilizadores dentro del esquema. A menudo diversos autores argumentan que los esquemas analíticos en el campo de la antisocialidad son un prerrequisito necesario para desarrollar otras formas de teoría, con la creencia de que hasta no tener un esquema que organice las propiedades del universo, es difícil diseñar proposiciones y modelos acerca de eventos específicos (Gibbons, 1974, p. 41).

Esquemas proposicionales

En estos esquemas, los enunciados teóricos especifican el modo de relacionarse dos o más fenómenos o eventos sociales, es decir, establecen que las variaciones en un concepto son explicadas por las variaciones en uno u otros conceptos diferentes del primero, por ejemplo: cuando Durkheim menciona que el suicidio sólo puede ser explicado sociológicamente porque la constitución moral de la sociedad fija, en cada instante, el contingente de las muertes voluntarias. Los actos que el suicida lleva a cabo, aunque a primera vista parecerían expresar sólo el temperamento personal, son en realidad la consecuencia y prolongación de un estado social que los suicidas manifiestan exteriormente mediante la acción de quitarse la vida. Lo que constituye el estado social causante del suicidio abarca las corrientes de egoísmo, de altruismo y de anomia,[4] que influyen en la sociedad, así como la tendencia de la colectividad a la melancolía lánguida, al renunciamiento colectivo o al cansancio exasperado. En consecuencia, las corrientes y las tendencias de la colectividad, al penetrar en los individuos, los impulsan a matarse (Durkheim, 1994, p. 259). Otro enunciado proposicional semejante al de Durkheim sería el mencionado por Villanueva y Labastida cuando señalan que la desproporción en la distribución de las cargas y beneficios urbanos trae consigo la marginación que aumenta día a día y crea protestas y transgresiones hacia los bienes y las personas (Villanueva y Labastida, 1989, p. 37).

Tanto en el razonamiento de Durkheim como en el otro enunciado, especificamos que para la aparición o agudización de determinado hecho social es necesario que aparezca otro, esto es, que haya una conexión entre los eventos. En el primero es válido afirmar que para que una persona se suicide tienen que materializarse ciertas condiciones de la colectividad, como la melancolía, el egoísmo y la anomia. En el segundo enunciado teórico argumentamos que la desproporción en las cargas y beneficios ocasiona la marginación, lo que a su vez origina protestas y transgresiones hacia los bienes de las personas y hacia la persona misma. Los esquemas proposicionales varían quizá más que cualquier otra forma de organizar los enunciados teóricos; no obstante esa variedad, se agrupan a lo largo de dos dimensio-

---

[4] Entendida como una fase excepcional de "ausencia de normas", que ocurre cuando, debido a cambios sociales bruscos, la sociedad no actúa como fuerza reguladora de los deseos humanos, los cuales son ilimitados por naturaleza.

nes: a) el nivel de abstracción, y b) el modo de organizarse las proposiciones dentro de una estructura. Algunas son altamente abstractas y contienen conceptos que no se refieren a un caso particular, sino a todos los casos de ese tipo (por ejemplo: el egoísmo, la anomia, el altruismo, la melancolía y el cansancio son abstracciones que no hacen referencia a ningún evento empírico). Por el contrario, otros sistemas proposicionales están ligados estrechamente a eventos empíricos concretos y se relacionan con eventos de un caso específico (por ejemplo: la criminalidad en los obreros de la ciudad de Aguascalientes aumenta conforme baja el nivel de ingresos económicos en dicha población). Los esquemas proposicionales varían no sólo en términos de los niveles de abstracción que manejan, sino también en virtud de cómo se organizan dentro del esquema. Algunos se agrupan en función de una gran cantidad de reglas explícitas, y otros son meramente ramas sueltas de un cúmulo de proposiciones.

Utilizando los niveles de abstracción como un grado de clasificación y el alcance de los enunciados como otra, las estructuras proposicionales pueden organizarse en cuatro categorías: a) estructuras axiomáticas, b) estructuras formales, c) estructuras de alcance medio, y d) estructuras empíricas (Turner, 1986, p. 8).

Las dos primeras categorías son estructuras claramente teóricas, mientras que algunas del cuarto tipo son sólo hallazgos de investigación en los que son probadas diversas teorías; no obstante por ser estas últimas resultados típicamente empíricos, a menudo las consideramos teorías; por tal razón, es factible ubicarlas entre las estructuras proposicionales que las ciencias sociales utilizan para construir conocimiento sobre el universo social. Las estructuras de alcance medio están ubicadas, como su nombre lo dice, entre las formales y las empíricas, debido a que son estructuras conceptuales con niveles de abstracción que superan los hechos empíricos propiamente, pero no lo suficiente para colocarse en el nivel de abstracción que manejan las estructuras formales.

El estudio de la antisocialidad no ha escapado a la influencia de proponer alguna estructura axiomática formal para construir conocimiento en esa porción del universo social; por el momento, baste mencionar sólo algunas: las leyes térmicas enunciadas por Quetelet; la ley de saturación criminal proclamada por Ferri, en la cual se indica que en un medio social determinado, con condiciones propias tanto individuales como físicas, los individuos cometerán un número exacto de delitos; las leyes de la imitación de Tarde, que giran alrededor de tres conceptos centrales (la invención, la imitación y la oposición); y los axiomas que Merton considera que la sociedad capitalista nos obliga a aceptar, los cuales establecen primero que todos debemos tender a lograr los fines más elevados, que están al alcance de todos; en consecuencia, debemos considerar que el fracaso aparente y momentáneo no es más que un estimulante hacia el éxito final, y, por último, debemos estimar que el verdadero fracaso consiste en restringir las propias ambiciones. Estas y algunas otras estructuras axiomáticas formales las estudiaremos en el capítulo 4, en el cual presentamos las aproximaciones sociológicas en el estudio de la antisocialidad.

Igualmente, Gibbons es uno de los estudiosos que propone la elaboración de una serie de teorías de alcance medio en el campo de la antisocialidad que abarcan varios tipos de esa conducta, con el propósito de que al final del proceso construyamos una teoría general de dicho fenómeno social. En alusión a la criminología, dicho autor afirma que aunque ésta no es homogénea, es posible destacar algunos patrones de conducta que guardan analogía entre sí. Lamentablemente, la mayoría de los sistemas propuestos por los que es compartida la suposición anterior son vagos, fragmentarios, anecdóticos y ambiguos desde el punto de vista lógico; su falla reside en que las categorías no suelen estar bien puntualizadas y recurren a explicaciones con base en ejemplos de casos reales, más que precisando las notas diferenciadoras de cada concepto. Además, casi nada se ha dicho del principio lógico del cual partimos para configurar dichas categorías. En consecuencia, cuesta mucho trabajo corroborar la validez de dichas categorías utilizando únicamente los datos conseguidos mediante investigaciones empíricas (Gibbons, 1974, pp. 42-43).

Con base en lo anterior, Gibbons propone construir primero tipologías de los delincuentes que sean lo suficientemente detalladas, explícitas, integrales y comprobadas de forma empírica, para que luego sirvan de base en la formulación de normas de procedimientos correccionales. Sin embargo, a pesar de que Gibbons aboga por la elaboración de una serie de teorías de alcance medio, la mayoría de sus esfuerzos los dedicó a diseñar tipologías criminológicas, por lo que sus aportaciones fueron de mayor trascendencia en la construcción de conocimiento social de la antisocialidad en lo que respecta al desarrollo de esquemas analíticos (como vimos anteriormente), más que proposicionales.

Una muestra ajustada perfectamente a las estructuras teóricas de alcance medio es la propuesta por McIntosh para entender la configuración del crimen profesional; al respecto señala que un criminal profesional hace del delito su ocupación principal, a diferencia del criminal aficionado, en quien el delito es sólo una ocupación parcial. El término *profesional* no lo usa dicho autor en atención a un estatus social relativamente elevado, ni a un alto nivel de habilidad o de entrenamiento, ni a ninguna otra analogía con los profesionales legítimos, sino para identificar al sujeto que hace del delito su principal fuente de vida. De este modo, el crimen profesional lo entiende McIntosh como una actividad relativamente específica de ocupación que posee su continuidad y configuración, mientras que las actividades de los aficionados, al ser sólo una ocupación parcial, sufren una influencia mucho mayor de diversas circunstancias, a menudo propias del individuo criminal. De este modo, el crimen profesional se distingue no por su escala ni por su grado de torpeza o eficacia, sino por su diferenciación organizativa respecto de otras actividades (McIntosh, 1986, p. 13). Estos principios de diferenciación entre criminales profesionales y aficionados son más abstractos que los propuestos por Rojas para la formación de investigadores, debido a que aluden a una clase más amplia de fenómenos sociales, comunes a una gran variedad de situaciones o comportamientos humanos; más aún, hacen referencia a variables o conceptos aplicables en cualquier tiempo y lugar (grado de torpeza y eficacia, continuidad y configuración del comportamiento delictivo, etcétera), que pueden ser aplicados más abstractamente a todos los sistemas de organización de la criminalidad. Como colegimos de los comentarios anteriores, el punto central entre los esquemas empíricos y las teorías de alcance medio es que, en estas últimas, las generalizaciones empíricas tienen mayor potencial teórico que los otros, pues las variables que incluyen en la teoría son relativamente abstractas y aluden a propiedades básicas del universo social que existen en otras áreas sustanciales de la investigación social.

Esquemas de modelamiento

Otra forma de crear conocimiento del universo social que han utilizado los científicos consiste en diseñar una figura que representa determinado hecho social. Algunas de estas figuras son elaboradas con un lenguaje neutral como el matemático, en el cual la ecuación resultante pretende ser el mapa que representa los procesos empíricos. Esto es cierto para la mayoría de las disciplinas de las ciencias naturales, pues como señala Rosenblueth, la construcción de modelos naturales es una de las actividades fundamentales de la labor científica y no sólo eso, sino también es posible mencionar que toda ciencia es la elaboración de un modelo de la naturaleza; por el contrario, en las ciencias sociales la representación del universo social mediante un modelo tiene poco que ver con el uso del lenguaje matemático. En ellas se incluye un rango de actividad muy amplio que implica por un lado la representación conceptual y, por otro, las relaciones que surgen entre los conceptos dentro de determinado campo del saber; estos elementos son representados a menudo con un diagrama (Rosenblueth, 1981, p. 83). Sin embargo, independientemente del lenguaje utilizado (sea éste matemático o visual) su propósito principal es abstraer o singularizar ciertas variables para estudiar una porción del mundo, debido a que ninguno de los fenómenos es tan sencillo que pueda ser estudiado en todos sus aspectos. El proceso de abstracción desde su inicio tiene como objeto elaborar un modelo idealizado del evento de interés que sustituya la parte del universo, por un modelo de estructura muy parecida a la realidad, pero evidentemente mucho más sencilla; este procedimiento de abstracción origina diversos tipos de modelos, de modo que en las ciencias naturales es factible identificar dos clases principales: los modelos formales y los modelos materiales o reales.

En el campo de la antisocialidad, Matsueda hace una breve pero interesante presentación de los modelos causales propuestos para explicar la conducta antisocial; él se apoya en la teoría del interaccionismo simbólico para derivar un modelo causal que se desprende de un marco teórico que permite determinar las causas y las consecuencias que origina la imagen que la persona tiene de sí misma en el desarrollo de conductas antisociales.

En conclusión, cabe decir que en este capítulo presentamos cuatro estructuras generales utilizadas para construir conocimiento científico del universo social, y analizamos un número mayor de formas específicas de organizar los conceptos o enunciados teóricos en cuatro estructuras. Esa descripción resume de manera más o menos completa los variados caminos que los científicos sociales han transitado en busca de alcanzar un conocimiento que tenga una trascendencia fundamental en la dirección futura que debe adoptar la teorización social. El propósito de las ideas anteriores y de todas las que se desarrollarán en esta obra no es entablar un diálogo –que sería infructuoso– con los filósofos de la ciencia, sino sólo buscamos proporcionar una perspectiva general para entender las diversas actividades que los científicos sociales llaman *teorías* y de esta manera analizar cómo los dilemas teóricos de las ciencias sociales se han reflejado desde el principio de estas disciplinas en el estudio de los fenómenos propios de cada una de ellas.

Finalmente –como menciona Turner–, podríamos concluir que los esquemas metateóricos, los esquemas analíticos y los esquemas interpretativos son filosofías interesantes, pero lamentablemente teorías con un contenido social pobre; del mismo modo, los esquemas axiomáticos son en su mayoría construcciones teóricas imprácticas para las ciencias sociales (Turner, 1986, p. 25). En consecuencia, los argumentos proposicionales formales y los modelos analíticos son aproximaciones más útiles para iniciar la elaboración de conocimiento social, debido a que contienen conceptos abstractos ligados con suficiente precisión a los hechos del universo social. Las teorías de alcance medio rara vez concretan su potencial teórico, ya que comúnmente dirigen su atención hacia las generalizaciones empíricas más que a la elaboración de proposiciones formales, con lo cual les permitiría ubicarse en un nivel superior de abstracción. La utilidad de los modelos causales y las generalizaciones empíricas para el conocimiento de las ciencias sociales reside en que permiten encontrar regularidades empíricas, más que en formular argumentos teóricos que enriquezcan el marco conceptual que tengamos del hecho social en estudio, pero por sí mismas son creaciones aisladas cuya esfera de acción y nivel de abstracción no llega a ser propiamente teórica, sino sólo son datos que necesitan de una teoría que los explique.

Bibliografía

Abbagnano, N. (1974), *Diccionario de filosofía,* 2da. ed., México: Fondo de Cultura Económica.

Academia de Ciencias de Cuba y Academia de Ciencias de la URSS, (1984), *Metodología del conocimiento científico,* México: Quinto Sol.

Campenhodt, Q. (1992), *Manual de investigación en ciencias sociales,* México: Limusa Noriega.

Durkheim, E. (1994), *El suicidio,* México: Ediciones Coyoacán.

Eliade, M. (1992), *El mito del eterno retorno,* 1a. reimp, Madrid: Alianza/Emecé.

Gibbons, D.C. (1974), *Delincuentes juveniles y criminales,* 1a reimp., México: Fondo de Cultura Económica.

Gómez-Jara, F. y Márquez, B.L. (1969), *Sociología,* México: Ediciones Tercer Mundo.

Ianni, O. (1991), "La crisis de paradigmas en la sociología." Acta Sociológica 5, 112-120.

Jiménez, G.J. (1993), "Problemas de sistemas y planeación", en Méndez, I. y González Casanova, P., (comps.) *Matemáticas y ciencias sociales,* México: Miguel Ángel Porrúa.

Matsueda, R.L. (1992), "Reflected Appraisals, Parental Labeling, and Delincuency: Specifying a Symbolic Interactionist Theory", *American Journal of Sociology* 97(6), 1,577-1,611.

McIntosh, M. (1986), *La organización del crimen,* 3a. ed., México: Siglo XXI, 1986.

Moliner, M. *Diccionario de uso del español,* Madrid: Gredos.

Quinney, R. (1988), "Control del crimen en la sociedad capitalista: una filosofía crítica del orden legal", en Taylor, I., Walton, P. y Young, J., (comps.), *Criminología crítica,* 4a. ed., México: Siglo XXI.

Rosenblueth, A. (1981), *El método científico,* 4a. ed., México: Consejo Nacional de Ciencia y Tecnología.

Schwendinger, H. y Schwendinger, J. (1988), "¿Defensores del orden o custodios de los derechos humanos?", en Taylor, I., Walton, P. y Young, J., (comps.), *Criminología crítica,* 4a. ed., México: XXI.

Tamayo, T. M. (1983), *El proceso de la investigación científica. Fundamentos de investigación,* México: Limusa.

Turner, J. H. (1986), *The Structure of Sociological Theory,* Chicago: The Dorsey Press.

Villanueva, R. y Labastida, A. (1989), *Dos reflexiones jurídicas criminológicas (homicidio– genética moderna),* México: Librería Parroquial de Clavería.

Wuthnow, R. (1987), *Meaning and Moral Order. Explorations in Cultural Analysis*, Berkeley: University of California Press.

Reflexiones filosóficas sobre voluntad, responsabilidad y culpabilidad en la conducta humana

Arturo Silva Rodríguez
Campus Iztacala, UNAM

Es innegable el papel protagónico que desempeña la filosofía en todo quehacer de la vida, pues es la base de todo conocimiento humano, el cual libera al hombre de su animalidad y de la materia; así, cualquier intento de estudiar la realidad social debe partir de especificar la visión filosófica que utilizaremos en el análisis de los problemas e interrogantes planteados por la inteligencia humana ante el espectáculo del mundo, pues, como señala Hegel, la filosofía considerada como sentimiento e intuición tiene por objeto lo sensible; como fantasía, las imágenes; como voluntad, los fines y, como antítesis, o como simples diferencias de estas formas propias de su ser determinado y de sus objetos, el espíritu procura también satisfacción a su máxima intimidad, al pensamiento, y toma a éste como objeto (Hegel, 1980). De este modo, el propósito en el presente capítulo es analizar desde el sistema filosófico de Hegel algunos conceptos jurídicos que son los actuales pilares teóricos que legitiman, por medio del derecho penal, el carácter punitivo del Estado. Con la finalidad de especificar las categorías filosóficas que permea este trabajo de antisocialidad, primero describiremos la relación entre el derecho y el Estado; luego estudiaremos la universalidad del delito y los fundamentos del poder punitivo del Estado; en seguida examinaremos las categorías filosóficas de voluntad, responsabilidad y culpabilidad, así como el papel que desempeñan los intelectuales en el ejercicio de dicho poder; y, por último, analizaremos el estado presente de la voluntad, la responsabilidad y la culpabilidad, haciendo especial énfasis en el punto de vista psicológico de la imputabilidad dentro del derecho penal.

La idea y el absoluto en Hegel

En la obra filosófica de Hegel observamos un marcado interés por explicar la naturaleza de la realidad; para llevar a cabo lo anterior, dicho autor postula que existe una realidad última y suprema, la cual llama *absoluto, idea,* que es sinónimo de *espíritu* o *pensamiento,* asimilable en Dios. El concepto de *idea* tiene un sentido diferente del tradicional; para él, la *idea* no es una representación que existe en la mente o una elaboración de ella por la cual se relaciona el mundo, ni tampoco el conocimiento de algo ocurrido o que va a ocurrir, sino el origen de todo, esto es, lo que hace que lo racional, la racionalidad sea la primera sustancia de todas las cosas. Por tal motivo, todo está hecho de *idea* o *pensamiento,* pues para Hegel todo resulta de la evolución de ese principio, ya que –en su opinión– sabemos que Dios es lo más perfecto. En este sentido, Él sólo puede quererse a sí mismo y a lo que es igual a sí. Dios y la naturaleza de su voluntad son una misma cosa, y esto es lo que Hegel llama filosóficamente la idea. De acuerdo con ello, dicho autor recomienda que lo que debemos contemplar es la idea proyectada en el espíritu humano, revelado en el pensamiento. Esto constituye una primera forma de manifestarse la idea, representada principalmente en la lógica; la otra forma es la de la naturaleza física; la tercera, la del espíritu general (Hegel, 1985b).

De la misma manera, para Hegel, el espíritu deja de ser algo abstracto de la naturaleza humana para llegar a ser algo enteramente individual, activo y absolutamente vivo; es una conciencia pero también su objeto. En este sentido, el espíritu es pensante, así como el pensamiento de algo que es, y el pensamiento de qué es y de cómo es; además, la sustancia del espíritu es la libertad y las otras propiedades que aquél posee existen sólo mediante la libertad, todas simples medios para la libertad, por lo que esta última es la única verdad que tiene el espíritu. Por consiguiente, para Hegel, el espíritu no es estático sino dinámico. La actividad es su esencia, su producto propio y, así, su comienzo y su término. Su libertad consiste no en un ser inmóvil, sino en una continua negación de lo que amenaza anular la libertad. "Producirse, hacerse objeto de sí misma, saber de sí, es la tarea del espíritu" (Hegel, 1985b).

En ese sentido, lo más importante para el espíritu es él, ya que no hay nada superior a éste, nada más digno de ser su objeto; por tal motivo, el fin del espíritu descansa en que llegue a estar consciente de sí mismo o hacer al mundo conforme a sí mismo. Así, para Hegel, el absoluto se transforma de momento a momento por medio de todas las cosas, como lo establece en la fenomenología, cuando menciona que el espíritu nunca permanece quieto, sino que se halla siempre en movimiento incesantemente progresivo, en tanto que el espíritu formado va madurando de manera lenta y silenciosa hacia la nueva figura y va desprendiéndose de una partícula tras otra de la estructura de su mundo anterior. Estos desprendimientos paulatinos, que no van a alterar la fisonomía del todo, se ven interrumpidos bruscamente por la aurora, que de pronto ilumina como un rayo la imagen del mundo nuevo (Hegel, 1993).

Cuando la evolución del espíritu se proyecta y éste se conoce a sí mismo, el espíritu llega a ser el alma individual (conocida también como espíritu subjetivo), la cual progresa en los grados siguientes: conciencia sensible o sensación, percepción, entendimiento, conciencia de sí mismo y razón. Por otro lado, el espíritu objetivo se manifiesta en la comunidad humana y en los principios y leyes que aseguran su existencia y estabilidad.

Derecho y Estado

Es conveniente dar primero una definición de lo que es el derecho en general, pues a partir de este punto será posible ubicar, de manera más adecuada, el análisis conceptual del derecho penal mexicano y, por ende, la teoría del delito en que está fundamentado. Respecto a la definición, el derecho es un todo unitario, ya sea considerado una ciencia o un conjunto de normas que lo constituyen, así como también desde el punto de vista de la relación jurídica que nace entre el sujeto obligado y el sujeto pretensor (O de Pedro, 1968). Sin embargo, para Hegel, el derecho es no sólo eso, sino también lo espiritual y su lugar y punto de partida es la voluntad –libre– de suerte que la libertad constituye su sustancia y determinación; y el sistema del derecho es el reino de la libertad realizada, el mundo del espíritu expresado por sí mismo, como en una segunda naturaleza (Hegel, 1985a). Desde el punto de vista de Hegel, el derecho deja de ser un conjunto de normas para convertirse en una manifestación del espíritu absoluto, sustancia suprema de todas las cosas.

Respecto al derecho penal mexicano, actualmente suele dividirse en dos partes: subjetivo y objetivo. El primero se refiere a un poder hipotético atribuido al Estado, que es el poder punitivo. El segundo alude a un aspecto más objetivo de la vida que surgió a consecuencia de la concepción teórica anterior, siendo el conjunto de normas que limitan el poder punitivo del Estado (plasmadas en la Constitución). En este sentido, el derecho penal en general supone la consideración de dos aspectos indisolubles de una misma actividad realizada por el Estado: por un lado, está su aspecto objetivo, que corresponde al conjunto de normas, y, por otro, posee un aspecto subjetivo, personificado en la legitimidad otorgada al Estado para dictar las normas (García, 1987).

En Hegel, el Estado integra lo universal como un mundo natural, en el que aparecen las costumbres como un modo inmediato de la existencia moral; sin embargo, en un Estado existen leyes que hacen que las costumbres no surjan en forma inmediata, sino como aquello que conocemos de lo universal. Así, lo espiritual del Estado consiste en que en él es conocido lo universal; por tal motivo, el individuo obedece las leyes y sabe que tiene su libertad en esa obediencia, obedece en ellas su propia voluntad, con lo cual contrapone lo suyo a lo universal. Esto no significa que el individuo no tenga voluntad, sino que no es válida su voluntad particular; esto es, no tienen validez. De esta manera, en el Estado se unen la voluntad subjetiva (lo individual) y lo universal. En resumen, para Hegel el Estado es no sólo un poder punitivo y un conjunto de leyes que rigen a los individuos, sino también un conjunto más amplio que comprende la religión, la ciencia, el arte y la manifestación de lo universal. En este sentido, en el concepto de Estado quedan incluidos el individuo espiritual y el pueblo, debido a que ambos están articulados en un todo orgánico. No obstante que es habitual referirse al Estado y al derecho del Estado considerando solamente el sector político, Hegel toma al primero en su sentido más amplio, como usamos la expresión de reino en la cual abarcamos la religión, la ciencia y el arte (Hegel, 1985b).

De acuerdo con la concepción actual, el Estado es el único capaz de crear normas que clasifiquen y definan delitos, así como sancionarlos y prevenirlos. Por ejemplo, todo delito implica una relación entre el autor y el poder público, cuya misión es perseguirlo y castigarlo, porque el Estado tiene como requisito de su existencia mantener una disciplina social sancionada con el castigo, siendo el derecho penal un límite al poder disciplinario del Estado no sólo desde el punto de vista del interés social, cuya protección le corresponde, sino también desde el de los intereses del delincuente (Castellanos, 1974). Sin embargo, para Hegel, este control social mediante la persecución y el castigo de otros sobre el individuo, es ejercido sólo en el aspecto físico del ser humano, no así en el aspecto volitivo, ya que, como ser viviente, el hombre puede ser sojuzgado; es decir, su lado físico –por tanto exterior– puede ser reducido al poder de otros. Pero la voluntad no puede, en sí y para sí, ser sometida, sino solamente en tanto no se retraiga de la exterioridad en la cual está unida estrechamente, o de su representación (Hegel, 1985a).

Desde luego, la disciplina que intenta implantar el Estado por medio del derecho penal sólo puede hacerlo sobre el aspecto material del ser humano y no así en el ámbito espiritual, pues, como menciona Hegel, lo único que puede someterse a la influencia de los demás son los actos externos o físicos del hombre y no el espíritu individual, menos aún el espíritu universal del ser; este último contiene a todos los individuales y, como veremos más adelante, a particulares que también contiene la universalidad. En conclusión, es imposible que el Estado, por medio de sus leyes, ejerza control del espíritu individual o del universal, ya que, más bien, en el Estado se cristalizan ambos tipos de espíritus, porque permite que el principio de la subjetividad sea realizado hasta llegar al extremo autónomo de la particularidad personal y, a la vez, de retraerlo a la unidad sustancial, conservando así a ésta en él (Hegel, 1985a). En síntesis y como lo menciona acertadamente Hyppolite, el Estado para Hegel es una especie de astucia que, al dejar libre a los individuos, llega a realizarse en el juego de sus libertades (Hyppolite, 1970).

De acuerdo con lo anterior, e independientemente de la manera de ejercer el control y sobre qué aspecto del ser humano sea sometido dicho control, el objeto principal del derecho penal es el delito, que sólo puede ser imputable, como causa productora de ellos, a una persona; además de ser el resultado de un acto externo del hombre, el pensamiento es excluido del control punitivo del Estado y el concepto de acción es limitado al acto realizado por el hombre. Conforme a estos principios modernos del delito y según la conducta del agente, el delito puede ser de acción y de omisión: El de la acción se comete mediante una acción positiva, en la cual el delincuente infringe una ley prohibitiva; y, en el de omisión, el objeto prohibido es una abstención del agente, consistente en la no ejecución de algo ordenado por la ley (negativo). A la vez, tanto en la acción como en la omisión debe estar presente una característica en la conducta, que es el estado de voluntad del individuo; en la omisión, además de la existencia de ese estado de voluntad, debe haber la inactividad del sujeto para dejar de hacer lo que la ley ordena (Vela, 1973).

Para Hegel, el delito es concretamente una violencia ejercida por el ser libre y que viola la existencia de la libertad en su significado concreto; como vemos, para él, el delito tiene relación con la libertad y la violación que hacemos de ésta, pues el delito se limita a un juicio negativamente infinito en su pleno sentido, por el cual es negado no sólo lo particular, la subsunción de una cosa bajo nuestra voluntad, sino, a la vez, lo universal, lo infinito en el predicado de lo nuestro, la capacidad jurídica, es decir, sin la intervención de nuestra opinión y justamente contra ella (Hegel, 1985a). Hegel distingue también entre delito de acción y de omisión, pero a diferencia de la concepción moderna, en el sentido de que la acción u omisión del hacer del individuo es en contra de principios como la soberanía, la patria, las personas, los bienes materiales, las buenas costumbres, etcétera; por el contrario, en Hegel, la acción u omisión ocurre contra la idea de la libertad. Cabe mencionar aquí que, para él, esta idea es un derecho exclusivo de los soberanos, pues según sus palabras: "... sólo la voluntad natural es en sí violencia contra la idea de la libertad en sí, la que, ante semejante capricho no desarrollada, debemos proteger y hacer valer... La idea constituye frente a esto un derecho de los señores o soberanos" (Hegel, 1985a, p. 104).

Universalidad del delito

La mayoría de los teóricos del derecho penal, en lo relativo al delito, plantean la dificultad de hacer una definición de éste con validez universal; sin embargo, vista desde el sistema filosófico de Hegel, esta dificultad es solo aparente, pues si consideramos al delito una conducta externa que viola una ley penal haciendo lo que ella prohíbe o dejando de hacer lo que manda (Vela, 1973), ya sea violentando la idea de libertad, de acuerdo con Hegel, o causando daño, conforme a la modernidad, a las personas, a los bienes de éstas, al Estado, etcétera, de acuerdo con esta definición, abarcaríamos todos los delitos independientemente de cada pueblo y las necesidades de cada época, debido a que en ella está presente la universalidad. Por ejemplo, matar es considerado un delito por la infracción de una ley penal. Si tomamos el caso de que esa ley desapareciese, este hecho conductual dejaría de ser considerado delito. Por tanto, lo que cambia es la individualidad (o la ley) del evento conductual, no la esencia del evento —esto es, su universalidad—, porque éste sigue siendo la acción de quitar la vida a otra persona. Es decir, los aspectos esenciales del delito son la relación que existe entre el evento conductual humano y la infracción de una ley penal (como recordaremos, su existencia está determinada por la concepción de que el Estado posee un poder punitivo) y no como elementos independientes uno de otro. En esta relación, la conducta humana es el elemento fundamental, pues la ley no determina el comportamiento delictivo, sino que la conducta delictiva proporciona fundamento a la ley. Más aún, tomando las ideas de Hegel, el delito en cualquier lugar, momento o tiempo constituiría diferentes estados de un mismo proceso en el que es manifestada de diversas maneras la idea absoluta, esto es, el delito como un momento de la idea absoluta e interpretando los postulados de Hegel: "...contiene en sí toda determinación y

su esencia consiste en volver a sí a través de su autodeterminación o parti-
cularización, que tiene diferentes configuraciones..." (Hegel, 1968; p. 725).

Vistas las cosas de esa manera, la tarea del filósofo sería alcanzar la idea
absoluta mediante las distintas formas que adquiere el delito; todavía más,
considerando el delito en los distintos momentos y lugares de su existencia
como particularidades, sigue presente la universalidad, ya que, conforme a
Hegel, los distintos particulares tienen ante otros particulares, con quienes
guardan cierto parecido, la misma universalidad; de igual manera, en la universalidad están contenidos todos los particulares, debido a que lo particular contiene la universalidad que constituye su esencia; además, el género se
haya inmodificado en sus especies y éstas no son diferentes del universal,
sino sólo entre ellas. Lo particular tiene, frente a los otros particulares con
los que se relaciona, una y la misma universalidad; al mismo tiempo, la
diversidad de aquéllos, a causa de su identidad con lo universal, es como tal
universal, la totalidad; lo particular, por ende, no sólo contiene lo universal,
sino también lo representa por medio de su determinación; en consecuencia, este universal constituye un ámbito que lo particular debe agotar
(Hegel, 1968).

Si bien desde el sistema filosófico de Hegel es posible fundamentar la
universalidad del delito, no sucede lo mismo desde los enfoques sociológicos más recientes, pues, desde la depresión económica en Estados Unidos
a principios de siglo, ha habido una polémica sobre las definiciones legales
del delito, resultado de dos procesos que han estimulado el planteamiento
del problema desde aquellos tiempos: uno fue el rápido crecimiento del
empirismo sociológico liberal y el otro el interés fuertemente marcado por
los delitos de "cuello blanco". El primero ha dado como consecuencia una
crítica científica, metodológica de la definición legal, y el segundo ha producido una crítica sustantiva de índole ética; sin embargo, para no desviar
la atención sobre esta controversia sociológica, las facetas positivista, reformista y tradicionalista, producto de esta polémica, las estudiaremos en el
capítulo 3 en el apartado "La configuración de la conducta humana en antisocial".

Fundamentos del poder punitivo del Estado

Si aceptamos la afirmación de Hegel en el sentido de que existe la libertad
y que ésta es interna y sólo los medios de la realización de la idea absoluta
son algo externo, ya que en los medios está comprendida la actuación y por
ende el principio de voluntad, entenderemos con claridad por qué la acción

del derecho penal se limita al actuar de los individuos. Los principios y las leyes existen en sí y cuando están en este momento del ser sólo tienen existencia en el pensamiento o en la intención interna, pero no son completamente reales, pues como señala Hegel, lo que sólo es en sí constituye una posibilidad, una potencia, pero no ha pasado todavía de la interioridad a la existencia. Es necesario un segundo momento para su realidad, y el cual consiste en la actuación, la realización, cuyo principio es la voluntad, la actividad de los hombres en el mundo. Sólo mediante esta actividad se realizan aquellos conceptos y aquellas determinaciones existentes en sí (Hegel, 1985b).

En ese orden de ideas, para Hegel, los fines y principios no viven y prevalecen por sí mismos, sino que necesitan la actividad para lograr su existencia, actividad suministrada por las necesidades y los impulsos del hombre, así como por sus inclinaciones y pasiones. Estos impulsos, necesidades y pasiones, que posibilitan la manifestación de la actividad y que mediante esta última adquieren los principios existenciales, no ocurren de manera anárquica, sino están sujetos a las disposiciones de la voluntad, y esta última, a su vez, es determinada por los intereses de los individuos. Así, para hacer algo, es preciso que nos interese; necesitamos estar en ello, encontrar satisfacción en realizarlo. Interés significa ser en ello, estar en ello (Hegel, 1985b).

El derecho penal concatena los anteriores razonamientos en un continuo conceptual que incluye desde la posibilidad de dar realidad a lo que es en sí, por medio de su actividad. En el aspecto individual, tal actividad está gobernada por los impulsos, pasiones, etcétera: hasta la voluntad, cuyo principio es organizar la acción apoyándose en el ser en ello o en el estar en ello, o sea, en el interés. Una vez hecho esto, de la misma manera que en Hegel, en los principios que fundamentan el derecho penal aparece otra categoría conceptual, llamada *responsabilidad del espíritu subjetivo individual,* que para Hegel está representada en la finitud de la voluntad subjetiva, en la inmediatez del actuar, consistente en que ella, para su actuar, tiene un objeto exterior supuesto previamente en múltiples circunstancias. El acto impone un cambio en la existencia dada, y la voluntad es responsable en tanto pone el predicado abstracto (nuestro acto) en el existir modificado (Hegel, 1985a).

En ese sentido, la acción, como medio externo de la realización del ser, está supeditada a los impulsos y éstos a su vez son gobernados por los intereses mediados por la voluntad, lo cual proporciona el carácter de responsabilidad a la acción externa de la realización del ser. Con esta concepción del ser humano como ente individual, sólo era necesario un paso más para armar el sustento filosófico que diera el andamiaje conceptual para la legitimización del derecho penal en la historia de la humanidad. La pieza que vino a completar el soporte filosófico necesario para descubrir la universalidad del derecho en general, y en nuestro análisis del derecho penal en particular, fue el concepto de culpabilidad. Con esta nueva característica ontológica, fue evidente que el ser no sólo alcanza su realización mediante la acción exterior, sino también es responsable de dicha acción, debido a que la actividad está mediada por la voluntad; como consecuencia de esta mediación, es suyo el bien y el mal. Al ser suya la voluntad del bien y el mal, también es culpable de éstos, debido a que el destino absoluto del hombre está caracterizado por un sello que le permite saber lo que es bueno y lo que es malo, siendo suya de este modo la voluntad del bien y del mal. En otras palabras, puede tener culpa del mal y del bien, culpa no por esto, ni por aquello ni por lo que él es y es en él, sino culpa por el bien y el mal inherente a su libertad individual (Hegel, 1985b).

A partir de los anteriores fundamentos filosóficos, han aparecido un conjunto de normas, que se han modificado a lo largo de la historia para regir, la mayoría de las veces, por medio del castigo la actividad humana, en especial aquella que está en contra de los ideales universales de la humanidad, es decir, la que tiene como fin el mal de la humanidad. La visión actualizada de esta idea sostiene que el derecho tiene como finalidad encauzar la conducta humana para hacer posible la vida gregaria, manifestándose como un conjunto de normas que rigen la conducta humana de los hombres en sociedad, las cuales pueden imponerse a sus destinatarios mediante el empleo de la fuerza de que dispone el Estado (Castellanos, 1974). En la visión de Castellanos, no sólo aparece el sustento filosófico analizado en los párrafos anteriores, sino agrega un aspecto más a la relación: la fuerza que tiene el Estado para obligar a los espíritus individuales a cumplir las normas que ha establecido. De esta manera, todos los fundamentos filosóficos se convierten en elementos legitimadores del aspecto represivo del Estado.

En conclusión, la acción externa del ser, la voluntad, la responsabilidad y la culpabilidad justifican filosóficamente la administración, por parte del Estado, de consecuencias punitivas, ya sea para suprimir o identificar conductas que violan una ley penal. Con esto, el Estado puede recurrir a ciertos principios filosóficos cuando queremos cuestionarle las sanciones que establece para determinado acto conductual; por ejemplo, cabe decir que proporciona consecuencias punitivas a los individuos que infringen una ley penal, porque son responsables de sus actos, ya que ellos pueden elegir entre lo bueno y lo malo. Sin embargo, cada vez es más evidente que castigar o no a una persona por ser responsable y culpable de su conducta no es lo relevante, porque lo que una persona piensa hacer depende de lo que ha hecho en el pasado y de lo que ha sucedido como consecuencia de ello o, como diría Hegel, es absurdo creer que podemos hacer algo, sin tomar en cuenta lo que la cosa ha sido en su momento anterior; y, más aún que podamos hacer algo sin querer recibir satisfacción en ello (Hegel, 1985b).

Hegel describe esta dialéctica de la vida, más bellamente en otro pasaje de su prolífera obra, cuando dice: "El capullo desaparece al abrirse la flor y podría decirse que aquél es refutado por ésta, del mismo modo que el fruto hace aparecer la flor como un falso ser allí de la planta, mostrándose como la verdad de ésta en vez de aquélla. Estas formas no sólo se distinguen entre sí, sino que se eliminan unas a otras como incompatibles. Pero en su fluir, constituyen al mismo tiempo otros tantos momentos de una unidad orgánica, en la que, lejos de contradecirse, son todos igualmente necesarios, y esta igual necesidad es cabalmente la que constituye la vida del todo" (Hegel, 1993, p. 8).

El aspecto en el que deberían de centrarse el análisis y las propuestas de acción, cuando una persona es responsable y culpable de infringir una norma tipificada en un ordenamiento de cualquier tipo de derecho, lo estudiamos en las secciones siguientes.

Voluntad, responsabilidad y culpabilidad: categorías filosóficas que dan vida al carácter punitivo del Estado

En la sección anterior mencionamos que, a lo largo de su existencia, el Estado ha justificado filosóficamente su poder punitivo recurriendo a los conceptos de voluntad, responsabilidad y culpabilidad del ser humano. Por ejemplo, Kant, en relación con la voluntad, menciona que ésta: "... es el único principio de todas las leyes morales y de los deberes conforme a ellas; en cambio, toda heteronomía del albedrío no sólo funda obligación alguna, sino también es contraria al principio de la misma y de la moralidad de la voluntad" (Kant, 1990; p. 114).

La voluntad, la responsabilidad y la culpabilidad han desempeñado el papel de ser categorías filosóficas que avalan cualquier acción que el Estado realice en contra de sus ciudadanos, sea ésta una acción que trate de fortalecer los derechos básicos de sus miembros o que los lesione mediante la represión. Así, esas categorías filosóficas sirven como eslabón para legitimar cualquier acción del Estado. Es sabido de todos y aceptado como una verdad inamovible que la única instancia social facultada para proporcionar castigo a los miembros que transgreden una ley es el Estado y que esta acción coercitiva la ejerce por medio del espacio creado en él para cubrir esa función. Toca a los sistemas de justicia ejecutar las acciones coercitivas, ya que son los encargados de velar por los intereses de los miembros de un grupo social, teniendo, como norma de comportamiento, el derecho. Es muy conveniente que los sistemas de justicia nunca olviden que el derecho consiste en que cada singular es respetado y tratado por el otro como un ser libre, pues sólo en ese respeto la voluntad libre existe a sí misma en el otro como objeto y contenido (Hegel, 1979).

Con base en lo anterior, es válido decir que los conceptos de voluntad, responsabilidad y culpabilidad proporcionan el apoyo filosófico para legitimar las consecuencias punitivas o sanciones aplicables a un individuo que infringe una ley penal, pues cualquier individuo tiene voluntad y, por tanto, es responsable de sus actos; y en caso de inclinarse por la realización de una acción que lesione el interés de alguna otra persona, es culpable de tal acción y, por consiguiente, merece una sanción o, como diría Hegel, en la administración de justicia, como aplicación de la ley al caso singular, hay dos aspectos: primero, el conocimiento de la naturaleza del caso, de acuerdo con su individualidad inmediata, si existe un contrato, etcétera, si fue cometida una acción lesiva y quién es el autor de ella; y en el derecho penal, la reflexión, como determinación de la acción según su carácter sustancial, delictuoso. En segundo lugar, la subsunción del caso bajo la ley que restablece el derecho, la cual, en el campo del derecho penal, incluye el castigo (Hegel, 1985a).

En la actualidad, del concepto de voluntad consciente se deriva la tesis de la imputabilidad, entendida como la capacidad para actuar culpablemente o la capacidad de conocer y de voluntad de obrar (Riobó, 1987). En la capacidad para conocer es necesario que haya conciencia, lucidez e inteligencia; mientras que en la capacidad de voluntad de obrar es imprescindible escoger entre los diversos motivos de la conducta. En este sentido, el principio de imputabilidad implica una causalidad psicológica que relaciona la causa con el efecto, es decir, del agente al acto delictivo. El concepto de responsabilidad está sustentado en una cuestión jurídica, más que en una propiedad inherente al ser, pues se fundamenta en el razonamiento de que el sujeto debe dar cuenta de sus actos y pagar por ellos si son delictivos. En esta línea de razonamiento establecemos la norma de que es forzosa la existencia de imputabilidad para que aparezca la responsabilidad, excepto cuando el actuar ocurre como una acción en la legítima defensa. De este modo, la responsabilidad implica reconocer que el sujeto es autor del acto delictivo y, por tanto, sometido a proceso. La idea de libertad humana proporciona el sustento necesario al concepto de culpabilidad, sobre el cual se basa todo el derecho penal. Este concepto establece que actúa culpablemente todo aquel que puede abstenerse de realizar la acción típicamente antijurídica; en otras palabras, es culpable todo sujeto que pudo haber actuado de manera diferente de como lo hizo. Para la aparición de la culpabilidad, es requisito que exista imputabilidad y responsabilidad, lo cual propicia que una conducta antijurídica sea reprochable. La naturaleza de la culpabilidad es principalmente de tipo subjetivo, debido a que involucra, por un lado, una actitud psíquica del sujeto en relación con el delito, personificadas en el dolo y la culpa, y, por otro, de un estado de imputabilidad del sujeto y de la ausencia de causas de inculpabilidad, que da lugar esta última a la inimputabilidad del acto atribuido al sujeto. Estos tres conceptos los analizaremos detalladamente en el capítulo 3.

Como hemos visto en los párrafos anteriores, el Estado debe utilizar su poder punitivo sólo cuando el individuo sea responsable y culpable de sus acciones. Este principio regulador se sustenta bajo la sombra de un razonamiento filosófico que incluye tanto concepciones del hombre como de la vida en sociedad. El origen de tal razonamiento tuvo lugar desde las ideas de algunos filósofos griegos (Sócrates, Platón y Aristóteles); sin embargo, no fue sino hasta el florecimiento del Imperio romano cuando se consolidó dicho pensamiento filosófico. Este razonamiento incluye, como el silogismo aristotélico, dos argumentos y una conclusión derivada de aquellos:

a. Primer argumento: puesto que todo ser humano es responsable en cierto grado de sus actos o carece de responsabilidad.

b. Segundo argumento: puesto que también han sido tipificadas (legisladas) leyes para el control de la conducta de los miembros de determinado grupo social, en nombre del carácter punitivo conferido al Estado.

c. Conclusión: entonces, el Estado debe castigar a los individuos responsables de sus actos, sean éstos de omisión o de acción.

El razonamiento anterior es la secuencia que valida las acciones punitivas del Estado y ha relegado a un segundo término el análisis juicioso y sistemático de si es pertinente castigar a una persona por tener voluntad, por ser responsable y, en consecuencia, por ser culpable de sus actos o, como diría Hegel, de acciones lesivas, debido a que lo que una persona piensa hacer depende de lo que ha hecho en el pasado y de lo que sucederá en el futuro como consecuencia de ello. A continuación haremos algunas reflexiones sobre este punto.

Papel de los intelectuales ante el carácter punitivo del Estado

En las funciones del Estado, como señala Hegel, participa un conjunto de empleados que se reparten las actividades en el poder particular de gobierno; por una parte, se hace notar la división de los negocios del Estado en sus ramas, determinados de otro modo: el Poder Legislativo; el que administra la justicia o Poder Judicial; el poder administrativo o de policía, etc.; por consiguiente, la repartición de estos empleados especiales, que en su obra son regidos por las leyes; además, y por ello, poseen la independencia de su actividad y, a la vez, están bajo la más alta vigilancia (Hegel, 1980; p. 275). En cuanto a las personas encargadas del Poder Judicial, en la actualidad han olvidado los principios filosóficos de Hegel y sólo se han abocado a determinar cuándo y en qué situación o situaciones cabe afirmar que el individuo es responsable y culpable de los hechos producidos por su comportamiento. Para dar respuesta a este problema, hacen su aparición una serie de intelectuales, que sin una reflexión filosófica previa que ponga en el tapete de la discusión la factibilidad de tal razonamiento, se dedican a establecer criterios de cuándo una persona sí es responsable de sus acciones y cuándo no. La forma como ocurre este tipo de interacción entre los intelectuales de algunas profesiones de las ciencias sociales y el Estado es puesta de manifiesto de una manera muy ingeniosa por Szazs y, aunque si bien él lo menciona para la enfermedad mental, lo mismo puede aplicarse al problema que nos ocupa (Szasz, 1970).

Los juristas declaran: las acciones del ser humano se clasifican en dos categorías: en una están todas las acciones en las que existe responsabilidad por parte del individuo que las realiza, y otra comprende las acciones en las cuales no podemos atribuir al individuo responsabilidad alguna por la ejecución de dichos actos. Sólo los científicos sociales pueden determinar qué acciones conductuales pertenecen a una u otra categoría; por ello, deben colaborar con nosotros y la sociedad, cumpliendo esta importante obligación social. A su vez, los científicos sociales responden: "Por supuesto, trataremos de cumplir esta importante responsabilidad social lo mejor que podamos."

Así, los científicos sociales, fieles a las reglas del juego que establece el Estado, mediante sus diferentes ideólogos, sin un análisis previo de los fundamentos filosóficos de la voluntad, la responsabilidad y la culpabilidad, han diseñado, a partir de estudios "concienzudos y responsables", un conjunto de métodos que permiten identificar cuándo la responsabilidad no

existe y cuándo sí en las acciones de los individuos, y llaman a estos métodos[1] en el derecho penal *causas de inimputabilidad*.[2] Con lo anterior, es
manifiesta claramente la forma como algunos intelectuales de las ciencias
sociales han servido al Estado, al cual corresponde, como Gramsci lo dice,
ejercer la función hegemónica sobre la sociedad; en sus palabras: "Los intelectuales son los empleados del grupo dominante a quienes son encomen-
dadas las tareas subalternas en la hegemonía social y del gobierno político"
(Gramsci, 1967, p. 30).

La adopción de este enfoque en el campo de la delincuencia, según
señala Farrington, ha tenido como resultado afirmar que el crimen, en última instancia, es definido por grupos que poseen suficiente poder político
para incorporar sus intereses en el derecho penal (por ejemplo, la protección de la propiedad privada distribuida desigualmente). De acuerdo con
este planteamiento, los psicólogos que aceptan las definiciones legales
actuales son, en el mejor de los casos, técnicos o servidores de las clases en
el poder y, en el peor, agentes de la opresión capitalista (Farrington, 1990).
Lo más adecuado para los partidarios de esta corriente es adoptar una posición teórica que acepte la realidad de la conducta desviada y que explore su
Lebenswelt,[3] sin que el estudioso se vuelva un técnico del Estado provi-
dente y cuidador en el jardín zoológico de los desviados (Gouldner, 1990).

Las ideas anteriores son sustentadas por la visión denominada conflictualista, que establece que todo el derecho que el Estado dicta cumple un
papel de dominación y, lo que es más grave, su función también es idelógi-
ca. La característica distintiva de esta perspectiva conflictualista es alertar
sobre la función de dominación e ideológica que cumple el derecho para lo-

---

[1] Con la misma finalidad fue utilizada la confesión bajo tortura, marcas raras en las personas y
la ordalía de agua en la Edad Media, para identificar a las brujas y de este modo castigarlas por
las prácticas diabólicas que realizaban. Igualmente en aquellos tiempos decían que las brujas
eran mujeres que inducían a los demás a efectuar prodigios malignos. Tras identificar esta
ontológica del ser de algunos individuos, se procedió a la búsqueda de criterios que permitie-
ran determinar quién era bruja y quién no. Para tal efecto, los inquisidores y las autoridades
civiles recibían una serie de criterios distintivos de brujería y una planificación perfectamente
especificada de sus tareas. Una de las publicaciones más famosas que contienen los criterios y
las tareas sobre la manera de identificar brujas y qué hacer con ellas es el manual para caza-
dores de brujas titulado *Malleus Maleficarum* (*El martillo de las brujas*). Una de las recomendaciones hechas en aquellos tiempos era recurrir a los médicos para distinguir entre
enfermedades debidas a causas naturales y otras debidas a la brujería (Szasz, 1981).

[2] El análisis filosófico de estas causas lo haremos en el capítulo 3.

[3] La trascendencia que ha tenido esta palabra rara y sorprendente ha sido tan grande que (Gadamer, 1992) ha identificado como un término mágico que devela ciertos presupuestos de todo
conocimiento científico del mundo vivido, lugar donde está la presencia del mundo frente a
la reflexión de un nivel de lo vivido inmediato, que es el origen de todo conocimiento.

grar la conformidad de los individuos al sistema social mediante la aquiescencia o sumisión a la norma que fija el Estado. Otra de las suposiciones establece que bajo la apariencia de la existencia de una relación jurídica libre y entre iguales se esconde un vínculo de dominación, que oculta las verdaderas relaciones asimétricas en las que una de las partes domina y ostenta mayor poder. Con base en ello, esta orientación concluye que el derecho supone un discurso encubridor de igualdad y libertad que enmascara relaciones desiguales y forzosas, lo que lo convierte en medio ideológico que reviste las relaciones jurídicas de una falsa identidad (Rico, 1997).

La visión conflictualista es la perspectiva dominante en los últimos años en las ciencias sociales, la cual ha dificultado que surja una alternativa estructurada y filosóficamente fundamentada en relación con las categorías de voluntad, responsabilidad y culpabilidad. En la actualidad, las dimensiones de acción en el propio terreno epistemológico de los tres conceptos anteriores varían desde una aceptación acrítica de dichas categorías hasta el establecimiento de unas nuevas.[4] Adoptar ciegamente la visión conflictualista –es decir, la aceptación acrítica sin ninguna reflexión filosófica de las categorías de voluntad, responsabilidad y culpabilidad– traería como consecuencia aceptar ser empleado incondicional de la clase dominante, mientras que adoptar una posición reflexiva sobre estas categorías implicaría, por un lado, hacer una crítica filosófica en cuanto a categorías ideológicas (es decir, como instrumentos de control y manipulación) y, por otro, conocer la relación directa entre el grupo dominante y el grupo de intelectuales que producen teoría, así como conocer el uso que la clase dominante dará a dicha teoría. Por tal motivo, cada vez resulta más necesario adoptar una posición teórica que rompa con el papel de profesionista subordinado al grupo hegemónico, para que de este modo termine su función de técnico del Estado benefactor o, como diría Gouldner (1990), deje de ser el cuidador del jardín zoológico de los desviados y rompa con los barrotes y permita que los animales se vayan.

Inclinarse por una posición crítica y reflexiva sobre los fundamentos filosóficos de la voluntad, responsabilidad y culpabilidad permitiría impedir el mecanismo de ser un empleado incondicional y trascender el plano de subordinado, porque, como señala Hegel, aprenderíamos lo que en verdad es; de este modo, propiciaríamos el surgimiento de una nueva forma de concebir filosóficamente las categorías, que no serían definitivas, ya que re-

---

[4] Tal postura intentaría romper, como las víboras, con las viejas pieles y adoptar o construir otra que sustituyera a la vieja piel.

presentarían sólo figuras transitorias del ser absoluto y, por tanto, enriquecerían la experiencia humana, debido a que este movimiento dialéctico que la conciencia lleva a cabo en sí misma, tanto en su saber como en su objeto, en cuanto brota ante ella el nuevo objeto verdadero, es propiamente lo que llamaremos *experiencia* (Hegel, 1993). Pero no sólo el aspecto filosófico estaría fortalecido al analizar las categorías de voluntad, responsabilidad y culpabilidad, sino también el aspecto ideológico inmanente a toda acción humana, pues además tendríamos la ventaja de romper en la práctica la función de la ideología científica como soporte falsamente neutral de la ideología dominante (Basaglia y Basaglia, 1981).

Finalmente, las ciencias sociales deben ser las primeras en analizar los fundamentos filosóficos del derecho penal en general, y de los conceptos comprendidos dentro de esta área en particular, así como conocer claramente el uso que daremos a su construcción teórica, con la finalidad de evitar ser un medio de control y manipulación del Estado, porque, como dice Benjamín, no seremos capaces de comprender la antinomia entre el derecho natural —que tiende a justificar los medios legítimos con la justicia de los fines— y el derecho positivo —que garantiza la justicia de los fines con la legitimidad de los medios—, mientras no abandonemos el círculo y no establezcamos criterios recíprocos independientes para fines justos y para medios legítimos (Benjamín, 1978).

Estado presente de la voluntad, la responsabilidad y la culpabilidad en el derecho penal

Como mencionamos en párrafos anteriores, las categorías de voluntad, responsabilidad y culpabilidad las utiliza el Estado como una forma de autocontrolarse, pues establece que el poder punitivo debemos ejercerlo sólo cuando sea demostrada la responsabilidad del sujeto en la acción antijurídica. Así, el Estado debe determinar si existe el conjunto de condiciones mínimas de salud y desarrollo mental en el autor, en el momento del acto típico penal, que lo capacite a responder de este último (Castellanos, 1974). Si demostramos que en el individuo existen esas condiciones mínimas de salud y desarrollo mental, el acto conductual será imputable al sujeto que lo realizó. De aquí que la imputabilidad se convierte en el soporte básico de la culpabilidad, pues sin aquélla no existe ésta y sin culpabilidad no hay delito; por ello, el concepto de imputabilidad se fundamenta en tres elementos básicos: a) la capacidad de autodeterminación; b) la facultad de conocimiento de lo antijurídico de la conducta autodeterminada, y c) el reconocimiento que la ley hace de que el individuo tiene tanto la capacidad como las facultades mencionadas anteriormente.

Con base en esos elementos, hemos diseñado algunos pasos a seguir para determinar si un acto es imputable o no al individuo que lo cometió. El esquema consiste en verificar inicialmente si hay conducta; en seguida verificar su amoldamiento al tipo legal (tipificación); después constatar si dicha conducta típica está protegida por un justificante y, en caso negativo, llegar a la conclusión de que existe la antijuridicidad; como paso siguiente investigar la presencia de capacidad intelectual y volitiva del agente (imputabilidad) y, por último, indagar si el autor de la conducta típica y antijurídica, que es imputable, obró con culpabilidad (Castellanos, 1974). En síntesis, cabe decir que ser culpable de un delito significa que el acusado está implicado en el acto criminal y que lo cometió con el estado mental idóneo, pero un acto no puede ser delito, y por tanto penalmente castigable, sino por ser cometido por una persona que tiene capacidad para conocer que el acto es malo y escoge libremente hacerlo (Ávila y Rodríguez-Sutil, 1997).

De ese modo, el concepto de imputabilidad presupone que el sujeto suele tener la capacidad para autodeterminarse y la capacidad para comprender lo antijurídico de su conducta, y si algunas veces está transitoriamente afectado por alguna causa, se anula la capacidad para actuar con libertad o la capacidad de entendimiento. Por ende, si durante esta etapa de afectación el individuo realiza una conducta que viole la ley penal, habrá una causa de inimputabilidad. Ahora bien, no sólo estados transitorios de afectación son causas de inimputabilidad, ya que el derecho penal afirma que ciertas personas carecen en absoluto de la facultad de comprender lo antijurídico; a su vez, por cuanto a los enfermos mentales, cabe afirmar que éstos no tienen la posibilidad de distinguir la bondad o maldad de su conducta.

Como colegimos de lo anterior, la distinción hecha entre imputabilidad e inimputabilidad es, con base en ciertas cualidades del hombre autónomo, como la facultad de comprender, la capacidad de autodeterminación y de distinción entre lo bueno y lo malo. Así, la existencia de la imputabilidad depende de la presencia de estas facultades en el individuo cuando realiza la acción, mientras que la inimputabilidad presupone la ausencia de dichas cualidades.

Un punto de vista psicológico de la imputabilidad

El psicólogo es uno de los expertos a los que recurren frecuentemente los jueces; el papel que desempeñan estos profesionales esta relacionado íntimamente con la aportación de elementos encaminados a determinar si existen las condiciones mínimas tanto en los aspectos conductual, fisiológico o cognoscitivo en el sujeto sometido a proceso, para que, de ser así, le sean imputadas sus acciones. En caso de que la conciencia, lucidez e inteligencia disminuyan a tal grado que la capacidad de voluntad del actor se vea afectada, habrá causas de inimputabilidad o de exclusión del delito.

Si bien una facultad privativa de los jueces consiste en determinar si un acto delictivo es imputable o no al individuo que lo cometió, frecuentemente los jueces solicitan el testimonio de expertos (asesores) para normar su juicio. Uno de esos expertos es el psicólogo forense, a quien en ocasiones le es encomendada la tarea de evaluar las capacidades de los sujetos, en sus diversas competencias o en la responsabilidad por la comisión de los actos. La evaluación psicológica de la imputabilidad está encaminada generalmente a obtener información sobre las variables psicológicas más relevantes con el fin de indagar las competencias del acusado para ser juzgado, así como también en la realización de estimaciones sobre la peligrosidad potencial del acusado. Para llevar a cabo esta tarea, la evaluación psicológica suele tener como objetivo la valoración del autoconcepto que posee el sujeto, las estrategias defensivas y de afrontamiento que el sujeto utiliza, la forma como experimenta sus vivencias de culpa y los juicios morales que hace, el significado social y legal que le otorga a sus actos, la manera como controla sus impulsos y, finalmente, los trastornos de personalidad que puede tener. El esquema de este peritaje psicológico se realiza en seis etapas: la primera corresponde al inicio del caso, la segunda a la preparación del expediente, la tercera al acopio de datos, la cuarta a la evaluación de las necesidades, la quinta a la selección de estrategias y la sexta al diseño del informe pericial final (Ávila y Rodríguez-Sutil, 1997).

Desde el punto de vista jurídico, las causas de exclusión del delito o de inimputabilidad están referidas en el libro primero, título primero, capítulo IV del código penal federal (García, 1999). El artículo 15, en su fracción primera, establece que el delito es excluido cuando "el hecho se realice sin intervención de la voluntad del agente" (p. 7). Los aspectos primordiales en esta disposición consisten en suponer que existen algunas alteraciones en el sujeto que afectan gravemente su conciencia o inteligencia a tal grado que es alterada la voluntad . Otra causal de excluir el delito está plasmada en la segunda fracción del mismo artículo, la cual establece que para que esto suceda "es necesario demostrar la inexistencia de algunos de los elementos que integran la descripción típica del delito de que se trate" (p. 7).

Cuando dictaminamos que un sujeto es responsable de su conducta en un hecho que infringe una ley, lo que hacemos con esa persona es recluirla

en una institución penitenciaria para su rehabilitación social (Vela, 1973).
Por otro lado, la consecuencia para una persona diagnosticada como no
capaz intelectual ni volitivamente (sin la capacidad de responsabilidad) es
también la reclusión, pero, a diferencia de aquélla, es internada en una institución psiquiátrica o en un centro de diagnóstico y tratamiento. Estos
caminos de acción que adopta el marco jurídico olvidan considerar la probabilidad que existe de que el sujeto se comporte de un modo idéntico
cuando surjan circunstancias similares y no estén presentes las consecuencias punitivas que establece el Estado. Es más conveniente y quizás en ocasiones más oportuno conocer qué tan efectivas son las consecuencias
administradas a un individuo cuando realiza una conducta antisocial, para
originar que la persona se comporte de modo diferente y "más adecuado"
cuando surjan de nuevo situaciones idénticas. Corresponde al profesional
de la psicología elaborar programas para prevenir el hecho, pues es muy
probable que el evento suceda si no tomamos medidas para evitar que el
acto antisocial aparezca de nuevo.

Con esta orientación, el psicólogo dejará de preocuparse de la responsabilidad atribuida a las personas por sus acciones y dirigirá sus esfuerzos a
identificar la conducta humana con base en las posibilidades de incidir en
ella con fines preventivos y de rehabilitación, más que centrar su atención en
identificar las conductas en ciertas cualidades del hombre autónomo. De
este modo, las conductas de los sujetos involucrados en actos antisociales
revisten importancia en función de sus determinantes biológicos del pasado (factores genéticos prenatales y perinatales), de sus determinantes biológicos actuales (estados de desnutrición, falta de sueño, enfermedades
transitorias, ingestión de drogas), de su historia de reforzamiento y de sus
condiciones ambientales momentáneas o de acontecimientos discriminati-
vos, reforzantes y disposicionales.

Llevar a cabo lo anterior alejaría al psicólogo de participar en el dilema
jurídico que plantea el hombre autónomo de conocer si el individuo puede
comprender o no lo antijurídico de su conducta y de este modo dejar a los
filósofos recrear la fábula del rey juicioso, que vivía en una ciudad donde
sólo había un pozo, del que todos tomaban agua y en el que una noche cierta bruja vació un líquido secreto, al tiempo que decía: "desde este momento, todo aquel que beba de esta agua se volverá loco." Al día siguiente, todas
las personas del reino, con excepción del rey y su gran chambelán, bebieron
agua del pozo, ese día la gente cuchicheaba: "el rey está demente; nuestro
amado rey y su chambelán perdieron la razón. No podemos permitir que
nos gobierne un rey loco; debemos licenciarlo." Esa misma noche, el rey
hizo traer agua del pozo para beber él y su chambelán. Después de haber

bebido, hubo una alegría en la ciudad porque su soberano y el chambelán habían recuperado la razón (Jalil, 1976).

Esta fábula muestra, desde el punto de vista de prevenir la aparición de conductas antisociales y de la readaptación, qué tan fútil es demostrar y determinar que una persona no posee las condiciones mínimas para comprender lo antijurídico de sus actos; y, por el contrario, destaca la importancia de descubrir las variables que controlan la conducta, más que tratar de establecer si hay razón para comprender lo antijurídico de un acto. Igualmente, la fábula es un ejemplo de la forma de desvanecer el modelo de enfermedad mental en el que están sustentados algunos principios jurídicos, pues éste pierde su valor científico a medida que comienza a entenderse mejor la relación entre las variables del aprendizaje y la conducta antisocial. En este sentido, el modelo seguido desde tiempos inmemoriales de pretender solucionar el problema de la aparición de conductas antisociales aplicando medidas punitivas es obsoleto y poco eficaz. La ineficacia de este modelo se debe a que los problemas del comportamiento no son deficiencias conductuales de destrezas esenciales, sino problemas de discernimiento que tiene el hombre autónomo, así como de controlarse. En este sentido, es más conveniente adoptar un modelo que permita identificar las variables psicológicas, sociales, biológicas y ambientales que determinan la aparición de la conducta antisocial en el individuo, además de las variables sobre las que la sociedad ejerce poca influencia.

De acuerdo con dicho modelo, el parámetro pertinente del consumo de alguna droga y la comisión de una conducta antisocial es determinar el grado de alteración que produjo el consumo de esa sustancia en la forma de responder del individuo; es decir, si aumentará la probabilidad de aparición de una conducta que casi no sucedía, si disminuirá, si cambiará la topografía, etcétera. A partir de estos conocimientos podríamos diseñar estrategias preventivas que tomaran en cuenta si el individuo se vuelve inconsciente o no por el consumo de una droga, lo que sucede psicológicamente es que ha cambiado la forma de estimulación a la que normalmente está sometido el sujeto, ya sea por el cambio en la presentación o condiciones estímulo o por el cambio de los factores disposicionales, lo cual ha ocasionado que se haya alterado la forma como el organismo responde a ciertos estímulos. Con la adoptación de esta idea, podremos diseñar estrategias de intervención, para que si una persona vuelve a consumir alguna droga, involuntaria o voluntariamente, sus efectos sean menores y prevengamos que vuelva a cometerse alguna conducta antisocial.

Una causal más de exclusión del delito está prevista en la fracción IV del artículo 15, la cual establece que el delito es excluido cuando "se repela una agresión real, actual o inminente y sin derecho, en protección de bienes jurídicos propios o ajenos, siempre que exista necesidad de la defensa y racionalidad de los medios empleados y no medie provocación dolosa suficiente e inmediata por parte del agredido o de la persona a quien se defiende". Desde el punto de vista psicológico, la racionalidad está muy comprometida cuando median en la acción humana estados emocionales, pues es muy difícil diferenciar los estados emocionales que influyen en la racionalidad que el sujeto aplica para discernir las situaciones amenazantes. Esta indefinición se debe, por un lado, a que son similares e indistinguibles los estados fisiológicos de muchas emociones distintas; y por otro lado, a que las respondientes de las emociones se presentan en estados no emocionales. Estos hallazgos han aparecido en estudios de laboratorio en los que inyectar adrenalina en seres humanos produce las respondientes típicas de ciertas situaciones amenazantes (dilatación de los bronquios, cese de las funciones gastrointestinales, etc.), sin que los individuos inyectados informen sentir emoción (Millenson, 1974). De esta forma, los cambios fisiológicos pueden presentarse en muchos tipos de emociones; además, estos cambios tienen una duración pequeña y cuando estudiamos al sujeto para determinar el posible acontecimiento de pérdida de racionalidad, las condiciones son radicalmente distintas de las que existieron cuando sucedió el evento conductual antijurídico.

En este sentido, más que determinar la racionalidad de los medios empleados para repeler una agresión real, el psicólogo debe considerar siempre con fines preventivos que un sujeto, al enfrentar una situación peligrosa, huye o ataca el origen de ese peligro, de tal forma que la respuesta que aparezca dependerá en última instancia de un orden que va de la respuesta más probable a la menos probable y el rango queda determinado por condiciones biológicas y por experiencias de aprendizaje. Por ello, es más conveniente que el psicólogo centre sus decisiones en el estudio de la filogenia conductual, generalmente llamada *psicología comparativa*, así como en el estudio de la ontogénesis conductual, denominada *psicología del desarrollo*, que analiza a los seres humanos y los cambios conductuales asociados con la edad.

Por último, cabe concluir que actualmente existe la necesidad de analizar con más amplitud los conceptos de imputabilidad e inimputabilidad en los que el individuo pueda comportarse de un modo idéntico cuando surjan circunstancias similares y no estén presentes las consecuencias punitivas que establece el derecho penal. Es más importante establecer qué tan efectivas son las acciones punitivas administradas a un individuo cuando comete un delito, para conseguir que él se comporte de manera diferente y "más adecuada" cuando surjan de nuevo situaciones idénticas, pues por ejemplo, es probable que un hombre vuelva a violar a una mujer si su educación no le ha permitido relacionarse con las mujeres por otros medios. En tales condiciones, si centramos la atención sólo en determinar si hay responsabilidad y no ponemos atención a los elementos que eviten que el hecho vuelva a aparecer, será muy probable que tal evento surja de nuevo. Ante este razonamiento, determinar si el individuo es responsable o no para merecer un castigo se convierte en un medio más que en un fin; con ello evitamos el peligro de tomar el derecho contra el delito en forma de venganza y por tal motivo, como señala Hegel, en vez de ser vulnerada la parte, será lesionado lo universal, que tiene su realidad propia en el tribunal y se encarga de perseguir y castigar el delito. En consecuencia, cesa de ser una reparación subjetiva y contingente, y bajo la forma de castigo se transforma en la verdadera conciliación del derecho (Hegel, 1985a).

En general, de acuerdo con lo analizado aquí, cabe concluir que si en verdad queremos resolver el problema de la antisocialidad, no debemos atacarla como problema individualizado del antisocial, sino idear métodos para renovar la estructura de los sistemas sociales que producen, moldean, refuerzan y mantienen la conducta antisocial, mediante la elaboración de una tecnología social de naturaleza gradual en la que identifiquemos claramente las causas y los fines y especifiquemos los medios necesarios para obtener determinados resultados. Es necesario comenzar a redefinir todas las leyes penales que carezcan de valor apropiado para las prácticas de la comunidad, sin perder de vista que una clase dominante desempeña el papel de controlador conductual por medio de las instituciones, pues regula la administración de satisfactores biológicos y sociales, así como la aplicación de estímulos aversivos; por ello, es probable que utilice estos últimos para administrarlos de modo contingente sobre cualquier conducta que amenace su organización y sus estructuras sociales. "Repasando con cuidado esta escena, George Rosen afirma sin paliativos que el individuo era encerrado básicamente no para recibir cuidados médicos, sino para proteger a la sociedad y prevenir la desintegración de sus instituciones" (Szasz, 1974, p. 28).

La forma de elaborar la tecnología social encaminada a cambiar y modificar el curso de la conducta antisocial debe centrar su atención en las medidas que debemos tomar para lograr que aparezca determinado resultado. Este apasionante tema, relacionado con la manera de usar la tecnología social en el estudio de la conducta antisocial, lo trataremos más detalladamente en el capítulo 6.

Bibliografía

Ávila, A. y Rodríguez-Sutil, C. (1997), "Evaluación psicológica forense", en Clemente, M. (comp.), *Fundamentos de la psicología jurídica*, pp. 149-169. Barcelona: Pirámide.

Basaglia, F. y O. F. Basaglia. (1981), "Los crímenes de la paz", en Basaglia, F. y otros, (comps.), *Los crímenes de la paz*, México: Siglo XXI.

Benjamin, W. (1978), Para una crítica de la violencia, éxico: Premia editora.

Castellanos, F. (1974), *Lineamientos elementales del derecho penal*, México: Porrúa.

Farrington, D.P. (1990), "Conducta delictiva y conducta criminal", en Gale, A. y Chapman, A.J., (comps.), *Psicología y problemas sociales*. pp. 75-97, México: Limusa-Noriega.

Gadamer, H.G. (1992), *Verdad y método II*, Salamanca, España: Ediciones Sígueme.

García, A.M. (1987), "El derecho penal de un Estado democrático: algunas cuestiones sobre su contenido y límites", en Pérez, S.J., (comp.), *Bases psicológicas de la delincuencia y de la conducta antisocial*, 1a. ed., pp. 15-26. Barcelona: PPU.

García, R.E.C. (1999), *Código penal para el Distrito Federal en materia común y para toda la república en materia federal*, México: Editorial SISTA.

Gouldner, A.W. (1990), "Prólogo", en Taylor, I., Walton, P. y Young, J., (comps.), *La nueva criminología. Contribución a una teoría social de la conducta desviada*, Buenos Aires: Amorrortu.

Gramsci, A. (1967), La formación de los intelectuales, México: Grijalbo.

Hegel, G.W.F. (1968), Ciencia de la lógica, 2a. ed., Buenos Aires: Ediciones Solar.

— (1979), *Propedéutica filosófica*, Venezuela: Equinoccio.

— (1980), *Enciclopedia de las ciencias filosóficas*, México: Porrúa.

— (1985a), *Filosofía del derecho*, 2a. ed., México: Nuevos Clásicos, UNAM.

— (1985b), *Lecciones sobre la filosofía de la historia universal*, Madrid: Alianza Editorial.

— (1993), *Fenomenología del espíritu*, 9a. reimp., México: Fondo de Cultura Económica.

Hyppolite, J. (1970), Introducción a la filosofía de la historia de Hegel, Buenos Aires: Ediciones Calden.

Jalil, G.G. (1976), *El loco*, México: Editores Unidos Mexicanos.

Kant, E. (1990), *Crítica de la razón práctica*, México: Porrúa.

Millenson, J. R. (1974), *Principio de análisis conductual*, México: Trillas.

O de Pedro, M.A. (1968), Derecho penal mexicano, México: Porrúa.

Rico, M. (1997), "El derecho: una introducción", en: Clemente, M., (comp.), *Fundamentos de la psicología jurídica*, pp. 37-48, Madrid: Pirámide.

Riobó, H. M. (1987), "La psiquiatría forense", en Pérez, S.J., (comp.), *Bases psicológicas de la delincuencia y de la conducta antisocial,* 1a. ed., pp. 27-46, Barcelona: PPU.

Szasz, T. (1970), *Ideología y enfermedad mental,* Buenos Aires: Amorrortu.

— (1981), *La fabricación de la locura,* Barcelona: Kairós.

Vela, T.S. (1973), *La culpabilidad e inculpabilidad: teoría del delito,* México: Trillas.

La acción humana:
sus modalidades y su
configuración en antisocial

Arturo Silva Rodríguez
Campus Iztacala, UNAM

Es evidente que el comportamiento del ser humano presenta una gran variedad de modalidades en cuanto a sus efectos en la sociedad; los hay desde aquellos que fomentan la cohesión del grupo hasta los que rompen con todos los lazos de unión de la colectividad. Fuera de sus efectos en la sociedad, esa gran variedad es diluida cuando observamos la conducta humana por medio de categorías ontológicas, reduciéndose únicamente a tres tipos o modalidades, el motor (la acción), el cognoscitivo (el pensamiento) y el fisiológico (el aparato biológico). Alrededor de la conducta humana existe una discusión significativa acerca de numerosos temas que todavía hoy día dividen a la comunidad científica. En razón de esto, la finalidad del presente capítulo es hacer un bosquejo de los principales conceptos de controversia en el área, así como de las ideas que proporcionan el soporte teórico a los conceptos aquí analizados, para lo cual primero estudiaremos las distintas modalidades en que se manifiesta el comportamiento del ser humano; luego veremos de qué maneras están vinculadas las modalidades con algunos conceptos jurídicos; en seguida, a partir del papel que desempeña el comportamiento humano desde el punto de vista social, examinaremos cómo éste es configurado en antisocial y cuáles han sido las variaciones que ha sufrido el concepto de delito; posteriormente analizaremos la forma de relacionarse la filosofía de la acción con algunos conceptos jurídicos; y, por último, describiremos las fronteras teóricas del delito para conocer la dificultad de establecer límites precisos al concepto de delito, ante la diversidad de pensamientos.

Modalidades de la conducta humana

El comportamiento del hombre tiene una serie de características expresadas en tres modalidades que hasta el momento son aceptadas por los círculos científicos, como los canales por excelencia en los que se manifiesta toda acción humana en este mundo. El movimiento observado en la vida de todos los hombres es resultado de una actividad relacionada con su evolución filogenética, con su actuar externo y con su vida interna impregnada de cierto desarrollo histórico biográfico. De esta manera, consideramos como elementos situacionales los contextos social y cultural, las circunstancias políticas, las condiciones ambientales y cualquier otra situación en la cual se lleva a cabo el comportamiento humano, éste es manifestado con pensamientos, sentimientos, expectativas, etcétera, o por medio de movimientos musculoesqueléticos; de igual forma, pueden manifestarse alteraciones en la tasa cardíaca, en la sudoración, en la tensión muscular, en la respuesta galvánica de la piel. Es decir, ante un multifacético mundo terrenal, los hombres sólo pueden pensar, actuar y regular su equipo biológico, lo cual los dirige a regular las funciones biológicas de su cuerpo, a realizar un acto externo o a llevar a cabo una serie de actividades internas analíticas de retrospección y proyección de historias y proyectos de vida. Las anteriores formas pueden agruparse en la facultad que tiene el hombre de pensar, actuar expresivamente y regular las manifestaciones de sus órganos biológicos; esta modalidad es denominada triple sistema de comportamiento, que incluye los aspectos fisiológico, motor y cognoscitivo.

En cualquier análisis filosófico, psicológico, social o biológico es fundamental tener presente las modalidades en que ocurre el comportamiento humano, pues así podremos, por un lado, construir categorías analíticas que permitan interpretar, de la mejor manera, el comportamiento humano en sus variados aspectos, mientras que, por otro, será factible conocer las relaciones existentes entre las tres modalidades, de tal forma que tengamos información sobre el funcionamiento coordinado de todas las clases y de la generalización que puede haber entre ellas, así como de los cambios en una modalidad producto de las variaciones en el sistema y de la especificidad situacional que mantiene los distintos modos de comportamiento. En relación con esto último, existen evidencias de una falta de concordancia entre la modalidad motora, cognoscitiva y fisiológica, como acertadamente lo menciona Montero cuando dice que cabe destacar que el razonamiento moral es una competencia cognitiva necesaria pero no suficiente para la acción moral. La consistencia entre el razonamiento moral y la conducta moral es uno de los grandes retos que tienen las personas que trabajan en ese campo (Montero, 1992, p. 15).

En consecuencia, es esencial tener en cuenta –al realizar una interpretación analítica del comportamiento humano– la forma de expresarse éste, pues desde una perspectiva teórica, empírica, y hasta funcional, es cada vez más evidente la necesidad de separar con fines de análisis exclusivamente las tres modalidades de respuesta. Tal separación obedece a dos razones principalmente: la primera tiene que ver con aspectos de tipo práctico y alude a la utilidad que puede tener esta distinción en la configuración de la conducta humana dentro de una taxonomía social que pretende discriminar entre diferentes comportamientos de los miembros de una sociedad, en función del grado de cohesión que tienen con los intereses comunes de la colectividad, esto es, distinguir el grado en que participa cada modalidad de respuesta en la consumación o aparición de un hecho social, ya sea en su naturaleza individual o grupal. De este modo, para llevar a cabo lo anterior, debemos efectuar un análisis lógico empírico del balance relativo en que cada modalidad del comportamiento humano influye en la generación de determinado hecho social. La segunda razón es de índole más teórica, pues está relacionada con el grado en que las tres modalidades de comportamiento funcionan de manera coordinada, así como la influencia que pueden tener las variaciones en una modalidad con los cambios en otra, esto es, los cambios que podemos observar en el actuar humano como consecuencia de las modificaciones en el razonamiento humano o las transformaciones sufridas en el equipo biológico de la especie. Si bien en párrafos anteriores hablamos de una falta de concordancia entre la trilogía, esto no invalida la postura teórica de suponer que la generalización puede ocurrir entre las distintas modalidades como producto de los cambios en una de ellas; más aún, como han mencionado varios autores (Cone, 1979; Cone y Hawkins, 1977; Burns, 1980), es probable que la falta de equiparación o concordancia se deba a la disparidad de métodos utilizados en la observación de las tres modalidades del comportamiento humano. Por ejemplo, en la observación de la modalidad cognoscitiva hemos empleado muy frecuentemente los métodos de retrospección, de historias de vida, de entrevista a profundidad, de interpretación de los símbolos, etcétera, mientras que para la modalidad motora hemos usado el método de la observación directa o el registro de los productos permanentes, como es común en criminalística al recoger las evidencias y tomar las huellas dejadas en el lugar del crimen. De igual manera, al observar el sistema fisiológico, existen también múltiples métodos e instrumentos enfocados a examinar los cambios ocurridos en las funciones fisiológicas del equipo biológico del ser humano, aspecto fundamental en el derecho penal para detectar estados alterados como resultado del consumo de una droga y que de este modo sea factible fortalecer o debilitar la inimputabilidad de un hecho delictivo. En conclusión, como vemos, es posible que la ausencia de concordancia en el triple sistema, observada hasta el momento, sea resultado de la gran variedad de métodos utilizados en su medición; por ello, es imposible tener información fidedigna acerca de la forma como interactúan o se sincronizan las tres modalidades de la conducta humana a lo largo de su existencia.

Aunado a lo anterior, actualmente ha sido agregado otro problema a la de por sí discutida área de conocimientos del comportamiento humano: el relacionado con los principios generales que rigen al triple sistema de comportamiento. El interés en este tema ha estado centrado en determinar si la modalidad cognoscitiva, la motora y la fisiológica son regidas por los mismos principios generales o, si por el contrario, una de esas modalidades, o varias, trasciende en cierta medida las leyes ontológicas y epistemológicas que gobiernan a las restantes modalidades[1]. De toda esta discusión, la única luz más o menos intensa que emerge de la controversia concierne a que todo comportamiento humano es expresado por medio de tres canales de respuesta relacionados íntimamente: el motor, el cognoscitivo y el fisiológico. Lo único que todavía queda pendiente de esclarecer de modo convincente es lo relativo a la naturaleza de cada modalidad, aspecto que trataremos en el apartado siguiente.

Naturaleza de las tres modalidades de la conducta humana y su relación con los conceptos jurídicos

A lo largo de la historia se han utilizado diversos conceptos jurídicos que tienen relación con el comportamiento humano; de hecho, uno de los propósitos entre muchos de estos conceptos es regirlo mediante la base de que el Estado tiene como objetivo de su existencia –como vimos en el capítulo 2– mantener una disciplina social, al establecer un conjunto de normas. En este sentido, es evidente la relación tan estrecha que existe entre ciertas concepciones del hombre y las reglas que determina el hombre para controlarse. En este apartado mostramos cómo los conceptos jurídicos están vinculados con las modalidades del comportamiento humano.

---

[1] Asunto que desborda totalmente el propósito de este trabajo.

Modalidad motora del comportamiento humano

La naturaleza de la modalidad motora de la conducta humana abarca las actividades eferenciales, observables objetivamente, que tienen vínculos con la musculatura estriada del cuerpo humano y cuyos efectos en el medio ambiente son observados en la duración, en la frecuencia de ocurrencia de la conducta y en los productos permanentes que dejan las actividades eferenciales (Bellack y Hersen, 1978). Este tipo de modalidad es la que tradicionalmente y aún hasta hoy día ha sido de mayor interés del derecho penal y de sus disciplinas relacionadas, pues, por ejemplo, como señala Vela, para que exista el delito es necesario no sólo que exista un acontecimiento en el mundo exterior, sino también que haya un sujeto del derecho penal al que podamos atribuir esa conducta calificada y reprochársela como violatoria de los ideales de paz y armonía sociales que el sistema penal busca alcanzar por medio de la tutela (Vela, 1973, p. 3).

De esa manera es obvio que la existencia de un delito presupone, por un lado, un acontecimiento externo –ya sea una conducta de acción o de omisión– y, por otro, que podamos atribuir la conducta a un sujeto del derecho penal, como es el hombre. Cuando se conjugan estos elementos, el sujeto humano y la realización de una conducta externa[2] de acción o de omisión que le es reprochable por ser violatoria de los valores ideales que la ley busca –esto es, realiza una conducta típica y antijurídica–, es el momento de iniciar la búsqueda de la configuración de esta conducta como delictiva o no. De este modo, es evidente que el punto medular de la acción penal es la aparición de una conducta externa o motora del ser humano que viola los ideales plasmados en las leyes penales.

A lo largo de su existencia, la conducta motora del ser humano se presenta de forma continua en un espacio y en un tiempo; sin embargo, la conducta motora no sólo se presenta en un lugar determinado y en un tiempo específico, sino también aparece de una manera particular, esto es, de una forma especial. Por ejemplo, una agresión física puede consistir en el uso exclusivo de los puños para atacar o en la utilización de los puños y las piernas para golpear a la víctima. Es evidente, pues, que todo comportamiento motor ocurre en un contexto tanto temporal como situacional, así como de un modo particular dentro de un sistema sociocultural que determinan el lugar, el tiempo y la topografía con la que se manifiesta aquél. Estas tres pro-

---

2 Llamada también *conducta motora*.

piedades de la conducta –la temporalidad, la geografía y la topografía– constituyen un aspecto muy importante en la delimitación de los hechos delictivos, pues el tiempo, el lugar y la forma son dimensiones del delito que estudiamos (entre otras, como veremos más adelante), para determinar la gravedad de la falta cometida.

Generalmente, estas dimensiones son estudiadas con la finalidad de precisar con exactitud ciertos elementos de la conducta que poseen un valor incalculable en la reconstrucción de los hechos delictivos, como: a) frecuencia o número de ocasiones de aparición de la conducta motora, b) tiempo que tardó en aparecer la conducta desde que ocurrió la causa inmediata que lo originó (latencia), c) ritmo o frecuencia de aparición por unidad de tiempo, d) intensidad o esfuerzo en la ejecución de una conducta, e) duración o tiempo que se mantuvo la conducta, f) cantidad de elementos que intervinieron, g) variedad de la conducta, h) componentes utilizados en la realización de la conducta, e i) productos permanentes en el lugar de los hechos dejados como rastro de la conducta, etcétera.

Los elementos anteriores y muchos otros que sería innecesario mencionar los utiliza especialmente la criminalística para descubrir el cómo, cuándo, dónde, con qué y para qué de un crimen, así como para descubrir al autor de la conducta delictiva y explicar y reconstruir el crimen. Para llevar a cabo lo anterior, es primordial –como señala Sotelo– obtener pruebas físicas que permitan establecer los hechos del crimen, la identidad del criminal, la exoneración de los inocentes, la culpabilidad del criminal y la mejor forma de aprehender al criminal (Sotelo, 1992, p. 61). Algunas de las maneras utilizadas para obtener información del rastro de la conducta motora han sido las narraciones de los testigos presenciales de los acontecimientos, mediante descripciones verbales que permitan reconstruir los hechos (Clifford y Davies, 1994), otras han sido el registro de los productos permanentes que han dejado rastro del actuar del sujeto o los sujetos involucrados en él o los hechos antijurídicos, con la finalidad de encontrar el instrumento del delito, huellas digitales o huellas de pisadas, marcas de llanta u otras claves o pistas.

Desde luego, la modalidad motora del comportamiento humano es pieza medular del derecho penal, conforme es el eslabón inicial de la cadena de la integración jurídica del delito, cadena en la que aquél es el único facultado para establecer la norma del deber ser; precisamente por esta última característica, el derecho tiene la facultad de dictar leyes que tengan como propósito regir la conducta humana que atente contra la sociedad. Una vez identificado el hecho delictivo, la conducta motora y los resultados físicos de su ejecución pasan a ser de interés de la criminalística, que como ciencia fáctica busca verificar científicamente el hecho delictivo, así como descubrir al presunto actor del acto, con el propósito de imponerle una sanción.

Modalidad fisiológica del comportamiento humano

La modalidad fisiológica de la conducta humana posee una naturaleza que engloba la actividad del sistema nervioso, incluidas las reacciones neuroendocrinas. Ejemplos de esta modalidad son la tasa cardíaca, la respuesta galvánica de la piel, la piloerección, la tensión muscular y algunas reacciones neuroendocrinas (como las catecolaminas, la hormona tiroides, las esteroides, etcétera). Esta modalidad fisiológica motivó una gran discusión, en la que, por un lado, algunos afirmaban que los aspectos fisiológicos del ser humano interactúan muy estrechamente con la modalidad motora y cognoscitiva, por lo cual no había necesidad de considerarla una modalidad diferente. Por otro lado, algunos otros consideraban que la modalidad fisiológica no debía reducirse a meras funciones de los distintos subsistemas fisiológicos, por lo cual debía ser estimada con cierta independencia de las relaciones mutuas que comparte con la modalidad motora y cognoscitiva (Fernández-Ballesteros, 1981). En la actualidad, esta última postura ha sido adoptada en la mayoría de los círculos científicos, pues cada vez es más necesario realizar estudios que proporcionen información sobre cuál es la relación entre la conducta humana y las bases biológicas de ésta; este acercamiento entre las ciencias humanas y las ciencias biológicas constituye hoy día uno de los principales centros de interés en el mundo científico, como acertadamente lo han mencionado algunos autores, entre ellos, Carrobles (1981). Las respuestas fisiológicas del ser humano pueden clasificarse según los sistemas biológicos que la producen en respuesta del sistema somático, del sistema nervioso autónomo, del sistema nervioso central y del sistema endocrino y bioquímico. En cada uno de estos sistemas existen múltiples respuestas que abarcan una amplia gama de la modalidad fisiológica de la conducta humana; tales respuestas aparecen en el cuadro 3.1.

RESPUESTAS DEL SISTEMA SOMÁTICO	RESPUESTAS DEL SISTEMA NERVIOSO AUTÓNOMO	RESPUESTAS DEL SISTEMA NERVIOSO CENTRAL	RESPUESTAS DEL SISTEMA ENDOCRINO Y BIOQUÍMICO
RESPUESTAS ELECTROMIOGRÁ-FICAS (EMG)	SISTEMA CARDIOVASCULAR 1. Tasa cardiaca 2. Presión sanguínea 3. Flujo Sanguíneo	RESPUESTAS ENCEFALOGRÁFICAS	RESPUESTAS DE LAS HORMONAS
MOVIMIENTOS OCULARES (EOG)	TEMPERATURA CORPORAL	RESPUESTAS EVOCADAS 1. Respuestas medias evocadas 2. Variaciones negativas contingentes	RESPUESTAS DE LOS NEUROTRANSMISORES
RESPIRACIÓN	EXCITACIÓN SEXUAL: PLETISMOGRAFÍA DE PENE Y VAGINA		
	RESPUESTAS ELECTRODÉRMICAS 1. Nivel de resistencia de la piel (SRL) 2. Nivel de conductancia de la piel (SCL) 3. Nivel de potencial de la piel (SPL) 4. Respuesta de resistencia de la piel (SRR) 5. Respuesta de conductancia de la piel (SCR) 6. Respuesta del potencial de la piel (SPR)		
	RESPUESTA PUPILOGRÁFICA		
	RESPUESTAS GASTROINTESTINALES MOTILIDAD Y PH		
	SALIVACIÓN		

Cuadro 3.1 Tipos de respuestas incluidas
en la modalidad fisiológica del comportamiento humano.

La modalidad fisiológica de la conducta humana es de capital importancia para determinar la imputabilidad del acto motor realizado por el sujeto, ya que los actos antijurídicos son de interés para el derecho penal, al ser ejecutados de manera intencional, dolosa o imprudencial. De esta forma, hablamos de imputabilidad cuando una persona tiene la capacidad penal, es decir, cuando tiene la madurez necesaria para medir las consecuencias normales de sus actos. Obviamente, para que una persona posea el conjunto de condiciones mínimas de salud y desarrollo, al ocurrir la acción motora antijurídica, que lo capacite a responder de ella, es imprescindible que haya un desarrollo biológico adecuado que permita al individuo realizar juicios acertados en lo referente a la facultad de comprensión (Vela, 1973, p. 20). En caso de no haber logrado ese desarrollo biológico mínimo o que se vea afectado temporalmente por alguna causa, será anulada la facultad de entendimiento; por tal motivo, si durante esa etapa inmadura o de afectación temporal el individuo realiza un acto motor que viole una ley penal, su conducta no será imputable y, por tanto, no deberá ser sujeto de punición. Así, la imputabilidad tiene sentido en la integración del propio delito, conforme el juicio de reproche que determina la culpabilidad puede realizarse únicamente a un sujeto imputable; pero si no hay imputabilidad, no podrá haber culpabilidad y, como menciona Vela, la ausencia de esta última provocará la inexistencia del delito. Esto es, existirá una causa de inimputabilidad, lo cual quiere decir que aunque una persona haya realizado una conducta típica y antijurídica, ésta carece de la capacidad para autodeterminarse conforme al sentido de la facultad de comprensión de la antijuridicidad de su conducta, sea porque la ley le niega dicha facultad o porque, al producirse, el resultado típico es incapaz de autodeterminarse (Vela, 1973, p. 44).

Modalidad cognoscitiva del comportamiento humano

La polémica principal en relación con el comportamiento humano ocurre en la modalidad cognoscitiva, ya que hasta al momento no hemos encontrado una respuesta contundente a la pregunta acerca de si la modalidad cognoscitiva está regida por los mismos principios generales que gobiernan a la modalidad motora y a la fisiológica, o si los procesos cognoscitivos suponen manifestaciones producto del desarrollo filogenético y de la historia social de la humanidad. Otro asunto que sigue siendo polémico en cuanto a la modalidad cognoscitiva consiste en si ésta no es un epifenómeno de lo biológico y, por consiguiente, responde a modificaciones biológicas específicas, o si ambos aspectos suponen actividades interactuantes sin relaciones causales. En esta disputa otras voces se han levantado y recomiendan tener cuidado porque, de seguir así, hay el peligro de regresar al dualismo cartesiano de mente y cuerpo, aspecto superado en la interpretación del comportamiento humano. Al equiparar el término mente, como sinónimo de lo cognoscitivo, estamos a un paso de regresar a suponer que hay una sustancia pensante, llamada alma o espíritu, y una sustancia extensa, sin la cual no podemos imaginar un cuerpo, denominado materia.

Como resultado de esa disputa, han sido múltiples los significados que ha adoptado la modalidad cognoscitiva; por ejemplo, desde el punto de vista personológico, lo cognoscitivo se reduce al estudio de los rasgos, como fue al principio del siglo en la criminología, cuando hablábamos de diversos tipos de delincuentes con base en las características de personalidad más sobresalientes, lo cual llevó a clasificar a los individuos según algunos constructos hipotéticos; uno de los representantes más notables de esta postura fue Lombroso. Mientras que en la personología lo cognoscitivo es reducido a rasgo de personalidad, en el estructuralismo lo equiparamos con las estructuras mentales desarrolladas como un efecto de la evolución ontogenética del individuo. Desde una aproximación teórica que parte de la informática, la modalidad cognoscitiva es vista como los procesos y estrategias con los cuales los humanos reciben, reconvierten y formulan la información que reciben del exterior. Por el contrario, para la escuela soviética, la modalidad cognoscitiva tiene que ver exclusivamente con las funciones superiores del pensamiento, por lo cual es reducida a un proceso sólo humano, como ya lo había mencionado Descartes. Según comenta Vargas, el animal no piensa, pues no habla ni se adapta, pero Descartes sugiere que aquél no es sino materia y su actividad sólo puede explicarse por el concurso de las fuerzas físicas (Vargas, 1972, p. 263).

Como conclusión es posible mencionar que la modalidad cognoscitiva del comportamiento humano se ha conceptualizado con base en constructos, estructuras, procesos, estrategias, funciones y contenidos que por definición ejercen un efecto en el individuo o la persona. El elemento en común de todas las conceptualizaciones, unas por un lado y otras por otro, es tratar de trascender la idea simplista de que la modalidad cognoscitiva alude a todo "lo que piensan y sienten las personas"; por tal motivo, su interés está centrado en el estudio de los procesos, como: a) las atribuciones y las creencias, esto es, la forma como las personas seleccionan, discriminan, valoran, califican y explican el mundo físico y su entorno social; b) la imaginación, que corresponde a la manera como los individuos se representan a su mundo exterior e interior; c) las estrategias y las autoinstrucciones, las primeras de las cuales abarcan a la logística de pensamiento que el sujeto utiliza en la solución de sus problemas cotidianos, y las segundas incluyen las indicaciones que la persona se suministra a sí misma para regular su comportamiento, y d) las expectativas, esto es, la forma como las personas se preparan para recibir determinado evento, ya sea interno o proveniente del ámbito social. Por otra parte, además de la preparación para recibir algo, la actividad humana en lo cognoscitivo está regulada por los autoelogios que el sujeto obtenga en respuesta a la realización de determinada meta; de tal manera, en este proceso estudiamos los elementos relacionados tanto con la anticipación o la expectativa, como con las consecuencias autoproducidas.

La modalidad cognoscitiva y su papel en la integración del delito

Independientemente de cómo sean interpretadas la modalidad cognoscitiva y los aspectos a los que demos mayor atención, desde una perspectiva jurídica lo importante es saber si una persona es culpable, o sea, si cometió una acción intencional o imprudencial, con la finalidad de aplicar la pena respectiva. Así, como la modalidad motora de la conducta humana es el elemento principal que pone en movimiento el aparato jurídico ante la comisión de una conducta antisocial, con la finalidad de encontrar al sujeto al que podamos atribuir el hecho, la modalidad cognoscitiva de la conducta humana también desempeña un papel muy importante, en lo que Solís denomina *integración jurídica del delito*, que consiste en determinar si un individuo capaz (es decir, imputable) obró dolosa o imprudencialmente; en caso de que así lo sea, para los fines legales corresponde imponerle una pena como retribución que el Estado aplica al actor consciente de una conducta dañosa, para evitar que vuelva a producirla o que otros le imiten. Es bien cierto que la culpabilidad alude, no a la calidad del acto en sí mismo, sino a la del individuo y a la dirección mental que imprimió a su acción, a la significación psíquica en el agente, pero, para las finalidades penales, es concepto esencial al integrar la noción de delito (Solís, 1985, p. 41).

De esta manera —como dice Vela, —la culpabilidad debe tener como punto de referencia el contenido psíquico de la conducta de un individuo determinado, que es autor de una conducta típica y antijurídica, de tal forma que se le apliquen las consecuencias que la ley ha previsto para quien es responsable de haber cometido el delito, es decir, para la imposición del castigo o sanción para el culpable y responsable (Vela, 1973, p. 137). Evidentemente, la culpabilidad no es una propiedad intrínseca a la conducta humana, sino una característica asignada con base en el sujeto que realizó el acto conductual externo y la valoración hecha de éste, en función de las capacidades cognoscitivas volitivas presentadas en la persona al realizar el acto antijurídico. En las anteriores ideas subsiste el postulado de que

todas las formas de comportamiento humano llevan consigo un contenido
de voluntad mediador entre el mundo interno del individuo y el mundo
externo o social en el que se desenvuelve dicho sujeto. Según palabras de
Vela, diríamos que todo lo que significa conducta es producto de la volición,
o sea, al efectuar cualquier comportamiento, en realidad materializamos
ante el mundo exterior el proceso psíquico previo que ha determinado la
especial forma que adopta la conducta; a toda conducta precede, ineludiblemente, un proceso que se realiza en la subjetividad del sujeto actuante y
que es primordial para ejecutar la conducta específica (Vela, 1973, p. 167).

En esas ideas queda plasmada claramente la relación tan estrecha que
los juristas establecen entre el concepto de culpabilidad y la modalidad cognoscitiva de la conducta humana, ya que para respaldar la existencia del concepto jurídico de culpabilidad recurren a una característica del hombre
autónomo como es la voluntad, entendida como la facultad del hombre con
la que quiere o elige unas acciones, rechaza otras y gobierna los actos del
ser animado por ella, los cuales van desde disposiciones e intenciones hasta
ganas o deseos de hacer determinadas acciones. Desde esta visión, el hombre es dueño de su conducta debido a que puede decidir por sí libremente,
sin hallarse sometido a forzosidades ineludibles, esto es, no está determinado por un complejo de causas inexorables. De esa manera, de la individua-
lización volitiva surge una máxima de validez universal que debe ser
satisfecha, al igual que la existencia de un acto externo típico y antijurídico
imputable a una persona, para que exista el delito, pues no hay delito sin culpabilidad. Una vez sentada, en el sistema conceptual del derecho penal, la
esencia de la volición que da origen a la culpabilidad, cabe señalar que el
hombre resulta responsable de las consecuencias de sus actos porque es
libre, ya que tiene voluntad de acción y actúa movido por una necesidad de
hacerlo de cierta forma determinada; por tal motivo, el hombre es responsable de lo que hace, cuando puede realizar algo diferente.

Con base en ello y desde el punto de vista jurídico, es indebido asociarle
a la culpabilidad como si fuera sinónimo de la responsabilidad, ya que esta
última aparece cuando es efectuada la integración cabal del delito, o sea, al
instante en que una conducta es valorada como típica, antijurídica, culpable
y punible, llegamos a la consecuencia que resulta de la existencia de un delito, o sea, a la responsabilidad. De este modo, la culpabilidad forma parte
de una unidad llamada delito, que con su aparición provoca el surgimiento de
la responsabilidad, a la que corresponden las consecuencias del delito (Vela,
1973, p. 5). Si bien en la actualidad esta separación simbiótica en culpabilidad y responsabilidad es común y aceptada como premisa fundamental en
el aspecto jurídico, no siempre fue así, pues, por ejemplo, en la época anti-

gua, el castigo por realizar una conducta dañosa era fundamentado filosóficamente sólo en la responsabilidad, ya que había preponderancia del aspecto material del daño ocasionado, haciendo caso omiso del contenido
volitivo de la conducta dañosa y, por ende, de la culpabilidad. Sólo hasta
después de la Revolución francesa, cuando el ser humano se volvió de interés para las corrientes filosóficas, fue considerado importante identificar el
grado y la forma como la modalidad cognoscitiva del comportamiento del
hombre, por medio de la voluntad, estuvo involucrada en el hecho ocurrido. Según Vela, corresponde a Carrara dar este salto teórico, al separar el
resultado de su causa, lo cual le permite afirmar que el delito es el producto del choque al que concurren dos fuerzas: la moral subjetiva, consistente
en la voluntad inteligente del hombre que obró, y la física subjetiva, representada por la acción corporal, que es externa y cuyo resultado equivale a la
ofensa del derecho agraviado o, dicho en otra forma, al daño material del
delito (Vela, 1973, p. 141).

En la actualidad existen dos teorías principales que explican el concepto de culpabilidad, ambas centran su atención en la facultad volitiva del ser
humano, y sus diferencias son descritas en la forma de tomar en cuenta la
situación normativa en la que aparece el delito. Una de estas posiciones es
la psicológica, que centra su interés en la estrecha relación entre el sujeto y
su hecho, de modo que tal relación puede ser directa (dolo) e indirecta
(culpa), pero ligada indisolublemente con la conducta; es decir, el nivel de
culpabilidad se fija con base en la posición psicológica de la persona vinculada con el hecho imputable. La otra teoría, llamada normativa, no niega ni
contradice a la psicológica, sino agrega otro elemento al tema de la culpabilidad, pues señala que, además de ser necesario conocer qué tanto ha
deseado una persona realizar un delito, así como saber por qué ante una
gran variedad de opciones para manifestar una conducta motora realizó
una conducta delictiva, es fundamental saber que la conducta manifestada
era una actuación contra el derecho, cuando éste exige un comportamiento apegado a la norma por ser factible de realizarse. De esta manera, para la
teoría normativa, la culpabilidad comprende no sólo un vínculo psicológico, sino también trasciende esta visión por una en la que asimismo sean
valorados elementos normativos con la finalidad de reprochar a la persona
por haber tendido a realizar una conducta distinta de la que legalmente le
exigía el Estado. Tomando como referencia la teoría normativa, la culpabilidad es entendida como el resultado del juicio por el cual se reprocha a un
sujeto imputable haber realizado un comportamiento típico y antijurídico,
cuando le era exigible llevar a cabo un comportamiento diferente, adecuado a la norma (Vela, 1973, p. 200).

Largo y sinuoso fue el camino de la evolución histórica del concepto de culpabilidad hasta la aparición del nexo de la modalidad cognoscitiva de la conducta humana con la modalidad motora, quedando firmemente unidos el hecho delictivo con su autor. A partir de ese momento, desde un enfoque jurídico, interpretamos el significado de toda conducta como producto de la volición; en consecuencia, conceptualizamos que la forma adquirida por la conducta exterior es resultado del proceso psíquico subjetivo que moldea el aspecto material de la conducta humana. La capacidad adquirida por el ser humano mediante la voluntad de encaminar su conducta motora hacia la obtención de determinado fin lo hace responsable de sus acciones. Así, cuando la voluntad se encamine directamente a producir un determinado resultado y si éste es típico y antijurídico, de acuerdo con la normativa del Estado, será acreedor a un reproche dirigido al proceso psíquico, en términos de dolo, debido a que la voluntad encauzó la conducta externa hacia la fabricación de ese resultado. En caso contrario, cuando el resultado del actuar externo no corresponde a la intención del sujeto, sino que ocurre como consecuencia de determinada motivación, el reproche lo haremos en términos culposos, pues si bien elegimos, mediante la voluntad, realizar un conducta motora típica y antijurídica, ésta no la llevamos a cabo buscando obtener cierto resultado. Los anteriores conceptos abren un gran espacio de discusión en las ciencias sociales y humanas sobre el papel que desempeña la motivación en la ejecución de determinado acto delictivo. Desde el punto de vista normativo, los motivos que condujeron al sujeto a producir una conducta motora que rompe con las leyes jurídicas establecidas tienen una importancia superlativa no solamente de tipo técnica, sino también para establecer la magnitud de la sanción que aplicaremos al sujeto responsable de tal comportamiento.

En síntesis, cabe decir que, desde una visión jurídica, la acción o conducta motora relacionada con su modalidad cognoscitiva, mediante su contenido de voluntad, puede manifestarse de forma intencional (dolosa) y no intencional (culposa). En cuanto al dolo como ente teórico, ha sido analizado por la teoría de la voluntad, principalmente por Carrara, así como por la teoría de la representación, con el pensamiento de Franz von Liszt. En ambos sistemas teóricos, en la comprensión de tal concepto tiene una presencia destacada la modalidad cognoscitiva de la conducta humana, ya que toma en cuenta, por un lado, la intencionalidad del comportamiento y, por otro, la representación mental, por medio del pensamiento de las secuencias del acontecimiento que culminarán en el resultado deseado. En la teoría de la voluntad, los elementos que integran el dolo son, por un lado, el conocimiento que tiene el sujeto de la naturaleza delictuosa de su conducta externa y, por otro, la intencionalidad de realizarlo a pesar de ser contrario a los ordenamientos legales que establece la ley.

Como vemos, la característica de la teoría de la voluntad en cuanto al dolo está en el énfasis dado a la voluntad como motor impulsor de la conducta delictiva, ya que el único elemento para considerar dolosa a una conducta es que se haga con voluntad y buscando alcanzar un fin determinado. En lo que respecta a la teoría de la representación, además de los elementos de la teoría de la voluntad, agregamos otro ingrediente que alude al conocimiento que tiene el individuo, antes de realizar la acción delictiva, sobre todas las circunstancias que acompañan al hecho previsto por la ley. De este modo, en la teoría de la representación, para definir el dolo tomamos en consideración un proceso interno de tipo cognoscitivo que realiza el sujeto, por medio del cual imagina el resultado que causalmente habrá de producir su conducta y, a pesar de conocer todo lo anterior, efectúa u omite (según sea el caso) esa conducta que termina ocasionando el resultado esperado. En esta teoría no es necesario, para que ocurra el dolo, que haya voluntad para realizar determinado acto, sino que es suficiente con que haya existido en el actor de la conducta una representación de resultados.

En la actualidad existe el sentimiento de que tomadas la voluntad y la representación de forma aislada, como lo han hecho las teorías anteriores, no son suficientes para proporcionar una idea completa y verdadera de lo que es el dolo; por tal motivo, hoy día hemos optado por construir un concepto de dolo que tienda un nexo lógico y necesario entre la voluntad y la representación. De esta unión ha surgido la figura jurídica de dolo siguiente: decimos que una conducta es dolosa cuando la persona que realiza una conducta típica y antijurídica se ha representado intelectualmente el resultado de su actuar y se encaminó por medio de un acto volitivo a producir el resultado o mínimamente lo aceptó como posible. Así, en palabras de Jiménez de Asúa, dolo sería la producción de un resultado típicamente antijurídico (o la omisión de una acción esperada), con conocimiento de las circunstancias de hecho que se ajustan al tipo y del curso esencial de la relación de causalidad existente entre la manifestación de voluntad y el cambio en el mundo exterior (o de su no mutación), con conciencia de que se quebranta un deber, con voluntad de realizar el acto (u omisión de la acción debida) y con representación del resultado (o de la consecuencia del no hacer) que se quiere o consiente (Vela, 1973, p. 211).

Como colegimos de esta definición, en ella están integrados tanto el actuar externo del ser humano como la acción cognoscitiva subyacente a dicho actuar, constituida esta última por la representación mediante la imaginación del resultado externo de la conducta, así como de la capacidad volitiva de alcanzar el fin esperado, con el propósito de cumplir la expectativa anhelada. En ese sentido, es fundamental para la integración del dolo que el sujeto que realiza la conducta tenga conocimiento de la índole de ésta tanto en términos del logro que alcanzará con la realización de la conducta, como de alcance jurídicopenal de esa conducta.

En cuanto a la manifestación culposa de la modalidad cognoscitiva del comportamiento humano, jurídicamente hace referencia, al igual que la manifestación dolosa, al contenido de la naturaleza cognoscitiva[3] que tiene la conducta productora del resultado típico. Corresponde también a Carrara ser pionero en fincar las bases sobre lo que hoy proporciona los fundamentos filosóficos de las razones de la punibilidad de la culpa. Carrara distinguió tres elementos que conformaban el concepto de culpa: la voluntariedad del acto, la falta de previsión del efecto nocivo y la posibilidad de preverlo. Al paso del tiempo y después de múltiples discusiones en el derecho actual mexicano, hemos adoptado los principales postulados de Carrara con los ajustes pertinentes para que responda a las necesidades que tiene la sociedad contemporánea de tutelar el bien común.

En ese sentido, actualmente el concepto de culpa lo conocemos como una forma de manifestación de la culpabilidad por medio de una conducta que produce un resultado típico y antijurídico, que era previsible y evitable por la simple capacidad de suministrarse autoinstrucciones para controlarse a sí mismo y cumplir el deber de atención y cuidado que exige la ley al autor de la conducta, atendiendo a las circunstancias personales y temporales concurrentes con el acontecimiento. De este modo, en el concepto de culpa están integrados tres elementos: a) una conducta causalmente típica, b) una violación del deber exigible al autor, y c) un resultado previsible y evitable.

Para finalizar, sólo resta decir, en relación con la forma de integrarse las modalidades de la conducta humana con los conceptos jurídicos, que ésta se hace con base en ciertas facultades del hombre autónomo, como la facultad de comprender, la capacidad de autodeterminación, la capacidad de distinguir entre lo bueno y lo malo, la capacidad de programar metas y dirigir su comportamiento para lograrlas, la conciencia, etcétera. Carrara considera que el hombre es dueño de su destino y puede decidir por sí libremente, sin hallarse sometido a forzosidades ineludibles a lo largo de su existencia. Con esto, al concepto de hombre de la criminología clásica —considerado como un ser racional y solitario— se le dota de un pasado y un futuro: ya no

---

[3] Conocida en el área del derecho como naturaleza subjetiva.

es el hombre que puede elegir libremente entre distintos cursos de acción, sino que, conservando la volición humana, se plantea la necesidad de incorporar elementos atenuantes para determinar la comisión de un acto criminal, pues las elecciones del hombre autónomo son alteradas por la influencia de factores externos de naturaleza biológica, psicológica y social.

Esta visión filosófica da pie para fundamentar la premisa de que la libertad de elegir que tiene el hombre lo hace responsable de sus actos; por ello, que según O de Pedro, el Estado debe tener como misión, cuando el hombre comete un delito, perseguirlo y castigarlo en aras de mantener la disciplina social no sólo desde el punto de vista del interés social, cuya protección le corresponde, sino también desde el de los intereses del individuo (O de Pedro, 1968, p. 21). Esto es un reflejo claro de la concepción neoclásica en la que no es abandonado del todo el modelo de hombre autónomo dotado de libre albedrío sostenido desde el clasicismo; ahora el delincuente debe ser castigado sólo en caso de que, existiendo todas las condiciones para tomar las decisiones morales adecuadas, tiende a realizar acciones que atacan el bien común. En este sentido, aún consideramos que la posibilidad de elegir constituye una característica de cada individuo, pero también admitimos que determinadas estructuras facilitan más que otras la libre elección (Taylor, Walton y Young, 1990). Esta visión sobre el hombre ha impactado también algunas aproximaciones psicológicas y hasta sociológicas, como la de Enrico Ferri —a decir de Vela—, en las cuales negamos el libre albedrío, estimamos absurdo responsabilizar al hombre por aquello que le está determinado, como todo hecho natural (Vela, 1973, p. 142) o, como diría Skinner, el concepto de responsabilidad queda particularmente debilitado cuando al comportamiento humano le seguimos la pista hasta llegar a ciertos factores genéticos. Podemos admirar la belleza, la sensibilidad y la delicadeza, pero a nadie se le ocurre culpar a una persona porque sea fea, espástica o daltónica; sin embargo, causan problemas otras formas de la cualidad genética no tan visibles. Los individuos, probablemente, se diferencian —lo mismo que las especies— en el grado de capacidad para reaccionar con agresividad, o en la medida en que su conducta queda reforzada cuando llevan a cabo ciertos actos de agresividad que producen daño (Skinner, 1971). Todo ello excede los propósitos de este trabajo, pero no deja de ser un tema de gran polémica y confrontación, por lo que debe ser motivo para hacer un análisis especializado en otro momento y en otro lugar. Al margen de la anterior área de controversia, hoy día el sistema penal mexicano recibe su fundamentación con base en las facultades del hombre autónomo, relacionando éstas con el comportamiento humano de una manera intrincada en la que la voluntad del hombre ocupa un destacado lugar, pues de ella dependen consecuencias y calificativos jurídicos de diversa naturaleza para la modalidad motora, la fisiológica y la cognoscitiva, tanto en la imputabilidad como en la culpabilidad. La voluntad tiene alusión igualmente, en la forma de manifestarse la conducta externa (acción u omisión), así como en lo relativo al resultado que se produce con motivo de la realización de la conducta (dolo y culpa).

La filosofía de la acción y su relación con algunos conceptos jurídicos

Sin duda los seres humanos distinguen entre lo que hacen y lo que les pasa con base en que lo primero lo desarrollan con cierta finalidad a partir de cierta iniciativa por parte de ellos, mientras que en lo segundo se limitan a ser observadores de los acontecimientos que les suceden. En el primer caso, los seres humanos actúan parecidamente a los eventos causales, es decir, inician algo para obtener determinados resultados; en el segundo, son sometidos a efectos de fuerzas que no han iniciado. Por ejemplo, correr tras un microbús es una acción que realizamos, en tanto que alcanzarlo o no, es lo que pasa; igualmente acontece cuando una persona sufre un robo, que es algo que le sucede, pero el asalto es algo que hace el ratero. Esto refleja la eterna dicotomía entre la voz activa y la voz pasiva; entre la acción y la pasión (Mosterín, 1991, p. 9).

No todas las acciones son iguales, puesto que algunas se hacen con intención; sin embargo, otras se realizan sin querer debido a que no está en el ser humano controlarlas, como roncar, estornudar o parpadear. Asimismo, las acciones que llevamos a cabo intencionalmente pueden tener consecuencias no previstas en su ejecución; por ejemplo, arrancamos de modo intencional la rama del árbol que invade la propiedad de nuestro vecino, pero lo herimos involuntariamente a nuestro vecino si cuando cae la rama tiene la desgracia de pasar por ese lugar. Lo mismo le sucede al automovilista que para estacionar su carro lo conduce en un tramo de reversa, acción que es intencional, pero con ese movimiento lesiona a un pequeño niño que estaba atrás del auto y que aquél no pudo ver por el espejo retrovisor. Estos casos muestran que no todas las acciones humanas son intencionales, aunque sean voluntarias; similarmente, tampoco toda acción intencional es premeditada, puesto que a menudo cuando actuamos, la intención de llevar a cabo una acción la hacemos mientras actuamos, aspecto conocido como intención en la acción o no previa a la acción, debido a que la intención de hacer las cosas la tomamos sobre la marcha; por ejemplo, cuando decidimos ir a comer a un restaurante, lo que guía nuestra conducta es la intención de comer, pero en general no prevemos exactamente lo que vamos a comer, sino hasta que la mesera nos ofrece la carta o nos dice cuál es el menú del día y decidimos el platillo que consumiremos; en ese momento decimos intencionalmente lo que deseamos consumir con el propósito de que nos satisfagan la petición. Es evidente que todas estas acciones humanas las hacemos intencionalmente, pero su aspecto intencional aparece cuando decidimos realizarlas; sin embargo, en otras ocasiones llevamos a cabo de forma deliberada un plan perfectamente elaborado de lo que vamos a hacer, diseñar y ensayar –ya sea de manera cognoscitiva o motora–, lo que deseamos ejecutar y finalmente eso hacemos. En todos los casos de este tipo, la intención de lo que vamos a realizar y de cómo hacerlo precede al inicio de la ejecución de la acción. Antes de tocar una puerta, el vendedor de productos de cocina ha preparado un discurso en el que pondera las ventajas del producto que ofrece; a su vez, las bandas organizadas de asaltantes de bancos preparan un plan meticuloso antes de llevar a cabo el robo.

La doctrina oficial de la intencionalidad que sustenta a todo proceder jurídico parte de la premisa de que no vemos las acciones, sino sólo los eventos; por ello, para identificar una acción humana es necesario hacer una interpretación de ese evento por medio de dos principios sustanciales que consisten, por un lado, en suponer que el agente o sujeto involucrado tiene ciertas intenciones o creencias y, por otro, que tales intenciones y creencias causan el evento, con lo que este último deja de serlo para convertirse en una acción provocada por el hombre. Por consiguiente, en el ámbito jurídico –como vimos anteriormente–, sustentado en la intencionalidad, se le presenta el reto primero de juzgar y después de tomar una decisión acerca de si debe interpretar un evento como algo que pasa, o considerarlo como algo que el agente hace intencionalmente, es decir, llegar a la conclusión de que el evento, más que ser algo que acontece accidentalmente, es una acción humana cargada de intencionalidad.

En su aspecto formal la doctrina oficial de la intencionalidad de la acción humana considera que atrás de cada evento externo en el que participa la voluntad está presente en cierto grado la intención, por un lado, y, por otro, la acción externa está constituida por dos aspectos, uno inmediato y otro remoto, representado el primero por la actividad muscular, –por ejemplo: en el caso de Edipo al matar a Layo, cerrar la mano y levantar el brazo–, y el aspecto remoto por algún acontecimiento del que la actividad muscular resulta causalmente responsable –en nuestro ejemplo, sacar el cuchillo y clavarlo en el pecho de Layo–. Es importante tener presente que en este campo del conocimiento, el aspecto remoto no tiene que representar necesariamente un cambio de situación, sino, como menciona Von Wright, también puede consistir en que el cambio no tenga lugar, como cuando evitamos que se derrame el contenido de un vaso, para lo cual lo sujetamos con la mano. Igualmente, el aspecto remoto también puede omitirse, por ejemplo: cuando la acción externa está limitada a levantar el vaso. Por último, tampoco es necesario que el aspecto inmediato consista en un movimiento, pues puede ser sencillamente una tensión muscular, como sucede al momento de realizar una acción preventiva en cuanto dista de una acción productiva o destructiva (Von Wright, 1987, p. 111). La única condición que no debemos dejar de cumplir es que la conducta considerada sea activiforme, esto es, que cuente con lo interno y externo; de ser así, la conducta es considerada una acción humana propiamente dicha. En caso de que la conducta cuente exclusivamente con el aspecto interno, la conceptuaremos como actividad mental pura que no posee referentes externos; por otro lado, si la conducta carece de intención, la tomaremos como actividad refleja, consistente en una respuesta mecánica, uniforme y adecuada del agente a un estímulo externo o interno de éste, que sucede en respuesta a la estimulación de un receptor con el cual está en comunicación el efector por medio de un arco reflejo, como la contracción de la pupila al ser estimulado el ojo por un haz de luz, o la aparición de la salivación al ser estimuladas las papilas gustativas por la vista de un alimento suculento.

Aunada a la cualidad activiforme de la acción humana, ésta posee un carácter ejecutivo constituido por una fase del aspecto externo de la acción, llamada resultado, que a menos que sea realizada efectivamente, la acción no es por definición ejecutada (es decir, consumada o llevada a cabo). En este sentido, el resultado es una etapa del aspecto externo vinculada intrínsecamente (ya sea de manera conceptual o lógica) con la acción misma. Este hecho evoca, según Von Wright, la confrontación de profundas raíces históricas entre las nociones de acción y de producción causal. Generalmente, las causas de los fenómenos son identificadas como factores que producen u ocasionan sus efectos; de igual manera, la forma de operar de la causa es a menudo comparada con la actuación de un agente considerado responsable de lo que ha hecho, bajo el supuesto de que tiene voluntad de acción. Esta idea es fundamental en la visión jurídica de las acciones humanas, puesto que debido al hecho de interpretar toda acción humana como producto de la volición, se parte de la concepción de que la forma que adquiere la conducta exterior es resultado del proceso psíquico subjetivo que moldea el aspecto material de la conducta humana. Por tal motivo, la capacidad que adquiere el ser humano mediante la voluntad de encaminar su conducta motora hacia la obtención de determinado fin lo hace responsable de sus acciones. En consecuencia, al momento en que la voluntad sea encaminada directamente a la producción de cierto resultado y en caso de ser típico y antijurídico, de acuerdo con la normativa del Estado, el sujeto será acreedor a un reproche dirigido al proceso psíquico, en términos de dolo, debido a que la voluntad encauzó la conducta externa precisamente hacia la fabricación de ese resultado. En caso contrario, cuando el resultado del actuar externo no corresponde a la intención del sujeto, sino que ocurre como producto de determinada motivación, el reproche será en términos culposos, puesto que si bien se eligió, mediante la voluntad, realizar una conducta motora típica y antijurídica, ésta no se realizó buscando obtener cierto resultado. En esta concepción jurídica, la causalidad conocida desde Aristóteles como eficiente[4] es, de acuerdo con Vela, el eje sobre el que gira el concepto y naturaleza de la teoría de la causalidad objetiva en el derecho; esto será evidente, si tomamos en consideración que el concepto de causalidad en esta teoría se sustenta en una doble fundamentación: en primer término estimar que el hombre debe responder de aquello de lo que es causa voluntaria y que contradice al derecho y, en segundo, que hay atribución al sujeto como causa eficiente cuando la voluntad determinó utilizar medios anormales, que aún sin finalidad ilícita produjeron un resultado antijurídico, lo cual concluimos que lo punible no es la intención, sino el resultado, debido a la voluntad carente de solidaridad social por la que decide emplear los medios considerados anormales (Vela, 1973, p. 236).

Vista desde la perspectiva jurídica, la causa provoca una alteración de un estado de equilibrio y resulta responsable de algún daño o de alguna transgresión en la naturaleza; sin embargo, es muy importante al tratar esta visión jurídica de la acción humana tener presente que hablar de las causas como si fueran agentes que actúan, siendo responsables de sus efectos, únicamente recurrimos en principio a un lenguaje analógico y metafórico, porque, de olvidarlo, corremos el riesgo de caer, como lo hace el animismo,[5] en

---

[4] Como recordaremos, para Aristóteles es causa todo aquello de lo que está hecha una cosa y que permanece en la cosa (llamada *causa material*), por ejemplo: el mármol es causa de la estatua; en un segundo sentido, es causa lo que da comienzo al cambio o a la quietud y, en general, lo que produce el cambio es causa de éste (denominada *causa eficiente*), por ejemplo: la fuerza ejercida sobre el mármol por los instrumentos. En un tercer sentido, la causa es el modelo o la forma, esto es, la esencia necesaria o sustancia de una cosa (conocida como *causa formal*), que en el hombre la causa es su naturaleza racional que lo define. En un cuarto sentido, la causa es el fin de la cosa (llamada *causa final*), por ejemplo: aumentar el acceso a las personas a la contemplación de los objetos bellos.

[5] Entendida como la creencia –difundida entre los pueblos primitivos– que sostiene que todos los objetos de la naturaleza, animados e inanimados albergan un espíritu o alma, categorías vistas como principios o acciones de fuerza que explican los acontecimientos del universo.

la aceptación de creencias supersticiosas o en poderes invisibles que apoyan el curso observable de la naturaleza, y en sus oscuros designios. Como lo hacían los primitivos al suponer que existía un alma-vida que abandonaba el cuerpo durante el sueño, también creían en la existencia de un alma-sombra que seguía al cuerpo en el estado de vigilia y un alma-reflejo del cuerpo que aparecía en las aguas o en los objetos brillantes (Mueller, 1980, p. 16). Dar cabida a todas estas creencias en el campo de la ciencia puede suponer, a decir de Mosterín, que todas las cosas que nos pasan tienen un culpable, representado por un dios, un demonio, un hechicero que nos ha hecho víctimas de sus maleficios o, en el caso más extremo, un vecino mal intencionado que nos ha echado un mal de ojo (Mosterín, 1991, p. 11). Afortunadamente, a medida que hemos desarrollado la conciencia humana de las conexiones causales y de los mecanismos naturales y obtenido un conocimiento más "científico", poco a poco han quedado atrás esas supersticiones, las cuales impedían probar que era factible disociar conceptualmente la causa y la acción. La anterior disociación fue posible al momento en que acudimos a nociones relativas a la producción de cosas y a la intervención intencional en el curso de la naturaleza, con el propósito de entender la causación y distinguir entre conexiones nómicas y regularidades accidentales en la naturaleza (Von Wright, 1987, p. 89).

La separación entre causa y acción se fundamenta en la distinción que existe entre hacer cosas y dar lugar a cosas (comprendiendo en esta última sus variantes de provocar u ocasionar) y asimismo entre la aptitud para hacer y la aptitud para dar lugar a. Es indiscutible que al hacer determinadas cosas ocurren otras, por ejemplo: al fumar un cigarrillo en una habitación, el ambiente del entorno se enrarece y el aire es menos respirable, provocando que la habitación quede impregnada por un buen tiempo de un olor a humo o que una persona que no tiene la costumbre de fumar se sienta a disgusto en el sitio y termine por abandonarlo. De esta manera, suceden los efectos de la acción, debido a que lo que se hace es la causa de esos efectos. Ante esto, hemos optado por asignar a la causa el nombre de *resultado de la acción* y a los efectos el término de *consecuencias de la acción* (Von Wright, 1987, p. 90). Derivada de esta condición, la acción de hacer ha quedado asociada de manera natural al resultado y ocasionar o provocar la consecuencia de una acción; en otras palabras, lo hecho es el resultado de una acción y lo ocasionado es la consecuencia de una acción. A partir de esto, colegimos que las cosas hechas y las provocadas son cambios (acontecimientos) que consisten ante todo, en transiciones de un estado a otro de las cosas, en que el resultado al igual que las consecuencias, puede identificarse con el cambio o con su estado final. Sin embargo, no debemos confun-

dir que cuando el resultado o la consecuencia consiste en obtener un estado, éstos responden únicamente a la ejecución de un acto, pues, por ejemplo, el resultado de fumar en una habitación es que ésta se llene de humo,
pero el mismo estado puede también ser el resultado del acto de evitar que
el humo se disipe, impidiendo que salga de la habitación. Aunque estos dos
ejemplos son el resultado de la ejecución de dos actos positivos, es posible
también que sean generados por la ejecución de actos negativos abstenién-
dose de hacer cosas, como lo refiere el término delito en el derecho penal,
que presupone por un lado un acontecimiento externo, ya sea una conducta de acción o de omisión y que sea atribuible a un sujeto del derecho penal,
como es el hombre. Cuando se conjugan estos elementos, el sujeto humano y la realización de una conducta externa de acción o de omisión que
le es reprochable por ser violatoria de los valores ideales que la ley busca
—esto es, realiza una conducta típica y antijurídica— es el momento inicial
en busca de la configuración de esta conducta como delictiva o no (Vela,
1973, p. 3).

Conforme al anterior razonamiento de Von Wright, existe un vínculo
intrínseco entre una acción y sus resultados, esto es, una relación lógica y no
causal (extrínseca). Por consiguiente, si el resultado no se materializa, la
acción no ha sido ejecutada, pues el resultado es componente esencial de
la acción, por tal motivo sería un grave error considerar a la propia acción
causa de sus resultados. En cuanto al carácter que establece la diferencia
entre el resultado y la consecuencia, ésta es de naturaleza relativa. Cuando
fumamos en la habitación, el resultado de esta acción es que el ambiente de
la habitación se enrarezca y el aire sea menos respirable; por el contrario,
cuando la atención está centrada en tomar un cigarrillo y colocarlo en la
boca, y una vez estando allí succionar en el lado del cigarrillo que no está
encendido, el resultado de toda esta cadena de actos es la acción de fumar.
Similarmente, la fase del aspecto externo de una acción, entendida como los
efectos del resultado que no se encuentran vinculadas de modo intrínseco
a la acción, puede ser habitualmente desplazada por medio de la inserción de
la acción en varias descripciones. Consideremos, por ejemplo, en el acto
de fumar un cigarrillo, las tres fases externas siguientes: enrarecer el
ambiente, fumar un cigarrillo e impregnar la habitación de un fuerte olor a
humo. Con estos elementos, es posible desplazar el aspecto externo que se
considera el resultado de la acción elaborando varias formas descriptivas de
la situación, todas igualmente correctas; una de ellas podría señalar que el
agente fumó un cigarrillo y, como consecuencia, fue enrarecido el ambiente e impregnada la habitación de un olor a humo; o también sería factible
mencionar que el agente enrareció el ambiente al fumar un cigarrillo y como

consecuencia la habitación se impregnó de un fuerte olor a humo; otra forma sería decir que el agente hizo más enrarecido el ambiente de la habitación, al impregnarlo de un fuerte olor a humo como resultado de fumar un cigarrillo. Todo esto es posible debido a que lo que constituye el aspecto externo de una acción no es el vínculo causal que conecta sus diversas fases, sino que logramos la unidad por la inclusión de las fases bajo una misma intención, que convierte a las fases anteriores y posteriores en partes del aspecto interno de la misma acción realizada intencionalmente por el agente en la situación considerada, englobando de este modo las descripciones de fumar un cigarrillo, enrarecer el ambiente e impregnar la habitación de un fuerte olor a humo.

Un dilema permanente que enfrenta la descripción de la acción humana basada en la intencionalidad es distinguir entre la actuación intencional y la intención de hacer algo en particular. Es indiscutible que todo lo que intentamos hacer y hacemos realmente, lo realizamos intencionalmente; sin embargo, su contraparte no es cierta, pues no es posible afirmar que intentemos hacer todo lo que deseamos efectuar intencionalmente. En este sentido, si bien siempre que hacemos algo intencionalmente está siempre presente algo que intentamos— esto es, un objeto de intención— también lo es que no siempre intentamos llevar a cabo lo que intencionalmente deseamos hacer. Una persona puede tener la intención de salir a la playa el próximo verano y realizar desde ese momento todos los intentos para lograrlo, siguiendo todos los pasos y, como consecuencia, al final alcanzar realmente el objetivo, pero también puede no llegar nunca a la esperada conclusión, con lo cual el intento se frustra o fracasa. No obstante, a pesar de la consecuencia desafortunada de no lograr ir a la playa, como relatamos en el segundo resultado posible, de todos modos en esta situación siempre intentamos materializar la idea de pasar el verano en la playa, haciendo una serie de intentos, aunque al final los esfuerzos resultaron infructuosos. En cuanto a que no todo lo que deseamos hacer intencionalmente lo emprendamos, su veracidad resulta obvia al considerar, por ejemplo, cuántas personas en este mundo no han tenido la intención de hacerse ricos de la noche a la mañana robando un banco o apoderándose de los bienes materiales de los otros, sin embargo, también cuántos de ellos no han hecho ningún intento por materializar su intención. Aquellos que lo han intentado y han sido atrapados se les llama *delincuentes* y los que han escapado son incluidos en la famosa lista negra manejada en la criminología.

Otra situación de dificultad en el campo de las acciones humanas tiene que ver con las consecuencias intencionales de la acción y las consecuencias previstas. Volviendo al ejemplo de la acción triádica de fumar un cigarrillo, enrarecer el ambiente de una habitación e impregnarla de un fuerte olor a humo, supongamos que una consecuencia adicional de la acción es que una persona que está en la habitación y que ha tenido problemas en sus vías respiratorias sufra una ataque de insuficiencia respiratoria que le produzca la muerte, siendo esto previsible por parte del agente; sin embargo, su intención no era hacer que la persona tuviera un ataque de insuficiencia respiratoria, sino satisfacer únicamente su adicción a la nicotina. El problema en esta situación radica en que es posible decir que el agente hizo que la persona muriese, aun cuando su actuación no fuera intencional, basándose en la descripción. En esta circunstancia, según reconoce Von Wright, no existe un criterio inequívoco de decisión, pues si bien no es posible decir que de modo no intencional hizo que muriera la persona debido a que fumaba intencionalmente, tampoco sería correcto afirmar, sin mayor averiguación, que provocó de modo intencional la muerte de la persona. Ante esto, la distinción más pertinente —en ideas del autor citado— es de carácter moral, identificando si el agente pudiera resultar inculpado por lo que previera, aun cuando no pretendiera provocarlo; entonces, la consecuencia prevista es algo hecho intencionalmente y de lo que resulta responsable.

Esta solución moral a la dificultad mencionada en líneas anteriores es muy semejante a la jurídica plasmada en los artículos 8 y 9 del Código penal para el Distrito Federal en materia de fuero común y para toda la república mexicana en materia de fuero federal, correspondientes a las reglas generales sobre delito y responsabilidad; el primero de ellos hace una distinción entre los delitos dolosos y culposos, al afirmar que "... las acciones u omisiones delictivas solamente pueden realizarse dolosa o culposamente" (García, 1999). El siguiente artículo define las figuras jurídicas de los delitos dolosos y culposos —que tienen sus raíces en las acciones intencionales y no intencionales— utilizando los siguientes conceptos:

"*Artículo 9*. Obra dolosamente el que, conociendo los elementos del tipo penal o previendo como posible el resultado típico, quiere o acepta la realización del hecho descrito por la ley.

Obra culposamente el que produce el resultado típico, que no previó siendo previsible o previó confiando en que no se produciría, en virtud de la violación a un deber de cuidado, que debía y podía observar según las circunstancias y condiciones personales" (García, 1999).

Conforme a estos artículos, en el delito doloso existe siempre un motivo determinante o un conjunto de motivos que dirigen la acción humana en cierto sentido, es decir, se realiza una conducta externa con el propósito de obtener un resultado concreto (intencionalidad de la acción), mientras que los delitos culposos, también tienen un motivo, pero, a diferencia de los anteriores, en éstos no buscamos un determinado resultado (una acción no intencional), sino que el motivo únicamente hace que el sujeto opte por una forma de acción (fumar en una habitación), omitiendo así otro que de haberse realizado hubiera impedido la producción del resultado lesivo (no fumar en la habitación). Es evidente, pues, que en el espíritu de la ley plasmada en los artículos 8 y 9 la intencionalidad de la acción desempeña un papel preponderante, pues ésta califica la acción humana y da origen a la aparición de dos conceptos jurídicos, como el dolo (acción intencional) y la culpa (acción no intencional); estos conceptos influyen principalmente en la imposición de las sanciones, ya que la sanción impuesta a la persona que actuó dolosamente es mayor que la impuesta a quien actuó culposamente.

En estas ideas tomadas del ámbito jurídico que rigen gran parte del comportamiento humano en sociedad existe también la idea de que la abstención es la contrapartida pasiva de la acción, entendida no como pasividad o inacción, sino como pasividad que dicta la intencionalidad, en la que no se producen estrictamente cosas ni impedimos que sucedan cosas, pero al abstenernos podemos dejar que las cosas cambien o acceder a que permanezcan intactas. Por ejemplo, dejar de fumar en la habitación hubiera ocasionado que no se enrareciera el ambiente y no fuera impregnada la habitación de un fuerte olor a humo, sin importar si la persona de todos modos hubiera tenido el ataque de insuficiencia respiratoria. Estas transformaciones y no transformaciones son los aspectos externos de la abstención.

La configuración de la conducta humana en antisocial

Como mencionamos al inicio de este capítulo, cuando el comportamiento es observado desde una perspectiva social, es posible identificar una gran cantidad de modalidades y, a diferencia de la visión ontológica, la diversidad del comportamiento social corre a lo largo de un continuo extendido desde aquellos que fortalecen los lazos de unión de la sociedad hasta los que rompen con la unidad. Entre estos extremos existe un universo casi infinito de comportamientos que sería una tarea imposible describirlos uno por uno. No obstante esta dificultad, aquí realizaremos la difícil y controversial empresa de analizar teóricamente de qué manera la conducta humana es configurada como antisocial; para ello, en primer lugar, examinaremos las características sociales más relevantes de la conducta humana, luego delinearemos algunas fronteras teóricas de la antisocialidad, y finalmente intentaremos demarcar los límites—por demás huidizos— del delito.

Características sociales de la conducta humana

A pesar de la gran diversidad de aspectos que adquiere la conducta cuando es considerada desde su dimensión grupal, en las ciencias sociales existe una costumbre que, para fines legales, permite hacer una taxonomía de gran utilidad en el estudio de la conducta humana en sociedad. Esta clasificación es presentada atinadamente por Rodríguez, quien distingue cuatro tipos de conducta: a) social, b) asocial, c) parasocial, y d) antisocial (Rodríguez, 1989). La primera conducta es aquella que se ajusta a las normas adecuadas de convivencia y no trastoca de forma alguna a la colectividad, esto es, cumple con el bien común. El segundo tipo de conducta, la asocial, comprende aquellas formas de comportamiento en las que no existe contenido social, esto es, no guardan relación con las normas de convivencia ni con el bien común. La conducta parasocial tiene como característica principal que contraviene las conductas seguidas por la mayoría de los individuos que conforman determinado grupo social; sin embargo, no está dirigida hacia la destrucción de la colectividad; son los clásicos choques generacionales, en los que un sector de la sociedad no acepta los valores adoptados por la mayoría, pero sin destruirlos; no realiza el bien común, pero no lo agrede. Por último, la conducta antisocial está dirigida contra el bien común y atenta contra la estructura básica de la sociedad, destruyendo sus valores fundamentales y lesionando las normas elementales de convivencia.

La anterior clasificación del comportamiento humano responde a una cuestión de carácter social y, como tal, la ubicación de un tipo de conducta dentro de alguna categoría de la taxonomía estará determinada por el grupo social en el que ocurra dicho suceso. En este sentido, a diferencia de las modalidades motora, fisiológica y cognoscitiva del comportamiento humano, en el que la naturaleza que las define es de carácter ontológico, la distinción de la conducta en social, asocial, parasocial y antisocial responde a una naturaleza de carácter puramente social y, como tal, delimitada en función del grupo de referencia de que se trate. Así, la antisocialidad no es una cualidad o propiedad de la conducta humana, sino una consecuencia de la aplicación de reglas y sanciones que un grupo social impone al comportamiento de sus miembros; la antisocialidad no tiene una existencia ontológica independiente al margen de un proceso de reacción social. Es necesario tener en cuenta siempre esta característica y no caer en la interpretación abstracta de cualquier tipo de conducta definida socialmente, sin situarla en el contexto de su época histórica y de su respaldo social. De acuerdo con esto, la configuración de la conducta humana en alguna clase de la tipología social no responde a una propiedad intrínseca de ésta, sino que es otorga-

da en función de cómo el grupo social la percibe y tomando como referencia la finalidad perseguida, pues, por ejemplo, una conducta humana será
considerada antisocial si está en contra del bien común, entendido como
aquel que siendo un bien de cada integrante de una sociedad es, al mismo
tiempo, un bien de todos los miembros que conforman dicha colectividad.
Desde esta perspectiva de la antisocialidad, el orden social tiene sentido sólo
en la medida en que busca alcanzar el bien común y no como jurídicamente siempre ha sido fundamentado con base en la permanencia de un sistema social que por definición es saludable y en el cual ha sido delegada al
Estado la facultad de cuidar, proteger y controlar al hombre, dado que por
su naturaleza humana es afecto a infringir las leyes de convivencia social. La
conducta antisocial, analizada con la óptica anterior atrae la atención de esta
obra, ya que abarca una gama muy amplia de la conducta humana en sociedad; además, no está restringida al estudio de las conductas delictivas, sino
que puede ampliarse al estudio de conductas no tipificadas en los códigos
penales, como la drogadicción, el alcoholismo, la contaminación ambiental,
etcétera.

Fronteras teóricas de la antisocialidad

La ventaja de seleccionar a la conducta antisocial como objeto de estudio
de esta obra es tener la oportunidad de analizar todo el comportamiento
humano que violenta el bien común y no limitarse al estudio exclusivo de
las conductas de acción o de omisión que castigan las leyes penales. La
selección de estudiar la conducta antisocial en lugar de la conducta delictiva fue hecha con la finalidad de superar las restricciones que impone el
ámbito jurídico para identificar los actos delictivos, pues el concepto delito jurídicamente es muy restrictivo y cambiante, debido que su tipificación
depende de una sociedad determinada en un momento preciso, mientras
que la conducta antisocial implica la violación de las normas sociales de
conducta y es, por tanto, un concepto más general que el de delito (Pérez,
1987). Con la adopción de este objeto de estudio intentamos romper la
visión exclusivamente jurídica que han fijado las fronteras de la mayoría de
los estudios realizados en el campo de la convivencia social, los cuales han
girado, por un lado, alrededor de un utilitarismo que niega todo significado
a la conducta antisocial en cuanto a que carece de utilidad para el interés
teórico o empírico y, por otro, han despreciado el análisis de la sociedad global centrándose en el significado subjetivo de la conducta antisocial con una
obsesión siempre en aumento por lo microscópico.

Esas dos orientaciones derivadas de la dirección jurídica han mostrado a lo largo de su existencia su limitación para explicar la conducta antisocial; una por su negativa constante y persistente a conceder a los actores sociales conciencia del papel que desempeñan en la sociedad e interpretando las acciones de sus miembros desde la plataforma ideológica de la clase dominante (como vimos en el capítulo anterior); la otra, por su derroche de subjetividad en la interpretación de la conciencia de los actores sociales, pero con una ausencia total del carácter social e ideológico de las acciones de los sujetos, como si la conducta antisocial existiera al margen de toda sociedad e independiente de todo contexto histórico. Lo común, en estas dos visiones, es que ambas se nutren de la ilusión de que el derecho es el instrumento por excelencia para promover el cambio social, olvidando que la realidad social no cambia, al menos sólo por decreto y que la legislación —sea ésta social o criminal— es por lo general el revestimiento de la política. En este sentido, es más probable y frecuente que la realidad social provoque el cambio jurídico. Por ejemplo, la aspiración legítima a tener una mejor calidad de vida tanto en el ámbito cotidiano como en el laboral ha traído como consecuencia la regulación jurídica de la seguridad social o la protección del consumidor y la seguridad e higiene en el trabajo. En materia penal es innegable que los procesos de criminalización y descriminalización están determinados fuertemente por la opinión pública respecto a ciertos comportamientos considerados por la norma jurídica (Rico, 1997). La dicotomía de que si el derecho influye en los cambios sociales o si éstos contribuyen al desarrollo del derecho es en realidad una engañosa disyuntiva, debido a que lo que ocurre realmente es una relación de doble dirección en la cual el inicio de la norma jurídica ocasiona reajustes sociales que a su vez provocan cambios en el ordenamiento jurídico, de modo que el círculo se cierre y el proceso se convierta en una continua retroalimentación.

Por tal motivo, en este capítulo, conceptualizamos la conducta antisocial como un proceso plenamente social, en la que la sociedad desempeña un papel fundamental en la configuración de los parámetros de identificación de dicha conducta, en cuya naturaleza intervienen tanto elementos de tipo material como elementos de tipo subjetivo e ideológico que la determinan. Ahora bien, de acuerdo con esto y como la sociedad tiene un papel protagónico en la determinación de cuándo una conducta humana puede ser configurada como antisocial, aún hoy día ha persistido una fuerte polémica teórica y metodológica sobre la definición legal del delito y de los delincuentes, ya que no todo sujeto antisocial o desviado es un delincuente, así como no todo delincuente es, por fuerza, un antisocial. De la misma manera, no toda desviación comporta delito, ni todas las conductas previstas por las leyes penales deben considerarse a priori antisociales (Rodríguez, 1989; p. 9). En consecuencia, no todo desviado es un antisocial, aunque todo antisocial es, por lógica, un desviado.

Conceptualizando al delito como una construcción social, es indiscutible que la mayoría de las personas, por lo menos en alguna ocasión, han realizado conductas que, de acuerdo con ciertas expectativas sociales, son percibidas como violatorias de los principios básicos de convivencia social. Estas conductas incluyen dañar a otras personas, privar o quitar a alguien sus pertenencias, ofender los valores morales de un grupo de personas o ser aún más severas. En un intento de controlar el comportamiento antisocial, todos los grupos, pequeños o informales, organizaciones más formales y la sociedad misma han creado reglas, reglamentos y leyes para especificar el comportamiento apropiado y no apropiado, con la finalidad de establecer mecanismos de control social e imponer sanciones a quienes no cumplan con las reglas. De esta manera, si una persona viola la ley, según el grupo social de referencia, seguido y dictaminado por un procedimiento de juicio, se convertirá en infractor o delincuente. Existe una gran cantidad de comportamientos antisociales tanto grupales como individuales que dañan o lesionan la vida social; sin embargo, la clase de comportamiento que desde cualquier punto de vista tiene consecuencias más graves es el llamado antisocial, consistente en actos que violan las leyes o normas y, como tales, cubren una amplia gama de conductas desde fechorías hasta crímenes. A partir de esta distinción, la conducta, ya sea grupal o individual, es clasificada en cuatro universos de generalización:

a. *Universo pro social.* Comprende todas las conductas que ayudan a favorecer la convivencia y la coexistencia y fortalecen al grupo social.

b. *Universo no tipificado.* Son aquellas conductas que determinados sectores de la sociedad las consideran violatorias de ciertas normas mínimas de convivencia social, pero no tipificadas como tales en las leyes penales, como las manifestaciones públicas que obstruyen la libre circulación de vehículos.

c. *Universo tipificado sin consenso.* Son conductas tipificadas en las leyes penales, pero que ciertos sectores de la sociedad no las consideran violatorias de ningún principio, por ejemplo: el aborto, en el cual ciertos sectores progresistas de la sociedad consideran que debemos despenalizar.

d. *Universo tipificado consensuado.* Comprende las conductas en las que existe un consenso acerca de que resultan violatorias de ciertos principios, por lo que deben ser sancionadas con las leyes penales.

Considerando el nivel de conocimiento que tienen las autoridades respectivas encargadas de procurar justicia de las conductas infractoras y delictuosas que ocurren en los dos últimos universos, es común clasificarlas como sigue:

a. *Infracciones y delitos desconocidos.* Comprenden aquellas infracciones o delitos no conocidos por las autoridades competentes, los cuales son llamados comúnmente lista negra.

b. *Infracciones y delitos evadidos.* Abarcan las infracciones o delitos conocidos por las autoridades competentes, pero que no hayan seguido la trayectoria legal, sea por amistad, por influencias políticas, etcétera.

c. *Infracciones y delitos no procedentes.* Son las infracciones o delitos conocidos por las autoridades que han seguido el procedimiento legal, pero que aquéllas decidieron que no deberían continuar por no adecuarse a los procedimientos legales.

d. *Infracciones y delitos calificados.* Comprenden las infracciones o delitos conocidos por las autoridades que están en proceso e infracciones o delitos en los cuales ya hubo una sentencia.

De los anteriores tipos, la mayoría de los investigadores acepta que el porcentaje de las infracciones o delitos desconocidos o evadidos es mayor que la cifra de los infracciones o delitos registrados y más en algunas infracciones o delitos que en otros; sin embargo, esto no debe alarmar, pues el porcentaje de los hechos en estudio no registrados es común en las ciencias sociales (Feldman, 1989, p. 19). Las razones por las que no conocemos algunas infracciones y delitos son muy variadas, de las cuales destacan las siguientes:

a. Las personas implicadas, tanto el sujeto de la acción como la víctima, podrían no darse cuenta de que están infringiendo la ley.

b. Los involucrados están conscientes de que cometieron la infracción o el delito, pero se consideran víctimas voluntarias, por ejemplo: el aborto.

c. La víctima puede no estar consciente de que es victimizada, aunque el sujeto que ejecuta la acción delictiva si lo está.

d. Es posible que en lo inmediato no exista una víctima.

e. Aunque haya una víctima consciente y no voluntaria, es posible
    que no se denuncie la infracción o el delito debido al temor de ven-
    ganza por parte del acusado, o porque no confía en que la acción
    de la policía sea efectiva, o porque al hacerlo podría revelar su pro-
    pia culpabilidad.

Volviendo a los cuatro universos de generalización, la polémica surgida en
torno a este tema ha girado alrededor de dos temas principalmente: uno
sobre los aspectos metodológicos de la definición, y el otro sobre cuestiones sustantivas de índole ética. El primero hace referencia a la limitación
que presenta basar el estudio de la antisocialidad exclusivamente en los
comportamientos delictuosos definidos por la ley; la opción que proponemos desde esta aproximación es elaborar definiciones científicas que con-
tengan relaciones universales, y como las normas de conducta representan
relaciones de esta clase, lo más conveniente es estudiar dichas normas, ya
que proporcionan una base más sólida para desarrollar categorías científicas, que el estudio del delito tomado como punto de referencia como lo
define la ley penal. Uno de los exponentes de esta aproximación fue Sellin,
quien señalaba que las normas de conducta trascienden cualquier grupo o
institución determinada, como el Estado, ya que las normas no son creaciones de ningún grupo normativo, ni están limitadas por fronteras políticas, ni están necesariamente integradas al derecho. Aunque, como
mencionan Schwendinger y Schwendinger, las afirmaciones de esta postura
y en especial la de Sellin –debido a su inclinación por la búsqueda de categorías y generalizaciones universales de tipo formal– están desprovistas de
todo contenido moral y obviamente libres de valoraciones, presentan una
limitación muy grande debido a que la antisocialidad es vista exclusivamente en su aspecto material pasando por alto su aspecto subjetivo y, lo que es
más importante, su alcance social. Más aún, como resultado de la insistencia de la realización de análisis objetivos de la antisocialidad, esta postura se
convirtió en un reflejo frío del estudio de las supuestas propiedades naturales del comportamiento humano, mediante la lógica de la ciencia
(Schwendinger y Schwendinger, 1988).

El segundo tema de la polémica corresponde a las propiedades éticas
de la conducta criminal, en las que hemos utilizado expresiones para definir el delito, como acto antisocial grave y daño social. Las bondades de
emplear dichos términos es que permiten identificar como criminales ciertas conductas inmorales no contempladas en las leyes penales. El exponente principal de esta visión fue Edwin Sutherland, ya que sus investigaciones
sobre las prácticas inmorales de los hombres de negocios y de los líderes

sindicales, entre otros, incrementaron el interés por ampliar la definición del delito con el propósito de incluir determinadas conductas que por ser gravemente nocivas para la sociedad deberían incluirse entre las conductas configuradas como delictivas. Con fundamento en esto, según opinión de Schwendinger y Schwendinger, Sutherland sugirió que los científicos sociales definieran el crimen con base en las nociones más abstractas de "daño social" y de sanciones legales. Las sanciones legales que tomaba en consideración no se limitaban a la ley criminal sino que habían de incluir las de la ley civil; de este modo, los confines de la investigación criminológica quedaban extendidos más allá de la legislación criminal (Schwendinger y Schwendinger, 1988, pp. 152-153)

Como colegimos de las líneas anteriores, Sellin fijaba su atención en las normas de conducta que representan supuestamente categorías objetivas científicas haciendo a un lado toda valoración, mientras que Sutherland establecía que existen criterios morales que permiten hablar de daño social. Correspondió a Tappan, como lo mencionan Schwendinger y Schwendinger, ser el abanderado de la reacción tradicionalista a estas dos posturas, ya que protestó indignado y afirmó que la definición de delito contenida en la ley penal es la única aceptable, por lo cual no podemos considerar delincuente a una persona, a menos que le hayamos imputado un delito y la hubiéramos encontrado culpable. Incluso Tappan llegó a radicalizar a tal grado su pensamiento que declaró simplemente que el estudio científico de los criminales debería incluir sólo a las personas que hubieran sido declaradas culpables por el aparato judicial del Estado, y sugirió excluir de todo análisis criminológico a las personas que hubieran cometido cualquier delito, pero que no hubiesen sido declaradas culpables; por tal motivo, los estudios deberían centrarse únicamente en los reclusos de las prisiones, porque las personas ahí internadas eran en realidad el conjunto de los infractores criminales. La posición extremista de Tappan tiene varias fallas, entre las que destacan el hecho de que una gran proporción de personas que han violado la ley no han sido condenadas por sus delitos (conocido este fenómeno como la *lista negra de la delincuencia*); de la misma manera, existe en la nómina de los centros penitenciarios una proporción determinada de personas injustamente encarceladas o, como sucede en las instituciones de reclusión para menores, que están ahí por iniciativa de sus padres o tutores o por haber realizado una conducta antisocial no contemplada en los ordenamientos legales.[6]

---

[6] Esto es todavía más marcado si tenemos en cuenta los centros tutelares actuales para menores, donde un padre o tutor puede dejar en custodia a un menor sólo por considerarlo rebelde o desadaptado; aunque si bien estimamos que los sujetos recluidos en esos lugares no son

Conforme a lo visto en la sección denominada "Naturaleza de las tres modalidades de la conducta humana y su relación con los conceptos jurídicos" es evidente que en la aproximación jurídica predomina la visión tradicionalista del delito, ya que, como recordaremos, el delito es definido con base en la violación que hace un sujeto de la ley penal. Salvo en ese ambiente, la definición de delito que da Sutherland ha sido la de mayor aceptación, pues abarca los conceptos de *daño social* y *daño al Estado,* referidos tanto a las leyes penales como a las leyes civiles. No obstante las diferencias conceptuales en las dos formulaciones, ambas hacen alusiones concretas o abstractas al poder punitivo del Estado, pues sería la única instancia facultada para administrar sanciones a los miembros de una sociedad; por tal razón, empleamos el término legalista para aludir tanto a las definiciones tradicionalistas como a las de Tappan, así como a las definiciones reformistas derivadas de la postura de Sutherland.

Las fronteras huidizas del delito

Como cabía esperar, a partir de la anterior diversidad de pensamientos han surgido un número igual de definiciones de delito, las cuales podemos clasificar en cuatro categorías generales. En la primera están agrupadas las definiciones que utilizan métodos operativos para delimitar los actos delictivos; lo común en ellas es que especifican una operación definida de contrastación que proporciona un criterio para su aplicación, de tal modo que los conceptos teóricos se convierten en un conjunto de operaciones, interpretadas en términos de derivaciones sinónimas de los conceptos respectivos. En relación con las operaciones, éstas pueden ser físicas en caso de que el concepto sea físico, o sociales cuando el concepto es social.

En su forma original, el operacionalismo parte de la suposición de que los términos teóricos pueden sustituirse por sus correspondientes términos observacionales, de tal manera que establecemos que un individuo x posee cierta característica Q (donde 'Q' es un término teórico) si y sólo si es verdadero el enunciado "si efectuamos la operación C sobre x, entonces x tendrá los efectos E". En este sentido, el enunciado operación "si ... entonces" sustituye sin pérdida ni ganancia de significado al enunciado teórico "x tiene

---

delincuentes, les asignamos la figura jurídica de menor infractor. En un estudio reciente encontramos asombrosamente que, en 1992 y 1993, el robo fue desplazado por la drogadicción y la vagancia como motivo de ingreso; al respecto, las autoras mencionan: "La drogadicción es uno de los principales motivos de ingreso..." (Delgado y Rodríguez, 1994, p. 71).

la propiedad teórica Q"; por ejemplo en el caso del homicida, diríamos que un determinado individuo es homicida si y sólo si comprobamos que realizó alguna acción que ocasionó quitar la vida a una persona. La representación basada en la lógica simbólica sería

$$Qx = (Cx \supset Ex)$$

lo cual significa que x tiene propiedad Q si y sólo si al efectuar la operación C sobre x observamos entonces en x que ocurre el efecto E.

Tal definición está fundamentada, como diría Hempel, en el supuesto de que un término científico sólo tiene significado en situaciones empíricas en las que podemos ejecutar un procedimiento operacional que lo define, reduciéndose los conceptos a un conjunto de operaciones y convirtiéndose aquéllos en sinónimos de las operaciones (Hempel, 1984, p. 135). El resultado metodológico de adoptar definiciones operacionales del delito es el uso de procedimientos de recolección de datos relacionados con los cuestionarios, las entrevistas, los procesos administrativos, los registros policiacos, etcétera. Las aproximaciones operacionalistas de las definiciones del delito han ejercido una considerable influencia en el pensamiento metodológico de los estudios que siguen esta orientación; una muestra de ello lo representa claramente el estudio de Shannon, McKim, Curry y Haffner, 1988.[7]

La segunda categoría agrupa las definiciones cuyo objetivo es describir el significado de conceptos en uso, como control social, delitos contra la propiedad y algunos otros. En estas definiciones el propósito es analizar el significado aceptado del delito y describirlo con ayuda de otros términos, cuyo significado debe haber sido comprendido con anterioridad; por tal motivo, son conocidos como definición de tipo analíticas. Por ejemplo, cuando decimos que los delitos contra la vida serán aquellos que de cualquier forma ataquen la integridad corporal de las personas, especificamos que los delitos contra la vida tendrán el mismo significado que las acciones que atenten contra la integridad física de las personas.

El tercer tipo de definiciones, conocidas como nominales, comprenden las que tienen como finalidad principal abreviar los significados, por medio de la singularización de una propiedad o de una función especial, para emplearlas como referencia, según aparece en los manuales donde el deli-

---

[7] En dicho estudio fue reportada la continuidad de la carrera criminal, por medio de un análisis longitudinal de varias décadas con el propósito de comprender el proceso por el cual algunas personas inician una carrera criminal y permanecen en ella tomándola como una forma de vida.

to es definido de manera abstracta sin ningún referente empírico, por ejemplo cuando afirmamos que el delito es una acción que atenta contra los valores supremos de la humanidad. Por último, existe un conjunto de definiciones reales en las que están determinadas las condiciones necesarias y suficientes para la aparición del delito; más aún, en ellas están especificadas las relaciones diacrónicas y sincrónicas entre las variables (Schwendinger y Schwendinger, 1988; p. 158). Este tipo de definiciones son tan completas a veces que pueden culminar en una teoría general del delito, como la aproximación personológica en la que el delito es interpretado como el final de una cadena cuyo primer eslabón es una situación conflictiva, en seguida una situación de inferioridad del sujeto, a continuación un sentimiento de angustia y por último un ataque ilegal delictivo (Solís, 1985, pp. 100-107).

Si bien las categorías operacional, analítica, nominal y real o causal engloban la mayoría de las definiciones del delito, de ninguna manera agotan la cantidad de definiciones adoptadas en el ambiente científico; no obstante, sirven como un primer acercamiento para sistematizar el campo de la antisocialidad, en el que hasta el momento no ha sido posible lograr y, probablemente nunca se alcance, una definición adecuada del delito que satisfaga las exigencias de las ciencias involucradas en el estudio de la antisocialidad. A pesar de la insistencia de los juristas de que sólo la ley ofrece una definición apropiada del delito, lo único que revela esta creencia es la intención de los hombres de leyes de llevar a cabo una intromisión injustificable en la autonomía que tienen las otras ciencias sociales en la definición de su objeto de estudio. Una de las limitaciones que tornan más vulnerables las definiciones legalistas es la postura de que las leyes hacen al delito, pues la conducta legalmente considerada delictiva, desde una visión empirista existió ontológicamente antes de su definición legal; por ende, la ley no determina al delito, sino la conducta delictiva determina a la ley (Schwendinger y Schwendinger, 1988, p. 164).

Aquí no pretendemos presentar una alternativa definitiva a la definición del delito, sino retomar las ideas desarrolladas en este apartado para delinear un punto de inicio para aquellos que se interesen en enfrentar con una visión crítica la definición del delito y construyan nuevos enfoques en los albores del nuevo milenio. Es evidente que en todas las controversias surgidas en relación con este tema han estado presentes de manera directa o indirecta criterios morales para solucionar este problema, desde la postura legalista hasta la reformista, ya que por ejemplo en la legalista, como menciona Chávez, buscamos alcanzar el fin último de proteger los bienes jurídicos tutelados ante una conducta humana que pone en peligro alguno de ellos, situación que faculta al Estado para reaccionar con una sanción proporcional a la gravedad de la conducta.[8] Igualmente han aflorado los problemas morales en las definiciones que han recurrido al empleo explícito de criterios derivados de imperativos funcionales de instituciones establecidas o de sistemas económico-políticos, en las cuales el delito es definido como un alejamiento de los estados "normales" que tienen ciertos eventos sociales, como las costumbres, el grupo político, el público, los dominantes o la sociedad. Un ejemplo de esta orientación lo representa la teoría del equilibrio social que presupone la coexistencia de los extremos contrarios, pues todo proceso contiene una parte de mal social y otra parte de bien social; por tal motivo, lo normal no debemos identificarlo con lo bueno o lo sano, porque confundiríamos uno de los extremos y correríamos el riesgo de que en un momento de nebulosidad teórica lo identificaríamos con el otro extremo. De este modo, lo normal es un estado de balanceo entre lo socialmente adecuado y lo socialmente inadecuado: la delincuencia es uno de los extremos compensado con el otro en el que está colocada la alta moral. Así, conforme a esta teoría, el delito y su resultado –la delincuencia– son vistos como normales en toda sociedad y su aumento desproporcionado o su aparente disminución, debidamente estudiados, revelan lo verdaderamente patológico (Solís, 1985, p. 128).

El dilema en esta situación de controversia es la forma de abordar los problemas morales que enfrenta cualquier intento de definir el concepto de delito, pues durante el proceso histórico de clarificar dicho concepto ha sido evidente que los términos daño social, acto antisocial o daño al Estado no han incluido de manera adecuada los problemas morales, puesto que hemos realizado la inclusión exclusivamente atendiendo a las necesidades funcionales que tienen las instituciones sociales –Estado, sociedad, colectividad o grupo etario–, pasando por alto los valores universales que dan sentido histórico a la vida de todo individuo. Si partimos de la idea de Schwendinger y Schwendinger de que a todas las personas debemos darles las condiciones mínimas esenciales de bienestar que incluyen, el alimento, la vivienda, los servicios médicos, un trabajo, experiencias recreativas, así como seguridad contra el despojo personal y el ejercicio de la fuerza de las minorías sociales represivas e imperialistas (Schwendinger y Schwendinger, 1988, p. 182), entonces cualquier intento para definir el concepto de delito debe hacer referencia al daño que determinada conducta realiza sobre los de-

---

[8] Ideas vertidas por Francisco Chávez Hochstrasser en la conferencia sobre "Las modalidades de los delitos y sus consecuencias procesales", en la sesión inaugural de la Primera Semana de Derecho Penal, *Gaceta UNAM* del 30 de octubre de 1995, p.10.

rechos de bienestar y seguridad que tiene toda persona y olvidar por completo el sobrevalorado daño hecho al Estado y a sus instituciones o al sistema económico y político de la sociedad. En este sentido, debemos dar un giro radical e invertir la dirección seguida tradicionalmente en las definiciones del delito que toman en cuenta el daño al Estado y sus instituciones, por una aproximación teórica que tenga su soporte principal en conceptos organizados alrededor de la idea de igualitarismo, para que de esta forma podamos identificar las conductas individuales o de grupo que violen los derechos universales de las personas y empiece la creación de instituciones que tengan como misión principal defender los derechos que tenemos por pertenecer al género humano. Con base en esto, la función de los intelectuales y en el caso específico de los científicos sociales sería estar al pendiente de las violaciones a los derechos humanos, para hacer una identificación clara de quién los viola y contra quién, además de cómo se violan y por qué. Llevar a cabo esta independencia permitiría que los intelectuales abandonaran el papel de ser expertos consejeros técnicos de las élites en el poder y se convirtieran en custodios de los derechos humanos y, en consecuencia, en promotores del cambio; con ello eliminarían la noción centenaria de que los delitos están en función de las propiedades de los individuos tomados simplemente como átomos separados.

Finalmente, no resta más que decir que, de ocurrir este viraje, dejaría a la legislación penal actual en una situación muy débil; sin embargo, dicha situación sería compensada, ya que numerosas formas de comportamiento –incluidas las que hoy día calificamos como delitos sin víctimas o como crímenes del hambre o de la pobreza– serían eliminados dentro de esta visión y, lo más importante, el derecho penal tendría al hombre como la medida de todas las cosas y no a las instituciones, como actualmente sucede, que son creaciones del hombre. En relación con la antisocialidad, el cambio de visión permitiría conceptualizar al delito como una construcción social y no como un hecho, lo que generalmente ha sido así, pues el delito no tiene una naturaleza ontológica fuera de una situación de reacción social; más bien la reacción asigna el carácter de antisocial a la conducta humana. De acuerdo con esto, el delito se configuraría no sólo en el actuar humano, sino también en el significado que le atribuyamos al acto; cuando se conjugan estos dos elementos, el actuar y el significado, una conducta dejará de ser ontológicamente motora, fisiológica y cognoscitiva, para convertirse en antisocial; en caso de que la reacción social sea negativa, la conducta adquirirá la propiedad de antisocial; pero si la reacción es positiva, pues no afecta al bien común, de acuerdo como lo fija la sociedad occidental actual, la conducta quedaría incluida en cualquiera de las otras categorías, esto es, social, asocial o parasocial. En conclusión, el carácter de antisocial de un acto estaría en función tanto de la conducta humana como del significado que el grupo social le atribuya, lo que a su vez originaría determinada reacción social en respuesta al evento y a la lectura que hagamos del actuar humano.

Bibliografía

Bellack, A .S. y Hersen, M. (1978), "Assessment and Single-Case Research", en Hersen, M. y Bellack, A. S., (comps.), *Behavior Therapy in the Psychiatric Setting*, Baltimore: Williams & Wilkins Co.

Burns, G. L. (1980), "Indirect Measurement and Behavioral Assessment: A Case for Social Behaviorism Psychology", *Behavioral Assessment*, pp. 197-207.

Carrobles, J. A. (1981), "Registros psicofisiológicos", en Fernández, B. R. y J.A. Carrobles, (comps.), *Evaluación conductual. Metodología y aplicaciones*, pp. 364-406, Madrid: Pirámide.

Clifford, B. R. y G. Davies. (1994), "Procedimientos para obtener pruebas de identificación", en Raskin, D.C., (comp.), *Métodos psicológicos en la investigación de pruebas criminales*, Bilbao: Descleé de Brouwer.

Cone, J. D. (1979), "Confounded Comparisons in Triple Response Mode Assessment Research", *Behavioral Assessment*, 57-77.

Cone, J.D. y R. P. Hawkins. (1977), "Current Status and Future Directions in Behavioral Assessment", en Cone, J.D. y R.P. Hawkins, (comps.) *Behavioral Assessment: New directions in Clinical Psychology*, Nueva York: Brunner-Mazel.

Delgado, R. E. V. y G. G. L Rodríguez. (1994), *La carrera del delincuente*, Universidad Autónoma de Aguascalientes.

Feldman, P.M. (1989), *Comportamiento criminal: un análisis psicológico*, México: Fondo de Cultura Económica.

Fernández-Ballesteros, B. R. (1981), "Contenidos y modelos en evaluación conductual", en Fernández-Ballesteros, B. R. y J. A. Carrobles, (comps.), *Evaluación conductual. Metodología y aplicaciones*, pp. 90-126, adrid: Pirámide.

García, R. E. C. (1999), *Código penal para el Distrito Federal en materia común y para toda la república en material federal*, México: SISTA.

Hempel, G. C. (1984), *Filosofía de la ciencia natural*, Madrid: Alianza Universidad.

Montero, C. (1992), "Prólogo a la edición castellana", en Kohlber, L., (comp.) *Psicología del desarrollo moral*, Bilbao: Desclée de Brouwer.

Mosterín, J. (1991), "Introducción al libro de G. E. M. Anscombe", en Anscombe, E. M., (comp.) *Intención*, Barcelona: Paidós.

Mueller, F. D. (1980), *Historia de la psicología: de la antigüedad a nuestros días*, México: Fondo de Cultura Económica.

O de Pedro, M. A. (1968), *Derecho penal mexicano*, México: Porrúa.

Pérez, S. J. (1987), "Presentación", en Pérez, S. J., (comp.) *Bases psicológicas de la delincuencia y de la conducta antisocial*, pp. 11-13, Barcelona: PPU.

Rico, M. (1997), "El derecho: una introducción", en: Clemente, M., (comp.) *Fundamentos de la psicología jurídica*, pp. 37-48, Madrid: Pirámide.

Rodríguez, M. L. (1989), *Criminología,* 6a ed., México: Porrúa.

Schwendinger, H. y Schwendinger, J. (1988), "¿Defensores del orden o custodios de los derechos humanos?", en: Taylor, I., Walton, P. y Young, J., (comps.) *Criminología crítica,* 4a ed., México: Siglo XXI.

Shannon, L. W., McKim, J. L., Curry, J. P. y Haffner, J. L. (1988), *Criminal Career Continuity,* Nueva York: Human Sciencies Press Inc.

Skinner, R.F. (1971), *Más allá de la libertad y la dignidad,* Barcelona: Fontanella.

Solís, Q. H. (1985), *Sociología criminal,* 3a ed., México: Porrúa.

Sotelo, R. L. (1992), *Investigación del criminal. Un curso para el policía profesional,* México: Limusa.

Taylor, I. (1990), Walton, P. y Young, J. La nueva criminología. *Contribución a una teoría social de la conducta desviada,* Buenos Aires: Amorrortu.

Vargas, M. S. (1972), *Historia de las doctrinas filosóficas,* 3a ed., México: Porrúa.

Vela, T. S. (1973), *La culpabilidad e inculpabilidad: teoría del delito,* México: Trillas.

Von Wright, H. G. (1987), *Explicación y comprensión,* Madrid: Alianza Editorial.

4

Aproximaciones sociológicas en el estudio de la antisocialidad

Arturo Silva Rodríguez
Campus Iztacala, UNAM

Una gran cantidad de disciplinas científicas se han abocado al estudio de la antisocialidad, una de las cuales es la sociológica que examinaremos en este capítulo. Dicha área del conocimiento científico está caracterizada por explicar el fenómeno de la antisocialidad a partir de factores externos objetivos o de naturaleza simbólica principalmente de carácter social, los cuales utilizamos para interpretar el evento social y de este modo entender cómo y por qué la antisocialidad aparece en la vida humana y se infiltra en todos los sectores de la sociedad, desde los más humildes hasta los más encumbrados. Los enfoques sociológicos están dirigidos primordialmente a explicar la antisocialidad en la amplia gama de cambios económicos y políticos, de relaciones de poder, de políticas gubernamentales, de lucha de clases, de organización vecinal, de procesos de aculturación o subculturales, de los sectores económicamente activos, más que a la sutileza de las experiencias individuales que tiene cotidianamente el hombre en su vida; esto es, ponen su mirada en los macroconceptos para comprender el significado de la antisocialidad. Entre estos intereses, el enfoque sociológico del estudio de la antisocialidad se ha centrado principalmente en una disertación teórica acerca de los factores que determinan la aparición de la antisocialidad en la sociedad, o en la construcción de marcos conceptuales que explican, de cierta manera, el surgimiento de ese problema social. Esto ha sido hecho con la esperanza de construir una teoría que tenga una fundamentación epistemológica y conceptual rigurosa que posibilite, en respuesta a su gran capacidad explicativa, obtener conocimientos reales tanto de los procesos como de los elementos esenciales involucrados en la antisocialidad y encontrar la verdad de dicho problema. Así, en el campo sociológico, los esfuerzos han estado encaminados exclusivamente a realizar *teorías puras* o teorías

generales, desde los pioneros hasta los sociólogos actuales que se han dedicado a estudiar dicho problema social, con el supuesto de que la persona
que manifiesta una conducta antisocial no es importante en sí misma, sino
lo importante es comprender a la sociedad como un todo; por ello, debemos encaminar los esfuerzos a construir una teoría social general que dé
cuenta de cómo actúa la antisocialidad dentro de ella, y evitar caer en el
reduccionismo de estudiar un grupo marginal por ser exótico o peculiar. Un
ejemplo de esta visión lo da Gouldner, sobre lo que es el objeto de estudio
de la criminología, cuando señala que el ámbito propio de ésta es la comprensión crítica de la sociedad global y de la teoría social más general, y no
simplemente el estudio de algún grupo marginal, exótico o esotérico, sea de
criminales o de criminólogos (Gouldner, 1990 p. 12).

En sus orígenes, el análisis de la antisocialidad fue hecho principalmente bajo la tutela del positivismo, ya que era la corriente filosófica en boga al
momento en que llamó la atención de los círculos científicos el estudio de
dicho comportamiento. El atractivo del positivismo se debió, en principio,
a la posibilidad de lograr *objetividad científica* en el estudio de la antisocialidad, además de tener la oportunidad de descubrir las leyes que rigen la antisocialidad debido al hecho de poseer, la actividad humana, una naturaleza
definida. Con el paso del tiempo, la postura positivista ha ido cediendo su
lugar a otras perspectivas y durante el proceso de transformación han sido
adoptados nuevos enfoques teóricos, algunos de los cuales buscan subsanar
simplemente los huecos que ha dejado la visión positivista; a su vez, otros
enfoques han roto con esta concepción y han logrado introducir una revolución paradigmática en dicha área del conocimiento humano. En lo que
respecta al desarrollo teórico reciente de los enfoques sociológicos, éstos
han estado matizados por una constante confrontación entre las visiones
positivistas de la antisocialidad y las visiones que difieren de ésta, ya que
como señala Larrauri, en la década de 1960 el enemigo estaba claro: la criminología positivista (Larrauri, 1992, p. 13). El ataque a la visión positivista del mundo ha recibido desde impugnaciones ingenuas hasta acusaciones
de ser una visión reduccionista y ahistórica que no permite conocer la realidad tal cual es, tanto en su desarrollo como en su transformación, por lo
cual es ciega para descubrir las relaciones y elementos esenciales de la realidad social y queda imposibilitada para sustentar científicamente una práctica transformadora (Rojas, 1992, p. 50).

La polémica de los enfoques sociológicos acerca de la antisocialidad
tiene sus raíces profundas no únicamente en la forma de enfrentar dicho
problema social, sino también en las controversias aún no resueltas en el
seno propio de la sociología, ya que hasta el momento no ha sido factible

dar respuesta satisfactoria a las preguntas de qué clase de conocimiento podemos desarrollar a partir de la sociología, qué procedimientos deberíamos seguir en la construcción de dicho conocimiento, por dónde debemos impulsar el desarrollo de tal conocimiento y qué usos habríamos de dar al conocimiento generado. Con base en esto, es pertinente comenzar este capítulo presentando un panorama general de los principales temas de controversia sobre la forma de construir conocimiento en la sociología y las disputas que ha habido con la finalidad de construir una plataforma teórica que sirva de referencia para comprender más hondamente el dilema al que se enfrenta cualquier persona que desea incursionar en el estudio de la antisocialidad y adopta el marco sociológico con el cual analizará dicho fenómeno social. Una vez sentadas las bases para iniciar el examen teórico de la antisocialidad, describiremos los orígenes sociológicos del estudio de aquélla. A continuación, presentaremos el pensamiento reciente que producido en la comprensión teórica de la antisocialidad. Finalmente trataremos como conclusión los temas de mayor actualidad y las direcciones futuras que seguirá el estudio de la antisocialidad desde un enfoque sociológico.

Orígenes del estudio de la antisocialidad

Los orígenes del estudio de la antisocialidad podemos encontrarlos desde la aparición del hombre en la tierra, sin embargo, es costumbre considerar sus orígenes en el instante en que empezamos a examinar sistemáticamente dicho problema social; por tal motivo, sus inicios se ubican en el florecimiento del Iluminismo, cuyo elemento más importante es el postulado fundamental del clasicismo, que establecía como meta principal buscar siempre la protección de los derechos del hombre de la corrupción y de los excesos de las instituciones existentes en ese periodo histórico. En consecuencia, primero explicaremos los postulados básicos que brindaban el apoyo teórico a la visión clásica de la antisocialidad.

Clasicismo y neoclasicismo

Con base en los principios del contrato social, Beccaria fue el principal exponente de los estudios clásicos de la antisocialidad. Los supuestos en que estaba apoyada la teoría clásica de la antisocialidad fueron principalmente tres, los cuales se refieren, en primer término, a la existencia de un consenso social en relación con la moralidad imperante y con la característica de inmutabilidad de la actual forma como están distribuidos los bienes entre los miembros de la sociedad. En segundo lugar, el comportamiento ilegal es considerado patológico o irracional, porque violenta el contrato social celebrado entre los miembros de una sociedad, pues los hombres son todos iguales ante la ley y, debido a la racionalidad que poseen les es dada la capacidad para comprender el carácter benéfico del consenso implícito en el contrato social. En tercero y último término, establece que los teóricos del contrato social poseían la facultad especial de conocer los criterios para identificar la racionalidad e irracionalidad de un acto; dichos criterios eran referidos a su grado de utilidad fijado por esos teóricos. En ese ambiente conceptual era postulado que toda pena tenía como propósito fundamental disminuir la presencia del delito, por medio de la aplicación de sanciones proporcionales al grado en que el delito violó la ley, la santidad de la propiedad, y el bienestar individual y del Estado. Taylor, Walton y Young resumen la teoría clásica de la manera siguiente:

a. Todos los hombres, siendo por naturaleza egoístas, pueden cometer delitos.

b. Hay un consenso en la sociedad acerca de la conveniencia de proteger la propiedad privada y el bienestar personal.

c. A fin de impedir "una guerra de todos contra todos", los hombres celebran libremente un contrato con el Estado para preservar la paz de conformidad con las estipulaciones establecidas por ese consenso.

d. La pena debe ser utilizada para disuadir al individuo de violar los intereses de los demás: tomar medidas en contra de esas violaciones es prerrogativa del Estado, concedida por las personas que celebran el contrato social.

e. Las penas han de ser proporcionales a los intereses violados por el delito. No deben ser excesivas respecto de él ni empleadas para reformar al delincuente, porque esto afectaría los derechos de los individuos y quebrantaría el contrato social.

f. Debe haber la menor cantidad posible de leyes, y su aplicación ha de quedar delimitada perfectamente mediante las garantías del debido proceso.

g. Cada persona es responsable de sus acciones y todas, cualquiera que sea su rango, son iguales ante la ley. Por tanto, son inadmisibles las circunstancias atenuantes y las excusas (Taylor, Walton y Young, 1990, p. 20).

Conforme a los anteriores postulados, es posible señalar que la teoría clásica del estudio de la antisocialidad es una visión en la que el control social tanto implícito como explícito desempeña un papel fundamental y recibe su fundamento filosófico a partir de la premisa de que todo hombre es libre de elegir entre distintos cursos de acción; por ello, es responsable de sus actos y no es posible perdonarle los comportamientos que violenten el contrato social, aunque existan elementos atenuantes o ausencia de responsabilidad. De este modo, diferentes clases de comportamiento fueron clasificadas en las categorías de positivas y negativas según su utilidad para la construcción de una nueva sociedad fundada en la propiedad privada. Esta última situación dio origen a la controversia que aún hoy día permanece en relación con la importancia que debemos dar a los elementos de la disyuntiva de defender la igualdad humana o defender la propiedad privada.

En respuesta a las limitaciones que presentaba la teoría clásica de la antisocialidad en sus concepciones de la naturaleza y motivación humana, puesto que la atención de ésta estaba centrada exclusivamente en el acto delictivo menospreciando las diferencias individuales entre los delincuentes, los principios clásicos fueron modificados y resultó lo que hoy es la base de los regímenes jurídicos tanto de Occidente como de Oriente (Taylor, Walton y Young, 1990. p. 25). La necesidad de cambiar la visión clásica propició la aparición del neoclasicismo, en el cual había especial interés en las situaciones particulares de vida del delincuente, sus antecedentes penales y su grado de responsabilidad. Esto trajo como consecuencia dos aspectos: en primer lugar, dirigir la atención hacia el medio físico y social en que se había desarrollado o se encontraba el delincuente con la finalidad de que, al imponer una pena, tuviéramos en cuenta las circunstancias atenuantes. En segundo lugar, considerar la historia biográfica de las personas para dictaminar las penas, pues cuanto más antecedentes penales tuviera una persona, más podríamos estimar que estaba condicionada por circunstancias externas.

De este modo, en la visión neoclásica continuamos pensando que el hombre debe responder por sus acciones, pero con algunos atenuantes, el delincuente ya no es el hombre aislado, atomizado y racional, sino que está inmerso en un mundo social con las características siguientes:

a. El grupo más amplio lo constituyen los individuos adultos y mentalmente sanos considerados del todo responsables de sus actos. Son idénticos al tipo ideal de actor de la teoría clásica pura, salvo por el hecho de que, en cierta forma, tenemos en cuenta sus circunstancias particulares. Esta consideración es pertinente sólo respecto a la atenuación y no puede ser motivo para relevar al individuo de su responsabilidad. Por tanto, todos los hombres, como antes, son considerados capaces de cometer delitos y no reconocemos pautas especiales de motivación (por ejemplo, tipos psicológicos) ni circunstancias estructurales (por ejemplo, delitos resultantes de la pobreza).

b. Los niños y los ancianos (a menudo) son menos capaces de tomar decisiones con responsabilidad.

c. Un pequeño grupo de individuos –los dementes y quienes presentan una debilidad mental manifiesta– son incapaces de toda acción adulta libre. Las acciones de los hombres pertenecientes a ese sector de la sociedad son explicadas exclusivamente en función de factores condicionantes. Tales acciones están determinadas y no hay ninguna posibilidad de que las personas sean responsables de lo que hacen (ni, por consiguiente, de lo que les sucede) (Taylor, Walton y Young, 1990, p. 25).

Con la aparición y el auge de la visión neoclásica existieron las condiciones para que en el escenario social un conjunto de expertos no jurídicos, o lo que Foucault llamaría más tarde *intelectuales orgánicos,* cuyas acciones profesionales estaban encaminadas a evaluar el comportamiento en función de opciones morales y a exponer sus explicaciones deterministas para lograr la atenuación de la pena[1] o su reforma.[2] En consecuencia, la pena comenzó a ser vista como un elemento rehabilitador más que una ocasión para castigar; pese a esto, el neoclasicismo en la antisocialidad no abandonó la idea de que el ser humano está dotado de libre albedrío, supuesto presente desde el clasicismo. De acuerdo con esto, la persona que realizaba una conducta antisocial debería ser castigada en un medio que le permitiera tomar las decisiones morales correctas, pues suponíamos que cada individuo tiene la posibilidad de elegir, aunque era aceptado un determinado grado de participación en la antisocialidad a las estructuras sociales. Con esta dirección se tomaba el hombre racional solitario del clasicismo y fue dotado de un pasado y un presente, en los que la volición humana siguió siendo el concepto teórico por excelencia para justificar el carácter punitivo del Estado y para identificar los factores que determinan la comisión de un acto antijurídico y la conducta del sujeto de la acción luego de su condena.

---

[1] Esto es, la ejecución condicional de la pena.

[2] Modificando el ambiente que condiciona al sujeto que cometió la conducta antisocial al confinarlo en una institución especializada.

Positivismo

Un intento de superar el carácter verbal y disfrazado que había seguido la construcción del conocimiento en el campo de las ciencias sociales fue realizado por Comte, quien se opuso a la tentativa metafísica de descubrir los modos de producción de los fenómenos por el descubrimiento de las leyes de los fenómenos –o sea, sus relaciones constantes–; es decir, debemos enfocar más la explicación en responder la pregunta ¿cuáles son las relaciones constantes que existen en los fenómenos?, en lugar de responder a ¿cómo son producidos los fenómenos en el universo? Este giro en el pensamiento establece las bases para alejarnos, en palabras de Comte, de la idea de causa como fuerza productiva o agente, que caracteriza al estado metafísico de la ciencia ya superado, para ceder el paso a un estado positivo de la ciencia, centrado en la apreciación sistemática de lo que es, renunciando a descubrir su primer origen y su destino final y manteniendo siempre en mente que el estudio de los fenómenos no es –en modo alguno– absoluto, sino que debe permanecer siempre relativo a nuestra organización y a nuestra situación (Comte, 1988). De este modo, el espíritu positivo de la ciencia consiste, ante todo, en ver para prever, en estudiar lo que es, con la finalidad de concluir de ello lo que será, según el dogma de la invariabilidad de las leyes naturales. Esta nueva idea deja de centrar su atención en la deductibilidad de un fenómeno (o en la descripción) –ya sea por sus causas o por un conjunto de leyes generales– y la dirige hacia la uniformidad o constancia de las relaciones entre los fenómenos, con lo cual pasamos a considerar que la causa es la relación invariable de sucesiones y de semejanzas entre los hechos. Desde el punto de vista de Comte, la anterior noción de explicación causal es suficiente para llevar a cabo satisfactoriamente la tarea esencial de la ciencia, no sólo la natural sino también la social, como es prevenir los fenómenos con la finalidad de utilizarlos, puesto que, una vez identificada la relación constante y formulada mediante una ley, será posible predecir un fenómeno.

La premisa fundamental que proporciona el soporte teórico para construir la intrincada red de conceptos al positivismo es la creencia en la unidad del método científico, la cual establece que los principios teóricos y los instrumentos utilizados para estudiar el mundo físico son igualmente eficaces y válidos para analizar tanto al hombre como al mundo social. Así, el positivismo se sustenta en lo llamado el *monismo metodológico,* el cual establece que todas las acciones humanas no son cualitativamente distintas de los objetos que estudian las ciencias naturales y, como resultado de esto, la extensión de los procedimientos, normas y objetivos propios de las ciencias naturales al estudio de las ciencias sociales puede llevarse a cabo directa e inmediatamente sin que esto conduzca a ningún error conceptual o teórico. La única condición que debemos tomar en cuenta desde este punto de vista es poner bajo el poder de la razón y la reflexión crítica cualquier intento de construir conocimiento científico en las ciencias sociales, pues esto es suficiente para trascender el contexto social y el horizonte histórico. En contraposición a este monismo ha surgido otra visión, impulsada principalmente por estudiosos de las ciencias del hombre, quienes pregonan la existencia de un dualismo metodológico entre las ciencias naturales y sociales. Los enfoques teóricos que giran alrededor del dualismo metodológico son partidarios de que los principios de las ciencias sociales no tienen que resultar asimilables u obtenidos de manera similar a los cánones que son utilizados en las ciencias naturales, para que dichos conocimientos sean considerados formas legítimas de conocer el mundo.[3]

Al margen de la controversia entre el monismo y el dualismo, el monismo metodológico en que se sustenta el positivismo podemos agruparlo en torno a tres premisas principales. La primera gira alrededor de que los datos obtenidos al estudiar un fenómeno social son independientes de las teorías, por lo cual es posible obtener una base empírica teóricamente neutral que permite contrastar las teorías e inclinarse hacia una de ellas, con total acuerdo, a partir de la contrastación de hipótesis alternativas. La segunda premisa está relacionada con la creencia de que el lenguaje que utilizan las ciencias sociales es preciso y formal, y posee un significado unívoco, por lo cual establecemos que la interpretación del lenguaje debemos hacerla literalmente. Por último, la tercera premisa está centrada alrededor de la suposición de que las teorías explican los hechos recurriendo a un pensamiento apoyado por un esquema hipotético-deductivo (Pérez, 1997).

El estudio de la antisocialidad basado en la orientación positivista ha seguido el camino que dicta su visión de los hechos sociales, por lo que su atención se ha centrado en desarrollar unidades precisas y calculables de delitos y conductas desviadas como un antecedente necesario para llegar a una etapa superior en la que sea posible generalizar los principios que rigen la conducta antisocial. La solución dada a la neutralidad de la ciencia, en el

---

[3] A pesar de lo apasionante del tema sobre la visión monista y dualista de las ciencias sociales, basta con estas ideas para dejar constancia de las visiones del mundo que han acrecentado también las disputas en el estudio de la antisocialidad. Los interesados en profundizar más en este tema pueden recurrir a la consulta de los siguientes autores: Mardones y Ursúa (1982) y Silva (2000).

ámbito del estudio de la antisocialidad, está sustentada en la suposición de que las cuestiones valorativas no deben tener cabida, ya que no son de interés científico; por tal motivo, el rumbo que debemos seguir es aquel que se interese exclusivamente por los medios que utilizó el sujeto para alcanzar determinados fines. En este sentido, como señalan Taylor, Walton y Young (1990), desde el punto de vista del estudioso positivista no tiene cabida ninguna sospecha sobre lo que la ley penal establece, pues hacer eco a cualquier sospecha equivaldría a renunciar al papel de científico que le ha sido encomendado por la sociedad y asumir el papel de político que no le corresponde. A lo más que podría atreverse el estudioso positivista de la antisocialidad sería a criticar el derecho tangencialmente, por no representar el consenso o no aplicar sus penas de manera equitativa, pero la reacción social ante la desviación y la delincuencia nunca representaría para él problema alguno. En apego a la derivación de leyes, la orientación positivista a la antisocialidad ha centrado sus esfuerzos en encontrar las leyes a las que es sometida la conducta antisocial, intentamos explicar tanto la conducta desviada como el delito, pensando en que la acción social posee las mismas cualidades que las cosas o los objetos del mundo natural, despojando de todo significado a la acción social y transformándola en un fenómeno dominado determinísticamente por reglas semejantes a leyes.

Los tres postulados anteriores personificados en la medición (cuantificación), objetividad (neutralidad) y causalidad (determinismo) han guiado las acciones de los estudiosos de la antisocialidad que admiten el punto de vista del positivismo. Esta situación ha dado como resultado una visión consensuada del mundo, en la cual ha estado centrada la atención en el delincuente más que en el acto delictivo; igualmente se ha cosificado el mundo al sostener la falta de responsabilidad por los actos y, finalmente, ha ocasionado que tengamos una fe fuera de toda duda a la capacidad cognoscitiva del experto científico (Taylor, Walton y Young, 1990).

Con el análisis del clasicismo, del neoclasicismo y del positivismo terminamos la presentación de los orígenes del estudio de la antisocialidad, que consistió en explicar los fundamentos teóricos de cada una de esas posturas filosóficas que proporcionan el sustento conceptual para guiar dicho estudio. A continuación describiremos las contribuciones que han realizado algunos estudios al examen de la antisocialidad.

Precursores

Entre las corrientes más remotas están las escuelas cartográfica y la antroposocial (Rodríguez, 1989). El exponente principal de la escuela cartográfica fue Adolphe Quételet (1796-1874) quien señalaba que el crimen es producto de la sociedad, por lo cual debemos estudiar la manera de distribuir los delitos en la sociedad con la finalidad de identificar los factores externos a los que atribuimos la antisocialidad. El principal aporte de este teórico al estudio de la conducta delictuosa fue, sin lugar a dudas, establecer sus famosas leyes térmicas, las cuales señalan:

a. *Primera ley*. En invierno se cometen mayor número de delitos contra la propiedad que en el verano, debido a que la vida es mucho más difícil en invierno que en verano.
b. *Segunda ley*. Los delitos contra las personas se cometen fundamentalmente en verano, ya que por la temperatura y por el calor, las pasiones humanas son excitadas.
c. *Tercera ley*. Los delitos sexuales ocurren con mayor frecuencia en primavera, ya que generalmente todos salen en primavera a unirse para poder perpetuar la especie.

La influencia de Quételet no se limitó a establecer estas leyes, sino también sentó las bases para interpretar la conducta criminal como un fenómeno colectivo producido por hechos sociales que son detectables y manipulables; además dicho autor afirmó que los delitos son cometidos año con año con absoluta precisión y regularidad. Esto es, los totales se repiten anualmente tanto en el número de delitos, como en el tipo de éstos. Por otro lado, Quételet afirmaba que existe una serie de factores que intervienen en la comisión del delito, como el pauperismo, la situación geográfica, el analfabetismo, el clima, etcétera.

En relación con la escuela antroposocial, el principal representante es Lacassagne (1884-1924), quien afirmaba que el criminal es un microbio que cuando no está en un medio adecuado resulta inocuo, es totalmente inofensivo; pero si este microbio es puesto en un caldo de cultivo adecuado, se va a reproducir, a convertirse en terriblemente virulento. Esta escuela combatió la idea de criminal nato sustentada por Lombroso, al señalar que el criminal no está predestinado a delinquir, ni existe tal criminal nato, sino que hay sujetos predispuestos a la antisocialidad, pero no predestinados (Rodríguez, 1989).

Ferri (1856-1929) fue otro de los estudiosos de la antisocialidad quien estableció la ley de la saturación criminal, la cual señala que la criminalidad aumenta en su conjunto, con las oscilaciones anuales más o menos graves, acumuladas en una serie de verdaderas ondas criminales; por ende, es evidente que el nivel de criminalidad está determinado, cada año, por las diferentes condiciones del medio físico y social combinados con las tendencias hereditarias y los impulsos ocasionales de los individuos, que por su analogía con las leyes de la química, Ferri las llamó de saturación criminal.

Corresponde a Ferri ser uno de los primeros autores en llamar la atención hacia la ineficacia de la pena como medio de defensa social, por lo que propone medios de defensa indirecta, que él denominó *sustitutivos penales,* en la actualidad corresponderían a las medidas preventivas que podrían adoptarse en el control de la antisocialidad. De acuerdo con Rodríguez (1989), Ferri clasifica los sustitutivos penales en seis grupos, los cuales comprenden acciones de:

a. *Orden económico.* Está constituido por el libre cambio, la libertad de emigración, la disminución de tarifas aduaneras (único remedio efectivo al contrabando), impuestos progresivos, impuestos a los productos de lujo.

b. *Orden político.* Las acciones están encaminadas a evitar crímenes políticos, rebeliones, conspiración y aun una guerra civil. Las medidas que podríamos tomar para evitar esto serían la reforma electoral, las reformas políticas y parlamentarias, la inclusión de referéndum, la descentralización burocrática, etcétera.

c. *Orden científico.* El progreso científico que aporta nuevos medios de criminalidad debe proveer, tarde o temprano, el antídoto para evitarlos y será más efectivo que la represión penal.

d. *Orden legislativo y administrativo.* En principio es necesaria la simplificación legislativa, ya que infinidad de códigos, leyes, decretos y reglamentos se presta a múltiples malentendidos, errores y, por tanto, contravenciones y delitos. En lo que respecta a las acciones administrativas Ferri propone establecer los defensores de oficio, el auxilio de las víctimas de los delitos, los jurados de honor, el notario, el registro civil, los orfanatorios, los centros para madres solteras, los patronatos para reos liberados, etcétera.

e. *Orden religioso.* Como principales medidas, Ferri propone prohibir las procesiones públicas (riñas, desorden), suprimir los conventos (vagancia, mendicidad), disminuir el lujo de la Iglesia (robos), abolir las peregrinaciones (orgías, estupros), permitir el matrimonio de los ministros de los cultos (delitos sexuales), etcétera.

f. *Orden familiar.* El matrimonio es uno de los principales que evita adulterios, bigamias, homicidios, infanticidios, etcétera; por tal motivo, debemos dar preferencia a los casados para ciertos empleos, hacer obligatorio el matrimonio civil y reglamentar la prostitución, entre otras acciones.

g. *Orden educativo*. Al respecto Ferri señala: alfabetizar al pueblo indu-
dablemente ayuda contra la criminalidad, pero no es suficiente,
sino también debemos prohibir los espectáculos atroces, suprimir
las casas de juego, educar tanto en lo físico tanto como en lo mental, proteger la infancia abandonada, restringir las publicaciones
deshonestas.

Como colegimos de lo anterior, es indiscutible la riqueza de las propuestas
de Ferri para prevenir la antisocialidad; si bien algunas de estas acciones han
demostrado su inoperancia en la disminución del índice delictivo al poner-
las en práctica, algunas otras aún son fuentes de discusión acerca de sus
bondades en la prevención.

Gabriel Tarde (1843-1904) se dedicó al estudio de la antisocialidad, cuya
teoría sociológica se basa en tres conceptos principales: la invención, la
imitación y la oposición. En tal sentido, para este autor los inventos, creaciones de los talentos individuales, son diseminados mediante el sistema
social por los procesos de imitación y avanzan hasta encontrar un obstácu-
lo, el cual tendrá oposición y que podrá ser anulado, superado, o triunfará
iniciando un nuevo proceso. Conforme a estos postulados, Tarde rige su
pensamiento criminológico estableciendo que los factores causales de la criminalidad no son la pobreza o la riqueza, sino el sentimiento de felicidad o
infelicidad, de satisfacción o insatisfacción, en la difusión de necesidades
artificiales y en la hiperestimulación de las aspiraciones. Por tal motivo, la
tasa de criminalidad puede deberse básicamente a cinco factores:

a. *Primer factor*. Involucra todos los procesos sociales que están
inmersos en la quiebra de la tradición moral basada en el sistema
ético del cristianismo.

b. *Segundo factor*. Desarrollo de las clases medias y bajas de un deseo
por avanzar, por superarse socialmente y por una gran demanda de
lujos y comodidades.

c. *Tercer factor*. Incluye los cambios que ocurren en una sociedad por
el éxodo del campo a la ciudad, por ejemplo, el aumento de la
demanda de empleos ante una oferta insuficiente.

d. *Cuarto factor*. Comprende la formación de subculturas desviadas,
con debilitamiento de la moral.

e. *Quinto factor*. Al debilitarse las clases sociales superiores, éstas se
van convirtiendo cada vez menos en un modelo a seguir para las
clases inferiores.

Con base en lo anterior, Tarde propone como medida preventiva en la reducción de la antisocialidad el fortalecimiento de los lazos familiares y la reunificación de la familia, lo que servirá de base para fortificar los lazos de unión entre las naciones (Rodríguez, 1989).

Durkheim (1858-1917) fue otro pionero del estudio sistemático de la antisocialidad; de acuerdo con él, debemos aceptar los delitos como hechos sociales normales, lo cual no implica que el criminal como individuo sea siempre normal, sino que el crimen, en particular, es normal porque una sociedad que estuviera exenta de tal hecho social sería a todas luces un acontecimiento imposible. Para apoyar lo anterior, dicho autor señala que en todas partes existe criminalidad; cambiará la forma o la intensidad, pero siempre ha habido hombres que se conducen de manera tal que atraen sobre ellos la represión penal (Rodríguez, 1989).

Para Durkheim, el crimen tiene una utilidad, ya que las condiciones de las cuales forma parte son indispensables para la evolución normal de la moral y del derecho; por tanto, el crimen es necesario: está ligado a las condiciones fundamentales de toda la vida social, pero por ello él mismo es útil. La libertad de pensar de la cual gozamos actualmente jamás hubiese sido proclamada si las reglas que las prohibían no hubieran sido violadas antes de ser abrogadas. La filosofía libre ha tenido por precursores a los herejes de toda clase que el brazo secular había golpeado justamente.

La idea de Durkheim sobre el crimen tiene sus bases en los postulados de las *reglas del método sociológico* que él instauró, en las cuales queda establecido que todo hecho social es exterior en relación con las conciencias individuales, pues posee un estado de independencia respecto a sus manifestaciones individuales; además, se generaliza por ser social, pero lejos de ello, porque es general. Una vez determinado lo que es un hecho social, dicho autor dicta una serie de reglas relativas a éstos que abarcan una gran variedad de temas, los cuales podemos resumir de la siguiente manera:

Reglas relativas a la observación de los hechos sociales. Recomienda tratar a los hechos sociales como cosas, con la finalidad de describirlos y explicarlos, derivándose de ello corolarios siguientes:

a. La ciencia debe descartar las nociones previas, sobre todo el punto de vista místico opuesto a la aplicación de esta regla.

b. Para construir el objeto positivo de la investigación, es necesario agrupar los hechos según caracteres comunes.

c. Los caracteres deben ser lo más objetivos que sea posible, por lo que, para conseguirlo, es necesario captar los hechos por el lado en que se presentan aislados de sus manifestaciones individuales.

Reglas relativas a la distinción de lo normal y lo patológico. Hacen distinción entre los hechos que son todo lo que deben ser y los que deberían ser de otra forma, esto es, los fenómenos normales y los fenómenos patológicos. De lo anterior, Durkheim formula los siguientes corolarios:

a. Un hecho social es normal para un tipo social determinado, considerado en cierta fase de su desarrollo, cuando se produce en el término medio de las sociedades correspondientes, estimadas en la fase correspondiente de su evolución.

b. Pueden comprobarse los resultados del método precedente demostrando que la generalidad del fenómeno se fundamenta en las condiciones generales de la vida colectiva en el tipo social considerado.

c. Esta comprobación es necesaria cuando el hecho alude a una especie social que aún no ha efectuado su integral evolución.

Reglas relativas a la constitución de los tipos sociales. En estas reglas recomienda Durkheim comenzar por clasificar a las sociedades según el grado de composición que presenten, tomando como base la sociedad perfectamente simple o de un segmento único; en el interior de estas clases, habrán diferentes variedades según se produzca o no una fusión completa de los segmentos iniciales.

Reglas relativas a la explicación de los hechos sociales. De estas reglas, Durkheim especifica que si la constitución de las especies es, ante todo, un medio para agrupar los hechos y facilitar su interpretación; la morfología social es un camino hacia la parte auténticamente explicativa de la ciencia. Conforme a esto, dicho autor deriva los corolarios siguientes:

a. Es necesario investigar las causas eficientes de los hechos sociales y la función que cumplen, prefiriendo la palabra *función* en lugar de *fin* u *objeto,* porque los fenómenos sociales no existen con miras a los resultados útiles que produzcan.

b. La causa determinante de un hecho social debe ser buscada entre los hechos sociales antecedentes y no entre los estados de conciencia individuales; aún más, la proposición la complementa Durkheim diciendo que la función de un hecho social siempre debe ser buscada en la relación que tiene con algún fin social; esto es, los hechos sociales sólo pueden explicarlos los hechos sociales.

c. El medio interno es el origen de todo proceso social de alguna importancia, por tanto, el problema social consiste en encontrar las propiedades de ese medio que tengan mayor acción sobre los fenómenos sociales.

    d. El carácter general de la explicación de los hechos sociales es natural y sintético.

Reglas relativas a la administración de la prueba. Sólo existe un medio para demostrar que un fenómeno es causa de otro, que consiste en comparar los casos en que están simultáneamente presentes o ausentes y averiguar si las variaciones que presentan en estas diversas combinaciones de circunstancias prueban la dependencia del uno sobre el otro. Los corolarios derivados son:

    a. El método comparativo o experimental indirecto es el método de la prueba en sociología, estableciendo la premisa de que a un mismo efecto corresponde siempre una misma causa.

    b. Entre los diversos procedimientos del método comparativo, el método de las variaciones concomitantes es el instrumento por excelencia de la investigación en sociología.

    c. Sólo podemos explicar un hecho social de alguna complejidad a condición de seguir su desarrollo integral a través de todas las especies. Del mismo modo, la comparación no puede ser demostrativa más que si eliminamos el factor de edad que la perturba; para conseguirlo bastará con tomar en cuenta a las sociedades comparadas en el mismo periodo de su desarrollo (Durkheim, 1990).

Como colegimos de las reglas del método sociológico, para Durkheim los hechos sociales son fenómenos generalizados que ocurren de manera individual en todas las sociedades; como resultado de esta concepción, el delito, en opinión de Durkheim, debe ser aceptado como un hecho social que no podemos eliminar voluntariamente. Esto convierte al delito en un hecho social normal, debido a que no existe sociedad en el mundo liberada de que en su seno cometan los individuos algún delito; por tal motivo, únicamente cuando haya una tasa desorbitada, el delito se convertirá en anormal. Ante esta situación, no cabe duda que la existencia de un exceso en la criminalidad sea de naturaleza morbosa. Lo normal es, sencillamente, que exista una delictividad, mientras ésta alcance pero no supere cierto nivel (Durkheim, 1990, p.67).

    Las críticas a la visión de Durkheim han sido centradas en la idea de que constante no es igual a normal, pues si bien el delito ocurre en todas las sociedades, lo cual es una evidencia de su constancia en el mundo social, esto no implica que por su constancia se convierta en normal, porque, como señala Rodríguez (1989), encontrar que en todo tiempo y lugar hay enfermedad no aporta elementos de validez a la conclusión de que la enfer-

medad es normal. Lo único que podemos afirmar de esto es que la enfermedad es algo constante.

Seguir citando el pensamiento sociológico de los precursores del estudio de la conducta delictiva sería una tarea ardua y laboriosa, que además
escapa a los objetivos de este capítulo; por tal motivo, aquí sólo describiremos algunas corrientes actuales de este enfoque.

Pensamiento actual

Algunos teóricos recientes de enfoque sociológico afirman que el acto criminal se produce si existe una situación apropiada para un individuo determinado, como en el caso de Sutherland y Cressey, según establece Feldman
(1989). Ellos afirman que el proceso que sigue una persona para realizar una
conducta criminal consiste en lo siguiente:

a. El comportamiento criminal es aprendido y este aprendizaje ocurre en contacto con otros hombres en grupos restringidos de relaciones personales, mediante un proceso de comunicación.

b. Cuando la conducta criminal se aprende, el aprendizaje incluye las
técnicas de la comisión del crimen y la orientación de móviles, tendencias impulsivas, razonamientos y actitudes.

c. La orientación de los móviles y de las tendencias impulsivas está en
función de la interpretación favorable o desfavorable de las disposiciones legales.

d. Un individuo se hace criminal cuando las interpretaciones desfavo-
rables respecto de la ley superan a las interpretaciones favorables.
Esto representa el principio de asociación diferencial, que puede
variar en la frecuencia, la duración, la prioridad y la intensidad.

e. El proceso de aprendizaje de la conducta criminal por asociación
con modelos criminales o anticriminales abarca todos los mecanismos incluidos en los otros aprendizajes.

f. Mientras el comportamiento criminal es la expresión de un conjunto de necesidades y de valores, no tiene explicación por esas
necesidades y esos valores, ya que el comportamiento no criminal
es la expresión de las mismas necesidades y de los mismos valores.

Otros criminólogos actuales (Georgelina, 1989; Caso, 1982) consideran que
el surgimiento de las nuevas formas de antisocialidad está ligado, por un
lado, a los grandes cambios ocurridos en las sociedades en transición, en las
que vivimos una evolución acelerada de tipo económico e industrial. Por

otro lado, en los países altamente desarrollados con un nivel de vida muy elevado, el aumento de la antisocialidad es consecuencia directa de la pérdida de valores, estilos tradicionales, la inseguridad social, la inestabilidad familiar, etcétera.

Un ejemplo de sociedad en transición es el estado de Aguascalientes, que a finales del recién terminado siglo XX, sufrió un cambio acelerado en los aspectos social, económico, cultural y político; sin embargo, paralelamente a esta transformación han surgido de modo colateral otros hechos. Por ejemplo, una encuesta reportada en el Plan Diocesano Pastoral 1989-1994, de la Diócesis de Aguascalientes, revela que los problemas que más padecen las familias de las diversas clases sociales son: el alcoholismo, el pandillerismo, el machismo o el maltrato a la mujer y a los hijos (Diócesis de Aguascalientes, 1990).

Es importante mencionar que el incremento en los índices de la antisocialidad en este tipo de sociedades en transición es debido sólo a los cambios acelerados por los que pasan, sino también a otros factores que inciden en la antisocialidad, como la desintegración familiar, la falta de oportunidades para participar en el grupo social, etcétera. Sin embargo, existen evidencias que apoyan la suposición de que una gran parte del aumento en la antisocialidad es consecuencia directa de estas transformaciones.

El interaccionismo simbólico

El interaccionismo simbólico es una orientación derivada de la perspectiva fenomenológica; la característica de esta orientación es la importancia primordial que fija a los significados sociales que las personas asignan al entorno y que, en palabras de Herbert Blumer, quien acuñó el nombre de interaccionismo simbólico, su principal objeto de estudio son los procesos de interacción –acción social caracterizada por una orientación inmediatamente recíproca–, cuyas investigaciones están basadas en un particular concepto de interacción que subraya el carácter simbólico de la acción social (Joas, 1991). A decir de Taylor y Bodgan (1992), el cuerpo teórico de este enfoque descansa en tres premisas principales: la primera establece que las personas actúan en relación con las cosas, así como respecto a las otras personas con base en los significados que esas cosas o personas tienen para ellas. De este modo, las personas no responden simplemente a estímulos o exteriorizan guiones culturales, sino que el significado determina la acción. La segunda premisa señala que los significados son productos sociales que surgen durante la interacción, lo cual implica que las personas aprenden de las otras personas a ver el mundo. La tercera premisa afirma que los actores sociales asignan significados a situaciones, a otras personas, a las cosas y a sí mismos mediante un proceso de interpretación que tiene dos pasos distintos: uno consiste en que el actor se indica a sí mismo las cosas respecto de las cuales actúa, esto es, se señala a sí mismo las cosas que tienen significado. El otro paso parte del anterior, señalando que, en virtud de ese proceso de comunicación consigo mismo, la interpretación se convierte en una manipulación de significados, en la cual el actor selecciona, controla, suspende, reagrupa y transforma los significados a la luz de la situación en que está ubicado y de la dirección de su acción. Este proceso de interpretación actúa como intermediario entre los significados o predisposiciones a actuar de cierto modo y la acción misma (Taylor y Bodgan, 1992).

En el campo de la antisocialidad, Matsueda hace una breve pero interesante presentación de los modelos causales propuestos para explicar la conducta antisocial; él parte de la teoría del interaccionismo simbólico para derivar un modelo causal que se desprende de un marco teórico que permite determinar las causas y las consecuencias originadas por la imagen que la persona tiene de sí misma en el desarrollo de conductas antisociales. Matsueda afirma que tomando como objeto la manera como el sujeto interpreta su modo de ser –esto es, su yo– surge o se manifiesta sólo en situaciones problemáticas y no como un mecanismo de control social; por ello, dicho autor propone concebir la forma como una persona se percibe como un evento consistente de su modo de ser, relativamente estable por medio de diversas situaciones, y que es un proceso en el cual confluyen tres componentes. El primero está relacionado con la imagen que la gente se forma acerca de lo que una persona realmente es (interpretación real de la gente), el segundo comprende la imagen que la persona tiene acerca de lo que cree que la gente piensa de él (significado que el sujeto atribuye a la imagen que supone tiene la gente de él) y el tercero incluye la imagen que el sujeto tiene de sí mismo (autointerpretación).

Las investigaciones empíricas derivadas del significado que el sujeto proporciona a su forma de ser, ya sea desde el punto de vista de la gente que lo rodea o como una autorreflexión, se han enfocado a establecer, utilizando modelos causales, la relación entre la interpretación real de los demás hacia la persona, la imagen que el sujeto se forma acerca del significado de su conducta para los otros y la autointerpretación que la persona hace de su propio comportamiento. El cuadro 4.1, tomada de Matsueda (1992), muestra en forma de diagrama tres tipos de modelos causales que intentan explicar la conducta antisocial. El primer modelo corresponde al propuesto por Felson, ubicado en la parte superior de dicha figura; como observamos en el modelo causal, donde Felson sugiere que la interpretación que la gente hace acerca de la conducta delictiva de un sujeto tiene efectos muy modestos en la imagen que el sujeto tiene respecto de lo que cree que la gente piensa de él debido a las barreras que existen en la comunicación, pues no siempre las personas comunican sus interpretaciones directamente a sus amigos o compañeros. De hecho, el efecto es mayor en la imagen que tiene un sujeto de cómo lo percibe la gente, cuando tomamos en cuenta las interpretaciones definidas socialmente en interacción (en lo social es más apreciada una persona atractiva que una persona estudiosa). Por tal motivo, es posible que la relación sea falsamente atribuida a la anterior ejecución de la conducta de interpretación. Desde una concepción interaccionista del *yo* como control social, no implica la existencia de una correspondencia de uno a uno entre la percepción que tiene el sujeto de cómo lo ven las personas y la imagen que realmente tiene la gente de él, como lo representa Felson en su modelo causal, pues la imagen que el sujeto tiene de cómo lo ven los demás es resultado de la percepción selectiva de lo que realmente la personas piensan de él, lo cual depende de una situación particular problemática que origina que el sujeto se forme una imagen de cómo cree que los demás lo perciben. En consecuencia, la imagen que el sujeto se forma podría estar en función sólo parcialmente de la percepción que la gente tenga en realidad de él. Con esto, la dependencia, representada gráficamente por la flecha, entre los dos primeros elementos del modelo de Felson se debilita en gran medida, debido a su carácter situacional en problemas particulares.

El modelo de Kinch, presentado en la parte intermedia del cuadro 4.1, postula una larga cadena causal, en la cual está relacionada una serie de elementos teóricos del interaccionismo simbólico. De acuerdo con el modelo, la conducta inicial define la imagen que la gente tendrá del sujeto, la cual, a su vez, determinará la imagen que la persona adquiere de lo que cree que la gente opina de ella; esto moldeará la imagen que el sujeto se forme de sí mismo, lo que guiará a su vez la conducta de la persona. En síntesis, este modelo establece que la cadena causal a lo largo de su secuencia explica la conducta, en la que cada variable antecedente en el modelo está mediada de modo directo por cada variable subsecuente.

Por último, el modelo presentado en la parte inferior del cuadro 4.1 postula, igual que el modelo de Kinch, que la imagen que realmente tiene la gente sobre la persona afecta a la conducta de ésta, sólo al momento en que es modificada la imagen que la persona tiene acerca de lo que cree que la gente piensa de él. Ello contradice al interaccionismo simbólico, pues éste postula que la imagen real que tiene la gente sobre la persona influye de manera directa en la conducta (representada por la flecha intermitente en la

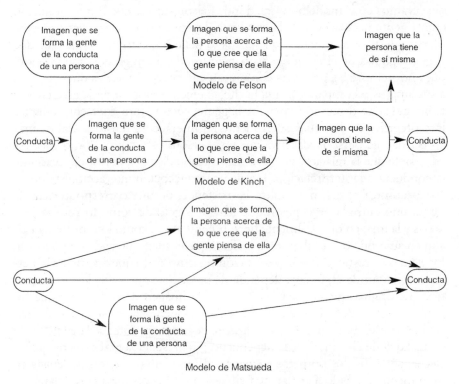

Cuadro 4.1 Modelos causales de la conducta antisocial.

parte inferior del modelo). Según Matsueda, esto último podría ser cierto, sólo si los significados que la gente otorga hacia la conducta de la persona son lo suficientemente exactos para interpretar la conducta del sujeto y, por tanto, predecirla, o si otros elementos del yo, además de la imagen que la persona tiene de cómo es percibida por la gente, median la percepción que la gente realmente tiene del sujeto. Este modelo difiere con los otros dos en que no es tomada en cuenta la imagen que el sujeto tiene de sí mismo, centrando su atención principalmente para explicar la conducta en la percepción que el sujeto tiene acerca de lo que cree que la gente piensa de él. Además, a diferencia de los otros, Kinch admite que la conducta tiene un efecto directo en la conducta subsecuente (representado por la flecha horizontal que une a la conducta inicial con la final). Esto coincide con el marco teórico del cual parte Matsueda, debido a que postula que la conducta institucionalizada y la habitual ocurren en situaciones no problemáticas y están determinadas no por el rol que tiene socialmente, sino por la conducta realizada. Finalmente, este tercer modelo admite que la conducta ejerce un efecto directo sobre la imagen que el sujeto tiene acerca de lo que éste cree que los otros piensan de él, ya que esa imagen se forma, en parte, de soluciones conductuales previas a la aparición de la conducta antisocial. En conclusión, el modelo de Matsueda explica la relación existente entre cómo me ven, cómo creo que me ven, cómo me veo y la conducta antisocial.

Contribución mexicana a la sociología criminal

El enfoque sociológico del estudio de la antisocialidad ha sido vigorizado por grandes pensadores mexicanos, entre los que destaca Héctor Solís Quiroga, quien fuera uno de los primeros autores en preocuparse por hacer una delimitación de la criminalidad con base en sus determinantes sociológicos. Para Solís, la sociología criminal contiene el estudio estático y dinámico de conjunto, de los hechos delictuosos o criminales de la sociedad humana, incluidos diferentes sexos, edades, condiciones políticas, sociales, económicas, familiares y de salud, relaciones ecológicas, interacciones delictuosas de individuos y grupos, así como las conexiones con hechos no criminales; el estudio de las regulaciones observadas en la acción de causas endógenas y exógenas de la criminalidad, la evolución, variaciones y desarrollo de la delincuencia, de sus causas y de sus efectos. Pero a Solís no le interesan teorías al respecto, sino en el único sentido de productos, aunque indirectos, de ese dañoso fenómeno. Así, se interesa tanto en descubrir las regularidades sociales de la delincuencia, como el desarrollo de sus causas y de sus efectos, siempre como ciencia empírica (Solís, 1985). De acuerdo con esto, la sociología criminal se ocupa de los hechos y de su clasificación de criminales, conjuntamente, es decir, se ocupa de los hechos y de los conceptos delictuosos, aplicados concretamente por las leyes penales al tipificarlos y por la comprobación que hicieron las autoridades respectivas, de los órganos estatales capacitados para ello. El delito, pues, es un concepto que se aplica para calificar hechos concretos de una sociedad.

De esta manera, para Solís (1985), el concepto de lo criminal se deriva de la calificación denominada *delictuosos,* reservada socialmente para los actos tipificados por las leyes penales que dan lugar a la persecución judicial o a la administrativa enérgica contra los ejecutores de dichos actos. Por otra parte, como es bien conocido, el ser humano nace totalmente inadaptado a su entorno, y de alguna manera el crecimiento conlleva una gradual adaptación, de modo que el individuo va moldeándose justamente en la adaptación a los estímulos que recibe en la vida.

Para responder a la pregunta de qué cosa hace que algo cambie de constructivo a destructivo, lo socialmente conveniente a inconveniente, lo que produce la delincuencia y la reincidencia, Solís (1985) afirma que existen causas ambientales reconocidas: la miseria notable de numerosos sectores de la población, en contraste con el lujo ostentoso de otros, el alcoholismo, el desamor de los padres entre sí y para los hijos, la desorganización familiar, el analfabetismo y la ignorancia, la falta de capacitación para el trabajo, la delincuencia de los funcionarios y empleados del gobierno usado como ejemplo; la tolerancia pública y privada de vicios, incumplimientos y perversiones; la propaganda gratuita y excesiva de la delincuencia por la prensa, la radio y la televisión; la desorganización escolar creciente y muchos hechos más que son a la vez causas y productos sociales. Todo esto influye desde la infancia en el individuo que crece connaturalizado con tal ambiente y llega a convertirse en un nuevo ejemplar vivo e impulsor de esta situación social. En resumen, como fenómeno de masas, la criminalidad se forma con la suma de las acciones individuales o de grupos pequeños, que atentan contra la estructura o la dinámica social cuando no están suficientemente integrados a ellas.

Etiología de la delincuencia

Tomando al delito como un acto de conducta específico que daña a alguien y viola las normas mínimas de convivencia humana garantizadas por los preceptos contenidos en las leyes penales, al describir los tipos de conducta que la ley reprueba y castiga, la etiología de la delincuencia sería para Solís (1985) el estudio de la totalidad de las causas o factores que originan el conjunto de delitos, como hecho colectivo; sin embargo sólo cabe hablar propiamente del estudio de las causas de la conducta humana y después del tipo de ésta que, al violar normas garantizadas penalmente, toma el nombre de crimen o delito, en los adultos (p. 69). El medio natural en que ocurre la criminalidad o delincuencia es la vida social; por ello, su estudio pertenece a la sociología criminal.

Haciendo una integración de las múltiples causas que originan la conducta delictuosa, Solís especifica que como son muchas las causas de la conducta delictuosa y de la naturaleza más variada, no podemos conceder importancia a unas y negárselas a otras. Sólo negaremos importancia a algunos factores cuando obtengamos resultados concretos después de investigar la criminalidad en cierta época, y para hacer afirmaciones aplicables a toda humanidad, necesitamos contar con pruebas suficientes. Por tanto, no es certero atribuir genéricamente los delitos a la influencia exclusiva de una causa, ni de un grupo especial de causas (pp. 80 y81). Respecto a este tema, Solís termina diciendo que:

a. Todo delito obedece a una causación adecuada y es el resultado proporcional de ella (causación adecuada).

b. En la realización del delito influyen concurrentemente causas endógenas y exógenas, en constelación (concurrencia causal).

c. Cuando una causa hace su aparición influyendo en un sujeto (individual o colectivo), facilita la sucesión de otras causas, que finalmente originan en el delito (brote causal).

d. Las causas existentes, en un momento dado, enlazan, combinan y refuerzan su acción mutuamente, tendiendo a la producción del resultado delictuoso (combinación causal).

e. La acción delictógena de las causas exógenas revela la existencia de causas endógenas latentes (detección causal).

f. La acción de cada causa de delincuencia es de importancia circunstancial y, por ello, variable en tiempo, espacio y modo (importancia circunstancial).

g. La combinación de causas de la criminalidad, que actúan en constelación, es variable en tiempo, espacio y modo, y ello hace cambiar también su acción y los resultados (constelación variable).

h. La intensidad de acción de las causas de la criminalidad no es equilibrada, pues en cada constelación, algunas causas actúan destacadamente y otras tienen una de acción secundaria y aun indirecta, predominando unas y otras en casos diversos (intensidad variable).

i. Cuanto más reiteradamente obre una causa sobre el mismo sujeto, con más facilidad producirá éste su acción delictiva (reiteración causal).

j. Si una constelación causal ha producido el efecto criminal, éste tomará la función de causa de nuevos fenómenos, de la repetición de otros y la intensificación de algunos más, preexistentes, que forman una misma cadena (causa-efecto-causa).

Lo patológico social

Solís (1985) establece que lo normal convencionalmente es lo más común y que es anormal lo excepcional. En otro sentido dicho autor toma lo normal como promedio, lo usual, lo acostumbrado, independientemente de que sus resultados sean considerados útiles, buenos, convenientes o precisamente lo contrario. En relación con el concepto de lo patológico, en uno de sus sentidos lo define Solís como: las condiciones socialmente indeseables y las tendencias que por analogía pueden ser conceptualizadas como enfermedades sociales, como la delincuencia. Sin embargo, aclara que a veces lo indeseable, las enfermedades, la delincuencia, los vicios, etcétera, llegan a ser tan frecuentes en una sociedad, de modo permanente, que son tomadas como completamente normales: así, la sistemática violación criminal de la ley por los gobernantes en las dictaduras resulta normal por ser usual, frecuente, soportable por la sociedad y aun deseable para ciertos sectores.

Solís afirma también que para que un sociólogo pueda saber si un fenómeno es normal o no, necesita establecer por la observación: si el hecho es general en el pasado y en el presente y si registra cambios. En el primer caso, tiene derecho a tomar el fenómeno como normal y si éste ha aumentado o se va desvaneciendo extremadamente, será considerado mórbido. Por otra parte, cuando una sociedad se desarrolla en cualquier sentido, es normal que la delincuencia evolucione también en cierto grado; pero si ésta crece mucho más o mucho menos que la colectividad, caerá en lo patológico, cuyo sentido hay que investigar. Por eso, hay aspectos aparentemente raros pero explicables: al industrializarse una zona cualquiera, parece que su criminalidad aumenta a menudo, lo cual nos hace pensar que sería patológico lo contrario; aún más, cambian los antiguos delitos de sangre, para predominar los de tipo económico.

De lo anterior inferimos que el constante cambio y la complicación de las condiciones de vida, tanto físicas como psíquicas, sociales, económicas, climáticas, etcétera, explicarían que la conducta falle; pero aún más, lo maravilloso es que, en circunstancias tan difíciles, los individuos no fallen. De este cabe afirmar que, contra el sentido común, no es extraño que haya delincuencia y otros aspectos llamados de patología social, cuando la existencia transcurre en la forma necesaria para producir la conducta patológica. Es decir, lo habitual sería lo anormal y debería admirarnos que, en tales situaciones, los individuos se comporten de manera conveniente al interés social.

Es importante siempre tener en cuenta que la sociedad no es estática, sino dinámica. Y hacer esta aseveración como dato del problema de la delincuencia explica que el ajuste entre el individuo y esa sociedad es logrado en raras ocasiones. Así, la dinámica social favorece la aparición de los morbos sociales, lo que se ve confirmado al comparar sencillamente la vida de la ciudad con la del campo, pues, comportando cada una su patología propia, estadísticamente es más variada y cuantitativamente más importante la urbana.

En resumen, parece que la delincuencia es normal en toda sociedad y que su aumento desproporcionado o su aparente disminución, estudiados en forma debida, nos revelarán lo verdaderamente patológico. En relación con esto, Solís (1985)[4] menciona una serie de ideas sobre lo patológico de la delincuencia, que consisten en:

a. Al comprobarse que en toda sociedad y en toda época histórica ha existido el fenómeno de la criminalidad, éste puede ser considerado normal en la vida social humana.

b. La intensidad con que ocurre varía con cada comunidad y en cada época.

c. Toda sociedad experimenta la influencia de hechos positivos (orden, comodidad, cultura, etcétera) y ellos permiten, aunque no condicionan, el funcionamiento equilibrado de la sociedad.

d. En el equilibrio relativo, parece que cuando predominan los factores positivos tendemos a evolucionar y si son negativos tendemos a retroceder.

e. Estadísticamente es normal todo fenómeno mientras esté comprendido en la zona de normalidad, y patológico cuando se presente fuera de dicha zona en exceso o defecto.

f. Las comparaciones entre fenómenos iguales de sociedades diferentes sólo podremos hacerlas con éxito cuanto mayores sean las similitudes grupales o la comprensión de sus diferencias (p. 129).

Factores que influyen sobre el indice de la delincuencia

Tomando en consideración la multiplicidad de factores que influyen en el índice de delincuencia, Solís (1985) afirma que uno de ellos alude al espacio en que se consuma la infracción, que al ser estudiado revela los siguientes resultados:

a. La mujeres, los discapacitados, los jóvenes y los ignorantes delinquen en lugares cercanos a aquellos que les son familiares (escuela, trabajo, vivienda, etcétera).

b. La llamada criminalidad de adultos se desarrolla en lugares distantes, ya que, según parece, cuanto más sean personas muy entradas en la delincuencia profesional, más evitarán ser localizadas.

---

[4] Q. H. Solís (1985), *Sociología Criminal*, México: Porrúa, pág. 129.

c. Los miserables y errantes familias de los delincuentes, o los vagos y los menores, al no tener hogar, escuela o trabajo fijo, cometen sus hechos en lugares muy variables.

Los planos sobre las zonas citadinas en que hay mayor delincuencia y de las llamadas zonas criminógenas tienen valor sólo para una ciudad y una época determinadas, por las variaciones espaciales observadas de ciudad en ciudad y de época en época. Pero el conjunto de planos pueden orientar respecto a las zonas que en una región o en todo el mundo pueden considerarse relacionadas con la criminalidad. En América Latina hay la experiencia de que en las zonas que circundan los mercados existe mayor delincuencia que en otras, lo que, unido a la experiencia mundial de la delincuencia en los centros de vicio y lugares cercanos, pueden dar un criterio para localizar las zonas criminógenas. Cabe agregar a ello los suburbios de las ciudades, donde gente pobre que vive cerca de barrancas, lomas, cuevas, ríos y otros accidentes del terreno, parecen propiciar la comisión de delitos sexuales violentos; todo ello alude a los crímenes, pero también a sus causas, a los actores y a las familias de los infractores. Los delincuentes ya formados cambian de casa y aun de zona con cierta frecuencia, pues carecen de lazos permanentes hasta con su familia.

En una gran ciudad, las zonas residenciales de familias muy ricas tienen menor delincuencia que las áreas de grandes edificios multifamiliares rentados, de comercio o de industria. A su vez, las zonas comerciales parecen tener más que áreas exclusivamente industriales, y las zonas de pobreza y vicios más que todas las anteriores. Esto parece tener correlación con la delincuencia, la estabilidad familiar interna, el tiempo que las familias viven en un mismo lugar, si las viviendas son rentadas o adquiridas en condominio, la homogeneidad de la población en un lugar determinado, la densidad de la población, el tamaño de la ciudad, y el conocimiento y trato que unos tengan con los otros. También parecen tener una relación directa los barrios más pobres, deteriorados o descuidados, con las aglomeraciones de delincuentes o las zonas criminógenas. Es decir, tales barrios tienen importancia como factores criminógenos y al mismo tiempo como lugares donde se desarrollan actividades intensamente criminales. Aunque en apariencia existen zonas criminógenas bien marcadas en los planos, siempre hay indefinición en los límites, porque su influencia afecta a las colonias o barrios vecinos, a donde llegan sus actividades o molestias, aunque sean con menor intensidad.

El barrio forma parte del ambiente social en que actúa cada persona, aunque las amistades existan también fuera del propio barrio. Este espacio comprende calles, callejones y demás vías de acceso; las casas y edificios, con su destino particular; y los centros de reunión, sean de vicio, de comercio, de educación, religión, deporte, etcétera, que ejercen influencia en el conglomerado y el aspecto general. También forman parte de él los diversos tipos de relaciones desarrolladas entre sus habitantes. Según Solís (1985), existen varios tipos de barrios criminógenos:

a. Aquellos donde hay pobreza y donde se asocian los centros de vicio.
b. Las colonias elegantes, donde hay casas de lenocinio.
c. Los miserables que carecen de condiciones mínimas de habitabilidad y de uno, varios o todos los servicios.
d. Los comerciales, que son los más importantes, donde el comerciante roba en el peso o en los cambios y sus habitantes defraudan, se insultan, se golpean o se matan, sólo en favor de los intereses materiales.

En lo referente a las características de las zonas, éstas son: la heterogénea condición de sus habitantes, que hace fácil la promiscuidad; la abundancia de centros de vicio (alcoholismo, prostitución y drogas), protegidos o no por la policía; la mezcla de pobreza, abandono y desaseo, y las relaciones sociales un tanto violentas debidas al vicio o a pasiones permanentes.

El barrio influye en el número, tipo y calidad de los delitos cometidos; por ello, parece tener importancia también, que facilita o dificulta el control de las autoridades y la protección que puedan dar contra la delincuencia. Por eso son relevantes los suburbios de las ciudades, ya que en ellos se construyen las nuevas secciones residenciales o en ellos viven personas que viven de la caridad pública o de la asistencia social y que no tienen más sentido de la solidaridad social que el resultante de sus propias necesidades cuando piden a otros que les atiendan o cuando reciben el respaldo que les induce a cometer delitos aceptados en su pequeña comunidad. Así, a menudo vemos en los suburbios grandes espacios abiertos y abandonados, sin servicios municipales o como tiraderos de basura, donde viven seres que trabajan eventualmente, sin instrucción alguna, ni ideales, con un feo y sucio aspecto personal, que se mezclan con los desperdicios de materiales y no tienen control de tipo legal o humano, piedad, ni más norma que el propio egoísmo, dentro de la mayor miseria. Hay otros suburbios que tienen poblaciones muy heterogéneas.

Así, de cualquier modo afecta a la conducta de las personas el lugar donde viven y la clase de población que les rodea, pues las influencias extrafamiliares son mayores a medida que avanza la edad hasta la madurez. Si falta la vida familiar o es poco atractiva, las amistades y el barrio toman mayor importancia y si éste es agradable y confortable, el individuo, como sucede en el hogar, permanece más tiempo en él; pero si es de aspecto pobre, sucio, descuidado y tiene relaciones molestas, entonces huye.

Sin considerar el lugar donde ocurre el delito y centrando la atención sobre la educación y la escolaridad, Solís (1985) afirma que muchos de los criminales, los más miserables y desvalidos, nunca concurrieron a la escuela; muchos hicieron parte de su primaria, hecho explicable bajo la perspectiva de que existe entre los delincuentes una fuerte incidencia de deficiencia mental; algunos más estudiaron primaria o secundaria, y pocos son los que han estudiado una carrera profesional.

Por cuanto al entrenamiento productivo, muchos tienen un conocimiento definido de un oficio u ocupación, otros son trabajadores mediocres, pocos son semicalificados y muy pocos son calificados. Hemos encontrado que la educación recibida por los delincuentes tiene una profunda relación con su peligrosidad, es decir, con la posibilidad de reiteración criminal, pues quienes han crecido en un medio de vicio o de criminalidad lo toman como cosa normal y, aunque lo repruebe la sociedad, ellos lo seguirán ejecutando, empleando para ello todos los medios posibles. Y como pocas escuelas imparten educación que regule las relaciones del educando con otras personas, la serie de conocimientos técnicos y científicos es utilizada para perfeccionar sus actividades criminales.

En lo referente a los aspectos económicos, Solís (1985) reporta haber encontrado que la mayoría de los delincuentes proceden, por lo general, de las clases con más bajos recursos económicos; sin embargo, hemos visto que los miserables, que carecen de lo indispensable, sólo pueden ocuparse del problema inmediato: la comida siguiente. Ello implica que los más pobres, a causa de su desnutrición, muchas veces ni siquiera logran conjuntar las fuerzas para dedicarse a una actividad, cualquiera que sea, de una manera sostenida. No obstante, por las características de los oficios que ejercen,[5] son, junto con los niños mimados que no tienen gobierno respecto a puntualidad, alimentación, asistencia a la escuela, cumplimiento de tareas escolares, etcétera, candidatos a la delincuencia.

Para Solís (1985), la delincuencia evoluciona, pues una es la provocada por la miseria y las crisis económicas y otra es la del auge; y si en las épocas de prosperidad aparece en las estadísticas menor delincuencia, es no sólo por

---

[5] Que requieren poca o ninguna inversión, que con un poco de esfuerzo pueden resultar placenteros, que carecen de sitio fijo, patrón y horario, que reciben directamente la influencia de la vida pública, etcétera.

la realidad que cualquiera puede constatar, sino también porque la policía y los jueces son menos estrictos durante ellas, y los ricos, los profesionistas y las personas cultas cometen delitos por medios más difíciles de descubrir, usando buenos defensores, influencias políticas y medios económicos (y hasta tecnológicos) para evitar ser condenados. Por estas razones debemos tener mucho cuidado cuando interpretamos la evolución de la criminalidad en una sociedad; no obstante, a continuación bosquejaremos la evolución de la delincuencia.

En cuanto al sexo del infractor, Solís (1985) ha notado que en condiciones normales predominan los delincuentes varones adultos. Según varios países, la femenina varía entre 5 y 20%, mientras no haya perturbaciones graves en la vida general. En la conducta antisocial de los menores varía el predominio del varón o de la mujer, según las épocas, pero en general parece también predominar la masculina. Lo anterior es atribuido a la influencia de las diferencias somatopsicosociales, además de cuantitativas, entre los sexos. También parecen determinar el hecho: el carácter, la mayor iniciativa dinámica, la agresividad, el afán de mando y otras cualidades del varón, que lo hacen por obtener mejores situaciones incluso al ofrecer su protección a la mujer; en cambio, ésta, en muchos pueblos más protegida, conservadora, obediente y pasiva, aferrada a las condiciones de sacrificio que le impone el hogar, el varón y la atención constante que debe a su familia, todo lo cual la mantiene con frecuencia al margen de caer en la delincuencia (p. 246).

Aun en el caso de que la mujer sustituya al hombre en el trabajo, en tiempo de paz e incluso durante la guerra, sólo alcanza un máximo que apenas sobrepasa un poco la mitad de la delincuencia masculina, si bien influye la ocupación de la mujer moderna que trabaja fuera del hogar, pero todavía se dedica a las labores más estables y pacíficas, en las oficinas y en las escuelas, donde tiene pocas oportunidades de entrar en conflicto y, por tanto, de delinquir. Las condiciones de la mujer determinan que cometa el abandono de niños, el perjurio, las injurias, el encubrimiento y el robo, y que sus delitos estén relacionados principalmente con el cuidado y la educación de sus hijos. Participa poco en los delitos de fuerza, allanamiento de morada, lesiones, asaltos, robo y daños materiales.

Desde la perspectiva de la edad, Solís (1985) hace notar que el vértice estadístico superior suele ocurrir antes de los 25 años, lo que es explicable desde el momento en que, hacia los 13 años aparecen, exteriormente visibles, las características del cambio biopsicosocial del adolescente. Y en este momento, a diferencia de los anteriores, ya ni la víctima ni la policía ni el Ministerio Público ni los jueces pretenden exculparlo y muchas veces ni protegerlo, sino perseguirlo y causarle dolor. Entonces comienza el aumento estadístico de la antisocialidad juvenil.

En otro sentido, la imputabilidad es la base de la culpabilidad y cabe esperar que, si no hay capacidad de predecir las últimas consecuencias de los propios actos, el dolo no aparecerá como el deseo de causar un daño con todos sus efectos. Por el contrario, la imprudencia es una característica común en los actos de todos los menores de edad, mientras absorben la educación paterna y escolar y adquieren tanto el desarrollo biopsíquico como la experiencia, durante su crecimiento. Al faltar la imputabilidad y la culpabilidad, no podemos considerar completo el concepto de delito y, por tanto, no es válido hablar de él, de delincuencia ni de delincuentes, cuando se trata de menores de edad.

Así, la edad es de gran importancia general en los delitos cometidos, pero vuelve a tener especial significación en la senectud, a pesar de su escasa incidencia estadística. La conducta de los senectos tiene grandes similitudes con la de los adolescentes, pero con la gravedad de la decadencia y en una mezcla de sentimientos más o menos matizados por los altos valores y por las más graves decepciones; se trata de una época de decadencia grave, de involución del organismo y del psiquismo, así como de la potencialidad económica y social del anciano, en términos tanto cuantitativos como cualitativos.

Epílogo en torno a la orientación sociológica

Como inferimos de todos los autores mencionados, tanto los precursores como los recientes, las aproximaciones sociológicas al estudio de la conducta delictuosa tienden a ponderar preferentemente la influencia que ejercen ciertas condiciones externas en la comisión de un delito. Dirigen su atención hacia la amplia gama de cambios económicos, climáticos, políticos, de relaciones de poder, de clase y condición socioeconómica, más que a las experiencias conductuales individuales que se conjugaron para que un determinado individuo delinquiera.[6]

Casi toda la humanidad vive en un mundo ordenado por normas que habrán de ser obedecidas colectivamente; pese a ello, que un grupo social espere de otro ciertos comportamientos no significa que sus expectativas sean

---

[6] Por tal motivo, en el apartado siguiente describiremos algunas aproximaciones teóricas al estudio del fenómeno que nos ocupa, desde el punto de vista psicológico.

cumplidas. No existe la norma que se cumpla siempre; los individuos no actúan siempre según todas las pautas de conducta vigentes.

Los motivos por los que la conducta de las personas no se ajusta por completo a las normas de la sociedad en que viven son diversos; además, las normas tienen carácter general, mientras que la conducta de los individuos en cualquier situación siempre es específica. La razón de lo anterior es que las normas habrán de servir para situaciones diferentes y personas distintas.

Todos en la vida tenemos que aprender las reglas de nuestra sociedad como código de generalizaciones amplias y casi siempre categóricas. Pero también aprendemos que a veces toleramos obrar en contra de las normas y, más allá, otras veces esperamos que la norma sea violada –si el padre fue un traidor a la patria, cabe esperar que el hijo le vuelva la espalda y no le honre– (Merton, 1980). Por otra parte, el carácter general de las normas es sólo un factor que puede ayudarnos a explicar la prevaricación;[7] otra es la diferencia existente entre los individuos y los grupos en cuanto a su percepción de lo que son las normas y su interpretación de lo que significan. Las normas también difieren en el grado en que son tenidas por obligatorias. A medida que descendemos por la escala de tolerancia hacia el punto en que una práctica deja de ser de uso popular para convertirse en alternativa cultural, su infracción resulta más probable.

Es posible entender la cantidad de prevaricaciones en una sociedad de masas sin notar el grado en que es producto de subculturas diferentes. Las normas varían según la clase social, el grupo étnico, el grado de urbanización, la región, el grupo etáreo, el sexo y la ocupación. Muchas veces la situación y la clase determinan lo que es el delito y lo que no lo es. En una sociedad con muchos grupos, la anormalidad depende en gran medida del punto de vista del que la juzga (Merton, 1980). Anormales son, pues, los individuos a quienes se les aplica este rótulo; por ende, mucho depende de las reglas de la clasificación y de quien las aplica. Las normas no tienen universal aceptación en una sociedad grande y heterogénea. La definición de anormalidad se vuelve cuestión de poder social: los mayores imponen normas a los menores, los blancos a los negros, los varones a las mujeres, las clases medias a las pobres, etcétera.

Desde la perspectiva sociológica es provechoso analizar la conducta anormal como función de la estructura social. En lugar de preguntarse por qué la situación rural respecto a la desviación es distinta de la urbana o

---

[7] Faltar un empleado público a la justicia en las resoluciones propias de su cargo, conscientemente o por ignorancia inexcusable.

por qué los pobres son diferentes en comparación con los ricos, los sociólogos se preguntan qué causa de la estructura social produjo diversas consecuencias en los índices de uso de estupefacientes entre obreros y profesionistas, por ejemplo. Para que los sociólogos puedan explicar las consecuencias de la estructura social, han de comprender las pautas de desviación respecto a las normas de la sociedad, a la vez que las reglas de cumplimiento. La teoría que dé cuenta de la conformidad con las costumbres y los usos como función de la forma en que se vertebra la sociedad, tiene también que analizar la violación de las normas como consecuencia de la estructura social.

Cuando la sociedad está perturbada por crisis dolorosas, etapas felices o súbitas transformaciones, el control social se quebranta. Cuando las condiciones de vida cambian, la escala según la cual son reguladas las necesidades también cambia, pues varía con los recursos sociales y determina la parte que debe corresponder a cada estrato social. Hace falta tiempo para que los hombres y las cosas sean de nuevo calificados por la conciencia colectiva. Hasta que las fuerzas sociales puestas en libertad vuelven a encontrar el equilibrio, toda reglamentación será defectuosa durante un tiempo. Ya no sabemos lo que es posible y lo que no lo es, lo que es justo y lo que es injusto, cuáles son las reivindicaciones y las esperanzas legítimas, ni cuáles las que rebasan de la medida. Como las relaciones entre los diversos grupos sociales son modificadas, las ideas que expresan esas relaciones no pueden permanecer iguales. Las reglas tradicionales pierden su autoridad y el estado de irregularidad o anomalía es reforzado por el hecho de que las pasiones están menos disciplinadas en el preciso momento en que tendrían necesidad de contar con una disciplina más fuerte (Durkheim, 1994).

Bibliografía

Caso, M. A. (1982), *Fundamentos de psiquiatría*, México: Limusa.

Comte, A. (1988), *Discurso sobre el espíritu positivo*, 3a reimp., Madrid: Alianza Editorial.

Diócesis de Aguascalientes. (1990), *Plan diocesano de pastoral 1989-1994*, México: Ediciones Don Bosco.

Durkheim, E. (1990), *Las reglas del método sociológico*, México: Leega.

— (1994), *El suicidio*, México: Ediciones Coyoacán.

Georgelina, M. T. (1989), *Delincuencia y servicio social*, Buenos Aires: Humanitas.

Gouldner, A. W. (1990), "Prólogo", en: I. Taylor, P. Walton, y J. Young, J. (comps.) *La nueva criminología. Contribución a una teoría social de la conducta desviada*, Buenos Aires: Amorrortu.

Joas, H. (1991), "Interaccionismo simbólico", en A. Giddens, J. Turner, y otros, (comps.) *La teoría social hoy*, pp. 112-154, México: Consejo Nacional para la Cultura y las Artes y Alianza Editorial.

Larrauri, E. (1992), *La herencia de la criminología crítica*, 2a ed., México: Siglo XXI.

Mardones, J. y N. (1982), Ursúa. *Filosofía de las ciencias humanas y sociales. Materiales para una fundamentación teórica*, Barcelona: Fontamara.

Merton, R. K. (1980), *Teoría y estructura social*, México: Fondo de Cultura Económica.

Pérez, R. A. R. (1997), "Khun frente al dualismo metodológico", *Acta Sociológica* 19, 21-35.

Rodríguez, M. L. (1989), *Criminología*, 6a ed., México: Porrúa.

Rojas, S. R. (1992), *Formación de investigadores educativos. Una propuesta de investigación*, México: Plaza y Valdés.

Silva, R. A. (en prensa, 2000), "¿Explicar o comprender? Una encrucijada permanente en las ciencias sociales", México.

Solís, Q. H. (1985), *Sociología criminal*, 3a ed., México: Porrúa.

Taylor, I., P. Walton, y J. Young. (1990), *La nueva criminología. Contribución a una teoría social de la conducta desviada*, Buenos Aires: Amorrortu.

Taylor, S. J. y R. (1992), Bodgan. *Introducción a los métodos cualitativos de investigación*, Barcelona: Paidós.

5

Enfoque psicológico en el estudio de la antisocialidad

Arturo Silva Rodríguez
Campus Iztacala, UNAM

El estudio de la antisocialidad ha sido dominado principalmente por la sociología. Las explicaciones sociológicas de la antisocialidad están basadas en el escudriñamiento de sus características en función de la clase social, la raza, las oportunidades económicas, los efectos del sistema de justicia, el sexo y las tendencias represivas de quienes hacen y aplican la ley, entre otras. Mientras que la psicología tradicionalmente ha explicado las diferencias observadas en los parámetros de la antisocialidad desde el punto de vista de las diferencias individuales, sólo recientemente tal disciplina ha empezado a trascender en este campo, al llamar la atención sobre la influencia de las variables de aprendizaje, ambientales, fisiológicas y personales en la aparición de la antisocialidad. Precisamente, el objetivo de este capítulo es presentar el marco general en que se desenvuelve el enfoque psicológico de la antisocialidad; en seguida estudiaremos la antisocialidad en México, y por último, explicaremos el contexto general que envuelve al menor involucrado en conductas antisociales.[1]

Marco general del enfoque psicológico

Las aproximaciones psicológicas al estudio de la delincuencia se han centrado en poner de manifiesto el grado de relación que existe entre la conducta delictiva y ciertas experiencias agresivas frustrantes, inhibitorias y

---

[1] En este capítulo estudiamos someramente el enfoque psicológico a la antisocialidad, debido a que en otra obra coordinada por quien esto escribe y publicada por esta casa editorial, está dedicada a analizar más detalladamente los aportes que la psicología ha hecho en el estudio de la antisocialidad.

destructivas por las que ha pasado el individuo durante el curso evolutivo de su vida. En algunos casos, la conducta antisocial o delictiva ha sido interpretada como un reflejo de desórdenes psicopatológicos, orgánicos y neuróticos. Los individuos esquizofrénicos o con alteraciones cerebrales pueden cometer delitos porque no pueden controlar adecuadamente sus impulsos; en otros casos, la antisocialidad ha sido una manifestación de una influencia cultural antisocial o de una personalidad antisocial (Weiner y Elkind, 1976).

Actualmente, desde el punto de vista psicológico ha habido una gran variedad de teorías explicativas de la antisocialidad. Están por un lado las teorías basadas en constructos fisiológicos, en las cuales ponemos énfasis en las relaciones entre las anormalidades en el electroencefalograma y una disposición a la violencia y a la agresión (Blackburn, 1975). Los estudios en este campo se han centrado en analizar los correlatos del sistema nervioso autónomo y la antisocialidad en relación con el aprendizaje de evitación y el castigo (Blackburn, 1983); sin embargo, Watson, Kucala, Manifold, Juba y Vassar (1988) han encontrado elementos que debilitan la creencia de que la conducta antisocial está firmemente relacionada con ciertas variables fisiológicas, ya que en un estudio no fueron halladas evidencias sobre la tendencia antisocial de ex combatientes y su relación específica con el desarrollo tardío de desórdenes de estrés postraumático.

En otro intento de comprender la conducta delictiva, Ellis (1987) ha propuesto la teoría del comportamiento criminal y delincuencia, basado en distintos factores comunes, como demográficos, de personalidad y su vínculo neurohormonal. Asimismo, Lester (1990) halló que muchas de estas variables identificadas por Ellis como características de los delincuentes también lo son de los individuos suicidas. Otra teoría propuesta para comprender la conducta antisocial es la de la tensión, la cual establece que en la mayoría de los casos la delincuencia resulta del bloqueo del comportamiento dirigido hacia la meta (Agnes, 1985). Algunos estudios basados en la teoría de la complacencia sugieren que el fracaso académico en la escuela tiene una incidencia directa sobre el involucramiento en la conducta delictiva (Gallini y Powell, 1984). Tomando como punto de partida la perspectiva estructuralista, Bynner y Romney (1985) destacaron que el comportamiento delictivo es consecuencia de las prácticas sociales institucionales, más que de las características de cada individuo. Sin embargo, haciendo una crítica a este modelo sociológico, Menard y Morse (1984), han señalado que debe darse importancia a las múltiples propiedades individuales; así, se tiene que el coeficiente intelectual puede verse como un mediador en ambientes escolares, el cual influye en el rendimiento escolar y en el éxito o fracaso, manifestado en comportamiento delictivo. En un estudio realizado con base en la teoría de control social Hirschi (1969) demostró la relevancia de variables de control social y personal para entender la antisocialidad (Mak, 1990). Asimismo, la teoría del poder-control del género y la delincuencia ha demostrado la relación entre el género y las formas comunes de la antisocialidad (Hagan, Simpson y Gillis, 1987). Por otra parte, influidos por el modelo ecológico de la antisocialidad Heitgerd y Bursik (1987) señalaron que existen áreas caracterizadas por privación económica, que consecuentemente presentan altas tasas de movimiento poblacional y gran heterogeneidad, con un incremento en la desorganización social y una inhabilidad de la comunidad para emplear mecanismos de autorregulación y, por tanto, altas tasas de antisocialidad. Contrariamente, en algunos estudios ha sido rechazada la inclusión de factores medioambientales al considerar que la definición de la delincuencia debe centrarse, de modo fundamental, en la función social que cumple, más que en factores medioambientales (Abrams, Simpson y Hogg, 1987).

Desde el punto de vista psicológico, la autoestima ha sido incluida como una variable interrelacionada con los índices educacionales y la antisocialidad; sin embargo, la relación exacta no es clara y sí contradictoria, ya que en un estudio diseñado para fundamentar la idea anterior, no fueron encontradas diferencias significativas en los niveles de autoestima en tres grupos que comprendían delincuentes simples, delincuentes marginales y no delincuentes (Zieman y Benson, 1983). En contraposición con otro estudio, en el cual fueron comparados tres grupos étnicos, Leung y Drasgow (1986) observaron que sólo se mantuvo la relación de bajos niveles de autoestima con alta tasa de comportamiento delictivo para el grupo de blancos. Asimismo, al evaluar la influencia de los padres y compañeros sobre la conducta desadaptada de los niños, Lytton (1990) demostró los efectos en el comportamiento maladaptativo infantil como resultado de estilos paternos adversos.

Por otro lado, existe evidencia de estudios en los que ha sido desmitificada la asociación clase social-delincuencia, en la que es manifiesto el fracaso de apreciar al conjunto de desventajas sociales como condiciones crimigénicas (Braithwaite, 1981). Hoy día está reconocida la posibilidad de que la disponibilidad de recursos económicos en los jóvenes, independientemente de la posición social de los padres, influye en el involucramiento delictivo. Apoyado en la teoría del aprendizaje social, Tolan (1987) ha estudiado la distribución de la edad de los delincuentes y encontró que la edad del delincuente es un discriminador de riesgo para la delincuencia crónica en oposición a la delincuencia transitoria.

Por otro lado, el comportamiento delictivo temprano es visto como un patrón de conducta agresivo que continúa en la infancia y, a menos que intervengamos, continuará hasta la edad adulta; de ahí la importancia de intervenir para desarrollar más conducta productiva y disminuir el comportamiento delictivo. En relación con esto, Jaffe, Leschied, Sas y Austin (1985) han sugerido que la intervención sea de tipo académico escolar y familiar, así como el trabajo estrecho entre diferentes profesionales. Otro estudio ha demostrado el éxito de la intervención en jóvenes delincuentes y ha revelado en los grupos de tratamiento bajos índices de reincidencia de delincuencia (Davison II, Redner, Blakely, Mitchell y Emshoff, 1987).

Un acercamiento fugaz al estudio de la antisocialidad en México

El estudio de la antisocialidad en algunas regiones del mundo se ha caracterizado por el uso desproporcionado de concepciones sociológicas normativas o estructurales en la comprensión y explicación de dicho fenómeno, en el que los procesos de razonamiento y las acciones individuales de las personas no son incluidas en las macroteorías construidas. Esta tendencia ha sido muy socorrida en Latinoamérica; es suficiente con revisar las publicaciones periódicas en esta área para corroborar inmediatamente que la narración de tipo periodística es la que mayor popularidad ha gozado y que sigue gozando en el mundo científico latinoamericano.

Como parte de Latinoamérica, México no ha escapado a esa corriente, pues una proporción considerable de los trabajos sobre antisocialidad han seguido el formato de reportaje periodístico (muy cercano al de la nota roja de los diarios), teniendo como tema de interés principal las políticas gubernamentales adoptadas para disminuir y prevenir dicho problema. Si bien la contribución de esos tipos de estudios ha sido muy importante, también lo es que muchos problemas han sido tratados muy superficialmente y, lo que es aún más preocupante, algunos problemas ni siquiera han sido incluidos en el discurso, ya no digamos resueltos.

Como consecuencia de utilizar sólo factores macrosociales para explicar la conducta antisocial y de realizar exclusivamente un análisis discursivo de dicho fenómeno, México es la zaga en cuanto al estudio científico de la delincuencia, ya que es realmente asombroso que apenas en esta transición de milenio los círculos científicos de mayor tradición en México hayan empezado a declarar tímidamente que la pobreza no está correlacionada con la delincuencia, como alguien dijo en una conferencia en el marco del

"Coloquio trinacional de luchas indígenas contemporáneas América del Norte" al afirmar que "las indígenas cometen menos delitos que otras mujeres en nuestro país, situación que pone en entredicho la correlación automática que a menudo se establece entre pobreza y delincuencia" (Azaola, 1995, p. 12).

En contraste con México, en países de Europa y de América del Norte, como Francia, Inglaterra, Canadá y Estados Unidos, la antisocialidad es considerada un fenómeno multicausal que adquiere una gran variedad de facetas moldeadas por una serie de factores biopsicosociales. En esos países, a diferencia de México, ha sido abandonada totalmente la costumbre de iniciar las investigaciones partiendo de que la antisocialidad es un reflejo ya sea de la pobreza o de una piedra filosofal llamada *neoliberalismo* que con sólo tocarla o invocarla estaríamos, cual acto de santificación, solucionando el problema por lo cual ya no quedaría nada por resolver. Ante este panorama, es necesario que en México ocurra un viraje en la dirección que seguida en el estudio de las conductas antisociales y que sean canalizados mayores recursos, tanto humanos como financieros, en la realización de investigaciones que superen el reportaje periodístico, para que de esta forma podamos obtener resultados más consistentes y sistemáticos que permitan establecer las bases sobre las cuales sea factible diseñar no sólo políticas de regulación de la conducta humana en sociedad, sino también programas preventivos y de tratamiento de las conductas antisociales en todos los estratos de la población.[2]

En este sentido, es imperioso incrementar el estudio de la antisocialidad mediante el diseño de investigaciones en las que busquemos describir, explicar e identificar sus causas, así como instrumentar medidas preventivas primarias, secundarias y terciarias ante dicho problema, de una manera sistemática más apegada a la realidad social; y dejar a los pobres en paz, porque ya tienen bastante con su pobreza para que aún sigamos considerándolos delincuentes, drogadictos, alcohólicos, deshonestos, violadores; ya basta de culpar al pobre por su "delito" de pobreza. Llevar a cabo lo anterior permitirá romper con la visión totalizadora con que ha sido estudiado el campo de la antisocialidad en México y adoptar una visión integradora en la cual sea visto como un proceso en constante evolución en el que ocurre un conjunto organizado de hechos sociales que no deben ser fragmentados en elementos aislados; además, la organización debe tener prioridad sobre las

---

[2] En el capítulo 7 explicamos de qué forma podríamos utilizar la ingeniería social para realizar lo anterior.

relaciones particulares, esto es, debemos desplazar el énfasis de las relaciones totalizadoras a las relaciones entre relaciones, como un campo sistémico.

Con lo anterior no pretendemos relegar a un segundo término las concepciones sociológicas del estudio de la antisocialidad, sino integrarlas en forma de constructos teóricos ubicados en los individuos de tal manera que los factores sociales, culturales, psicológicos y ambientales determinan la aparición de la antisocialidad en el hombre; y como consecuencia de esta reorientación en la dirección de la investigación, debemos incrementar el conocimiento sobre el modo como los actores sociales realizan hechos delictivos. La inclinación desmedida por los enfoques sociológicos en el estudio de la antisocialidad ha propiciado que muy pocos de los estudios elaborados por el círculo científico mexicano hayan trascendido el plano puramente especulativo, salvo algunas honrosas excepciones, entre las que podríamos mencionar el estudio en el que –a partir de una muestra nacional de estudiantes de enseñanza media y media superior– fue examinado el grado de asociación entre el consumo de drogas y la comisión de actos antisociales (Castro, García, Rojas y Serna, 1988).

Aunque no con una visión criminológica, el estudio de Hernández sobre las muertes violentas en México es otro claro ejemplo de acercamiento hacia la indagación de cómo han variado las tendencias y los niveles de mortalidad en este país producidas por homicidios, suicidios y accidentes violentos. Esta investigación tiene la peculiaridad de que, aun cuando sea de corte estadístico, nunca olvida que atrás de cada muerte violenta está siempre presente un drama familiar o de todo un grupo social, lo cual depende de las dimensiones de cada sujeto, del que no puede dar cuenta el análisis estadístico (Hernández, 1989).

Otro estudio que en su realización traspasó el plano netamente imaginario fue aquel en el que Ramos-Lira (1992) evaluó con grupos de discusión las actitudes y cogniciones subyacentes que tenía sobre la violencia y la criminalidad una muestra de personas de dos colonias, una de nivel bajo y otra de nivel medio-alto. Un estudio derivado de la encuesta nacional del consumo de drogas en la comunidad escolar arrojó luz sobre la forma como determinadas conductas antisociales están asociadas con el consumo de cocaína; para llevar a cabo lo anterior, Galván, Medina-Mora, Villatoro, Rojas, Berenzon, Juárez, Carreño y López (1994) realizaron comparaciones entre consumidores de cocaína, consumidores de otras drogas y no consumidores.

En lo que respecta a los menores de edad, Delgado y Rodríguez (1994) buscaron encontrar, con un esquema teórico metodológico y una sólida base empírica, la forma como los estigmas de la vida determinan la carrera delictiva futura del menor. En esta dirección de buscar hacer contacto con la realidad social, recientemente apareció publicado un estudio en el cual Gutiérrez y Vega (1995) describen la inhalación de solventes entre grupos de niños llamados "de la calle", como una técnica empleada por los menores para enfrentar la victimización policiaca, olvidarse del hambre y vencer el aburrimiento suscitado por la pobreza.

A pesar de los anteriores esfuerzos encomiables, es impostergable que en México aumenten las investigaciones encaminadas a analizar la información sobre cómo son afectadas en su ámbito psicológico las personas involucradas en un hecho antisocial, ya que hoy día es muy escasa, por no decir inexistente. Por esta situación, es necesario trascender el plano netamente denunciante en el que ha actuado el discurso político y estudiar a los sujetos que han sido víctimas o que han transgredido una ley social, para lo cual debemos utilizar elementos teóricos y recursos metodológicos desarrollados en los círculos científicos mundiales.

El menor involucrado en conductas antisociales

Es evidente que verse implicado en un hecho antisocial es una experiencia en la vida de cualquier persona que deja una honda huella que permanece latente a lo largo de toda su existencia, ya que al ocurrir el hecho antisocial suceden paralelamente una gran cantidad de eventos que influyen en la estructura de intercambios que el individuo mantiene con su ambiente físico, social y psicológico; como consecuencia, suceden múltiples desajustes en la conducta externa y cognoscitiva del individuo.

Existen estudios que muestran que la sola presencia en una sala de espera de un ministerio público produce reacciones emocionales que van desde manifestar ansiedad y miedo, hasta producir efectos traumatizantes que afectan significativamente el mundo del individuo. Algunos estudios han demostrado que muchos testigos adultos consideran que la asistencia a un ministerio público es desalentadora y una experiencia poco familiar, debido a que es frecuente esperar varias horas antes de ser llamados a aportar evidencias sobre el acto antisocial; además, el hecho de que los ministerios públicos estén diseñados arquitectónicamente para intimidar y destacar la majestuosidad de la ley acentúa todavía más la disposición de las personas a sentirse nerviosas y ansiosas por la sencilla razón de estar en ese ambiente físico (Flin, 1993).

El menor y el sistema de justicia

Si todos los anteriores desequilibrios suceden en los adultos, con mayor razón ocurren en los menores,[3] debido a que éstos están en plena etapa formativa de su personalidad. Las investigaciones de los profesionales que trabajan con testigos oculares infantiles confirman que las cortes judiciales son por sí mismas fuentes de estrés para el niño, debido principalmente a las dimensiones espaciales en las que el niño da su testimonio, el lugar elevado destinado al juez, el aislamiento del lugar que ocupa como testigo, y, como en el caso de Inglaterra, por el uso de pelucas y togas (Flin, 1991).

A pesar de lo interesante de esta área del conocimiento, en la actualidad existen pocas investigaciones que estudien el efecto que tiene en el ámbito social, psicológico y familiar del menor el que éste se vea implicado en un hecho antisocial. Es posible que esta falta de información se deba a que recientemente los profesionales de las ciencias sociales y de la salud se hayan percatado de que en una gran proporción de hechos antisociales existe la participación de un menor en la díada víctima-infractor, por ejemplo: en un estudio realizado en la ciudad de Aguascalientes de un total de 4 550 denuncias, a las cuales hubo acceso durante el periodo de 1980 a 1990, en 16.4% de ellas la víctima había sido una persona menor de 18 años (Silva, Lozano y Meza, 1999). En cuanto al número de menores infractores durante 1990 a 1993, Delgado y Rodríguez (1994) informaron que en la misma ciudad 1 832 sujetos ingresaron al Consejo Tutelar del Estado. Otro factor que ha influido en tener un escaso conocimiento sobre los menores implicados en un hecho antisocial está relacionado íntimamente con el sistema de justicia, dado que éste pone un sinnúmero de obstáculos para realizar una investigación, debido a la poca sensibilidad que existe en los encargados de impartir justicia para crear grupos multidisciplinarios dedicados al estudio de dicho fenómeno social. Un estudio pionero en el campo de los testigos infantiles fue el de Gibben y Price realizado en 1963, quienes compararon una muestra de niños que estuvieron involucrados en una procedimiento legal con otra muestra de niños que nunca habían estado en contacto con ningún sistema legal de justicia (Goodman, Taub, Jones, England, Port, Rudy y Prado, 1992). Dichos investigadores encontraron que 56% del grupo de niños que no había estado en ninguna agencia de justicia

---

[3] Optamos por utilizar el término *menor* en lugar de *niños*, debido a que la población de sujetos con los que llevaremos esta investigación incluyen a los individuos que de acuerdo con el derecho penal mexicano son inimputables por no cumplir la mayoría de edad, que para el Distrito Federal y el Estado de México es de 18 años cumplidos.

no mostraron ningún trastorno emocional, mientras que un porcentaje muy superior de niños que estuvieron involucrados en un ministerio público o corte judicial presentaron un mayor grado de trastornos.

Veintiún años después del trabajo de Gibben y Price, apareció un artículo publicado en 1988 en el cual Runyan, Everson, Edelsohn, Hunter y Coulter (1988) evaluaban las reacciones de ansiedad de los niños por medio de una entrevista psiquiátrica, encontrando que los niños que declararon ante una corte judicial mostraron puntuaciones de ansiedad significativamente mayores comparados con los niños que no prestaron declaración. A partir del análisis longitudinal de esta información, los autores concluyen que el tiempo de espera para que inicie el juicio o procedimiento penal tiene un efecto negativo en los niños, ya que cuanto mayor sea el tiempo de espera mayores serán las puntuaciones de ansiedad y depresión, mientras que presentarse a declarar tiene efectos benéficos, debido a que, una vez ocurrida la declaración, las puntuaciones tienden a disminuir.

Ámbitos del menor afectados por actos antisociales

Si el ambiente que rodea a la impartición de justicia produce reacciones emocionales en los menores, como lo demuestran los estudios anteriores, con mayor razón lo hará desempeñar un papel protagónico en eventos antisociales, bien se represente el rol de la víctima o del transgresor de la ley. De esta manera, cabe esperar que se produzca un desajuste en el ámbito social, psicológico y familiar en los menores protagonistas de un evento antisocial y que este desajuste sea manifestado por cambios tanto en la actividad motora como en la cognoscitiva del sujeto. La primera reflejará las alteraciones en la forma de comportarse en el mundo material, que tienen que ver con el espacio, el tiempo y la forma particular que adquiera la conducta como consecuencia del involucramiento en el hecho antisocial. Los cambios en la actividad cognoscitiva tendrán efectos sobre una gran variedad de procesos, entre los que cabe destacar los siguientes:

a. *Las atribuciones y las creencias,* esto es, la forma como los menores seleccionan, discriminan, valoran, califican y explican el mundo físico y su entorno social.

b. *La imaginación,* que corresponde a la manera como los menores se representan su mundo exterior e interior.

c. *Las estrategias y las autoinstrucciones.* Las primeras abarcan la logística de pensamiento que el menor utiliza en la solución de sus pro-

blemas cotidianos, y las segundas incluyen las indicaciones que el
menor se suministra a sí mismo para regular su comportamiento.

d. *Las expectativas,* esto es, el modo como los menores se preparan
para recibir determinado evento, ya sea interno o proveniente del
ámbito social.

A partir de lo anterior, se pone de manifiesto claramente la bondad de estudiar la forma como es alterada tanto la dimensión motora como cognoscitiva en los ámbitos social, psicológico y familiar del menor implicado en un
hecho antisocial. Por lo común, los cambios en la dimensión motora de la
conducta de los menores han sido evaluados mediante la observación directa; sin embargo, recientemente hemos optado por observar los productos
permanentes que deje la conducta en el medio donde el individuo se desarrolla, así como hemos usado el autorreporte proporcionado por el sujeto
y por sus tutores, obtenido ya sea al revisar la averiguación previa o por
medio de una entrevista realizada de manera directa. En lo que respecta a
la dimensión cognoscitiva, generalmente, al realizar la evaluación utilizamos
instrumentos de autoinforme, ya que con ellos podemos identificar los elementos relevantes a los que atiende el menor y a los que confiere un significado, posibilitando con esto tener acceso a la experiencia subjetiva.

En su sentido ontológico, el ser humano expresa su propia existencia
en tres dimensiones, ya que ante un multifacético mundo terrenal, únicamente puede pensar, actuar y regular su equipo biológico, lo cual lo dirige a
regular las funciones biológicas de su cuerpo, llevar a cabo un acto externo,
o a realizar una serie de actividades internas analíticas o de retrospección y
proyección de historias y proyectos de vida. La dimensión fisiológica en que
está manifestada la conducta antisocial ha sido poco estudiada, no porque
pensemos que carezca de importancia para comprender mejor dicha conducta, sino porque hasta el momento no han sido construidos ni adaptados
instrumentos que sean técnicamente confiables.

Para tener una idea de la importancia de la modalidad fisiológica, baste
recordar que en el derecho penal mexicano existen diversas condiciones
fisiológicas que tomamos en cuenta para declarar a una persona sujeta a
proceso penal como inimputable (Vela, 1973). Pero la dimensión fisiológica de la conducta es importante no sólo en el marco jurídico, sino también
en la detección de engaños en los interrogatorios tanto de víctimas como
de acusados; en esta situación, las respuestas fisiológicas a preguntas son
utilizadas con objeto de hacer inferencias sobre la participación o conocimiento de una persona en un crimen (Raskin, 1994). No obstante, diversos
autores coinciden en que la sola información fisiológica, aislada de los com-

ponentes conductuales y cognoscitivos, no permite llegar a conclusiones pertinentes acerca de los estados emocionales del ser humano (Schmidt, 1985).

Ámbito social

El estudio del ámbito social empírico de la antisocialidad ha estado enfocado primordialmente en la búsqueda de variables atributivas entre las clases sociales que den cuenta del fenómeno, con la esperanza de encontrar evidencias que fortalezcan la creencia de que la antisocialidad es patrimonio de una clase social particular. Esta idea ha sido inspirada posiblemente por los estudios en los cuales hemos encontrado que ciertas variables biológicas atributivas tienen un efecto muy marcado en el índice de ocurrencia de conductas antisociales, como sucede con la edad cronológica y el sexo del delincuente; estas dos variables tienen un poder de discriminación muy grande, debido a que la razón máxima entre la tasa de crímenes y la edad ocurre en el periodo comprendido entre los 17 y los 20 años, periodo en el que inciden más de 60% de arrestos. En lo que respecta a la tasa de arresto entre sexos, la tasa de hombres es seis veces mayor comparada con la de mujeres (Feldman, 1993).

Sin embargo, en cuanto a la relación entre clase social y conductas antisociales, los resultados no apoyan dicha creencia. Esto ha propiciado que en los países anglosajones desde principios de la década de 1980 principalmente a raíz de la aparición del artículo de Braithwaite, se haya desmitificado la relación entre clase social y conductas antisociales,[4] por ello, hablar actualmente de que el conjunto de desventajas sociales —como la privación económica, la marginación, etcétera— son condiciones criminógenas está desterrado en el discurso científico, aunque en el político sea terreno fértil para cosechar alianzas (Braithwaite, 1981).

Una de las razones para desechar la asociación espuria entre la clase social y la conducta antisocial es que en los hogares de clases sociales alta y media, los padres y los amigos de la familia desean más —y a menudo lo logran— que el mal comportamiento de sus hijos no llegue a ser objeto de investigación y de acción oficial (Feldman, 1989). Cuántas anécdotas hay de la extorsión que sufren los padres por algunos miembros de las corporaciones policiacas para que su hijo no sea remitido al Consejo Tutelar por

---

[4] Por tal razón decíamos en los párrafos iniciales de este capítulo que es realmente asombroso que en México sólo hasta después de 15 años, a partir de la aparición del artículo de Braithwaite, esté en duda en los círculos científicos nacionales la relación entre clase social y delincuencia.

haber cometido un hecho antisocial. Aunado a esto, las agencias oficiales, una vez que han evaluado todos los hechos, son más renuentes a enviar a un menor de clase alta o media a los centros de internamiento, debido a que consideran que es más conveniente dar la tutela a los padres o tutores que al Estado; por el contrario, cuando un menor de clase baja o un menor cuyo hogar es la calle es detenido, las agencias son más propensas a fallar a favor de que el Estado tome la custodia de dicho niño.

Otra tendencia muy socorrida en el ámbito social para explicar las conductas antisociales es recurrir a indicadores económicos, uno de los principales es el desempleo; sin embargo, debido a la aparición de efectos de confusión, es muy difícil identificar qué tanto influye este indicador económico en la tasa de antisocialidad de determinada sociedad, porque el nivel de desempleo entre los delincuentes depende en gran medida del nivel general de desempleo.

Desde esta aproximación, es común comparar la tasa de criminalidad con el nivel de desempleo y relacionarla con algunos indicadores de mercado en función del tiempo, utilizando para ello un análisis de series de tiempo; sin embargo, como sabemos, muchas variables económicas tienden a actuar de modo conjunto, en un concierto de interacciones que dan como resultado la aparición del efecto de multicolinearidad, el cual debilita la posibilidad de utilizar adecuadamente cualquier modelo cuantitativo para explicar la relación observada entre el desempleo y la tasa de criminalidad, como relata Feldman que les sucedió a Carr-Hill y Stern en 1983 cuando concluyeron una vez que obtuvieron datos de Inglaterra y de Gales durante un periodo comprendido de 1970 a 1981, que no existió una relación significativa entre el incremento del registro de crímenes y el aumento en el desempleo (Feldman, 1993).

Como inferimos de las ideas anteriores, en el ámbito social del estudio de las conductas antisociales, la tendencia hegemónica ha estado matizada por tener como objetivo influencias externas al individuo —aunque no necesariamente ajenas a él— que afectan a un gran número de personas de una sociedad. El interés se ha centrado en un espectro muy amplio de influencias económicas, culturales y de dinámica grupal, etcétera, haciendo a un lado el análisis de grano fino que implica indagar la forma como las experiencias conductuales sociales del individuo se relacionan con la antisocialidad, experiencias que incluyen tanto la construcción de conocimiento por medio del aprendizaje en situaciones de interacción con sus semejantes, como las consecuencias cognoscitivas resultantes de haber estado involucrado en un hecho antisocial.

Un ejemplo de cómo hacer un análisis de grano fino del ámbito social es el estudio de Tolan, quien evaluó la forma como cuatro tipos de estrés social se relacionan con los niveles de conducta delictiva. La investigación fue diseñada para determinar el grado en que los efectos individuales y acumulativos de los cuatro tipos de variables sociales pueden servir como predictores de la antisocialidad. Los resultados encontrados indicaron que las cuatro variables sociales, entre ellas la cohesión familiar deseada, rencillas cotidianas, eventos trascendentales de la vida y cambios en el desarrollo, correlacionaron significativamente con la conducta antisocial; sin embargo, no hubo correlación significativa con el nivel socioeconómico ni con el género de los sujetos (Tolan, 1988).

Lo anterior fortalece la idea de que es conveniente dar un giro a la dirección de la investigación sobre cómo el ámbito social en que actúa el menor es afectado cuando participa en un hecho antisocial y empecemos a desarrollar conocimiento sobre la manera como los contactos sociales del individuo con su ambiente y sus semejantes están relacionados con la aparición de conductas antisociales. Llevar a cabo la anterior acción implica hacer a un lado el ámbito general de explicación de lo social, por remitir a este último concepto la forma de interactuar el individuo con sus semejantes, así como el modo como cubre o se ajusta a las expectativas que el grupo social tiene de él.

Ámbito psicológico

Es innegable que cuando una persona participa en un hecho antisocial, el ámbito psicológico de su ser sufre una alteración que puede ser desde ligera y momentánea hasta grave y permanente, como sucede en los estados psicóticos profundos. En un estudio realizado en 1988, uno de los objetivos fue encontrar evidencia que apoyara una de dos hipótesis sobre el desarrollo de desórdenes de estrés postraumático. La hipótesis diseñada por Figley establece que los desórdenes de estrés postraumático son causados por la exposición a un trauma y que permanecen por muchos años, aunque las personas hayan tenido un ajuste psicológico y social bueno antes de la ocurrencia del evento traumático. El otro modelo considerado para la comparación fue el ideado por Worthington, conocido como modelo de evaporación, debido a que sostiene que los síntomas de desórdenes de estrés suelen tener una vida corta y los desajustes a largo plazo después del trauma son el resultado de una personalidad pretraumática débil. La muestra de sujetos en quienes llevamos a cabo esta investigación estuvo constituida por adolescentes con problemas legales con la justicia, por jóvenes bebedores y por empleados. Aunque los resultados de este estudio se inclinaron más por el modelo de estrés residual, los datos no fueron concluyentes; sin embargo, es claro que una situación traumática o estresante fuera de lo común tiende a producir un desajuste de la personalidad en los individuos que la padecen (Watson, Kucala, Manifold, Juba y Vassar, 1988).

Del mismo modo que los desajustes en el ámbito psicológico de los menores implicados en actos antisociales, puede provocar que su efecto residual permanezca durante largo tiempo o llegue a desvanecerse, igualmente, conforme al interaccionismo simbólico, la imagen que el menor tenga de sí mismo y la que considere que tienen los demás de él podrá influir en la manifestación de determinada clase de trastornos psicológicos, como pensamientos esquizoides, conductas obsesivo-compulsivas, niveles de depresión y agresividad, etcétera.

Un elemento importante desde el punto de vista psicológico para entender la conducta antisocial es tomar en cuenta lo que afirma el interaccionismo simbólico, en el sentido de que lo que rige el comportamiento en sociedad no es la norma social, sino la interpretación que el individuo realiza de determinadas situaciones y actuaciones del otro (Larrauri, 1992). De acuerdo con esto, el sujeto percibe el comportamiento del otro como una acción plena de significado expresando algún objetivo o sentimiento integrado en un rol, y como resultado de esa percepción de lo que el otro pretende, el individuo planifica su curso de acción, para lo cual hace un consenso cognoscitivo que funge como motor para comprender la interacción social del propio individuo con su entorno.

Ámbito familiar

Existe una gran variedad de formas que los investigadores han desarrollado para interpretar las conductas antisociales; sin embargo, podemos agrupar muchas de ellas en dos clases: la primera comprende las fallas de adquisición de actitudes y conductas opuestas a las acciones antisociales y la segunda incluye todos los esfuerzos encaminados a explicar la manera de adquirir actitudes y conductas antisociales (Feldman, 1989). Este planteamiento está sustentado en la idea de que existe un proceso de aprendizaje tanto para realizar conductas antisociales como para no llevarlas a cabo. En tal situación de aprendizaje es obvia la influencia tan marcada que tiene el ambiente familiar en que actúa el menor para que en su desarrollo no esté involucrado en hechos antisociales.

Al igual que en los demás ámbitos tratados en esta investigación, el estudio de la familia en relación con la antisocialidad ha sido analizado en su papel que desempeña como mediadora de la cultura y la sociedad, donde partimos de que los menores aprenden normas, habilidades y motivaciones que de algún modo conforman patrones culturales, sociales o de clase en que se desarrollan. Desde esta perspectiva, las influencias familiares son vistas a partir de un marco normativo global y totalizador en el que los desequilibrios son interpretados más con base en influencias externas macros, como inestabilidad política, epidemias, índices de divorcio, depresiones económicas, fallecimientos, tasas de natalidad, planificación familiar, etcétera.

Sin dejar de considerar que la anterior perspectiva de estudiar la familia en relación con la antisocialidad es un campo de suma importancia y de creciente actualidad, para comprender de qué forma el ámbito familiar es alterado por el involucramiento de uno de sus miembros menores en un acto ilegal, también es impostergable estudiar a la familia como una unidad en la que confluyen una serie de estilos interactivos que tienen que ver con procesos de desarrollo y de aprendizaje. Esta perspectiva permitirá responder a la pregunta: ¿qué formas de influencia promueven o impiden la aparición de conductas antisociales?

La manera de tratar las diferentes interrogantes que surgen al considerar la forma como influye el ámbito familiar en la presentación de conductas antisociales consiste en tener en cuenta a la familia entera en función del nivel de desarrollo del menor, debido a que es indiscutible que el menor está expuesto en el seno familiar a una serie de estilos interactivos conflictivos, así como a valores morales de creciente variedad y complejidad. La influencia del grupo familiar sobre el menor también está reflejada en la manera como éste participa en la estructura y en el modo de permitirle interactuar en los distintos contextos o círculos sociales en los que se desenvuelve la familia.

De acuerdo con lo anterior, el estudio del ámbito familiar en referencia a las conductas antisociales debe centrarse en evaluar y describir las relaciones interpersonales, reflejadas en los estilos interactivos que ocurren entre los miembros de la familia, así como en identificar cuáles aspectos del desarrollo tienen mayor importancia y cómo se amalgaman para generar la estructura básica de la familia. Para Hoffman y Saltzstein, según menciona Feldman, es común que en la familia los padres recurran a tres formas o estilos de interacción, no mutuamente excluyentes, para crear los cimientos en los cuales se construirá la estructura de la familia (Feldman, 1993). El primer estilo corresponde a una afirmación del poder, mediante el uso del castigo físico, además de la privación de objetos materiales o privilegios, o la amenaza de castigo. El segundo estilo comprende las prácticas relacionadas con el retiro del amor, en las que los padres retiran más o menos abiertamente el afecto, ya sea ignorando al menor o amenazándolo con retirarle el amor. Finalmente, el tercer estilo incluye las acciones de los padres encaminadas a inducir respuestas empáticas y de simpatía en cuanto a las consecuencias de la acción del menor para el padre –una especie de proceso de retroalimentación que informa al menor sobre los estados cognoscitivos de sus padres–. Estos estilos de interacción tienen propósitos diferentes, ya que el primero está encaminado a desarrollar una orientación externa basada en el temor a la detección y al castigo externo, mientras que los otros dos están asociados al establecimiento de un control interno caracterizado por la culpa y la independencia de las sanciones externas.

Una revisión muy completa de la bibliografía en la que hemos abordado el tema de cómo los estilos de interacción familiar influyen en la manifestación de desórdenes conductuales reveló que la existencia de estilos interactivos irascibles en los padres propicia que aparezcan desórdenes conductuales en sus miembros principalmente en los menores y un mejoramiento en los estilos interactivos produce, por tanto, la reducción de los problemas de conducta en los niños (Lytton, 1990). Asimismo, generalmente la conducta de los padres es una reacción a la conducta de los menores, que, expresada desde el punto de vista del modelo de control del sistema, significaría que el menor que excede el límite superior esperado evoca por parte de los padres reacciones fuertes y dictatoriales, o conductas que están por encima de lo socialmente permitido. Por último, también se encontró que determinados estilos de interacción en la familia son manifestaciones de factores genéticos subyacentes que predisponen tanto a los padres como al menor a manifestar conductas socialmente desadaptadas.

En esa misma dirección de los estilos interactivos Henggeler, Edwards y Borduin (1987) realizaron una investigación alrededor de la idea de que los estilos en las familias de mujeres delincuentes son más disfuncionales que los encontrados en familias de delincuentes hombres. Los hallazgos apoyaron esta suposición en una muestra de adolescentes cuyas edades fluctuaban entre 14 y 17 años, pues observamos que en la díada madre-adolescente y padres en general existía una tasa de conflictos mayor en familias de mujeres delincuentes que en familias de hombres delincuentes; encontramos que, además, los padres de las mujeres delincuentes eran más neuróticos que los padres de los hombres delincuentes. Pero los estilos interactivos en la familia no solamente tienen efecto directo sobre la conducta de los menores, sino también están implicados en hechos antisociales, ya que en un estudio en el que fue evaluado el grado de aceptación de los padres por parte de los menores, percibimos que éste es afectado grandemente por la condición jurídica que vive el menor, pues mujeres adolescentes encarceladas cuya edad promedio fue de 16. 4 años manifestaron tener una imagen mucho más negativa de sus padres que las que tienen las adolescentes no encarceladas (Kroupa, 1988).

Bibliografía

Abrams, A., A. Simpson y M. A. Hogg. (1987), ("Different Views: The impact of Sex, Area of the Residence and Victimization on Teenagers. Explanations for Delinquency", *Journal of Youth Adolescence* 16(4)-401.

Agnes, R. A. (1985), "Revised Strain Theory of Delinquency", *Social Forces* 54(1), 59-167.

Azaola, E. (11 de septiembre de 1995), "Coloquio trinacional de las luchas indígenas contemporáneas en América del Norte", *Gaceta UNAM* 2,951.

Blackburn, R. (1975), "Aggression and the EEG: A Aquantitative Analysis", *Journal Abnormal Psychology* 84, 358-365.

— (1983), *Psychopathy, Delinquency and Crime. Physiological Correlates of Human Behavior*, Londres: Academic Press.

Braithwaite J. (1981), "The Myth of Social Class CriminalityRreconsidered", *American Sociological Review* 46, 36-57.

Bynner, J. M. y D. M. Romney. (1985), "Lisrel for Begginners", *Canadian Psychology/Psychologie Canadienne* 26(1), 34-67.

Castro, S. E., Z. G. García, E. Rojas y J. Serna. (1988), "La conducta antisocial y uso de drogas en una muestra nacional de estudiantes mexicanos", *Salud Pública de México* 30(1), 216-226.

Davison II, W. S., R. Redner, C. H. Blakely, Ch. M. Mitchell y J. G. Emshoff. (1987), "Diversion of Juvenile Offenders: An Experimental Comparison", *Journal of Consulting and Clinical Psychology* 55(1), 68-75.

Delgado, R. E. V. y G. G. L Rodríguez. (1994), *La carrera del delincuente*, Universidad Autónoma de Aguascalientes.

Ellis, L. (1987), "Neurohormonal Bases of Varying Tendencies to Learn Delinquent and Criminal Behavior", en Morris, E.K. y C. J. Braukman, (comps.), *Behavioral Approaches to Crime and Delinquency*, pp. 499-518, New York: Plenum Press.

Feldman, M. P. (1993), *The Psychology of Crime*, Nueva York: Cambridge University Press.

— (1989), Comportamiento criminal: un análisis psicológico, México: Fondo de Cultura Económica.

Flin, R. H. (1991), "Implications of Law for the Child", en Murray, K. y D. Gough, (comps.) *Intervening in child sexual abuse*, Edimburgo, Escocia: Academic Press.

— (1993), "Hearing and Testing Children's Evidence", en Goodman, S. G. y B. L. Bottoms, (comps.) *Child Victims, Child Witnesses. Understanding and Improving Testimony*, Nueva York: The Guilford Press.

Gallini, J. K. y G. Powell. (1984), "Compliance Theory Revisited", *Journal of Research and Development in Education* 17(3), 59-65.

Galván, J., M. E. Medina-Mora, J. Villatoro, E. Rojas, S. Berenzon, F. Juárez, S. Carreño y E. K. López. (1994), "Conducta antisocial asociada al uso de cocaína en estudiantes de enseñanza media y media superior del Distrito Federal", *Anales del Instituto Mexicano de Psiquiatría* 65-72.

Goodman, G. S., E. P. Taub, D. P. H. Jones, P. England, L. K. Port, L. Rudy y L. Prado. (1992), "Testifying in Criminal Court: Emotional Effects on Child Sexual Assault Victims", *Monographics of the Society for Research in Child Development*.

Gutiérrez, R. y L. Vega. (1995), "Las interpretaciones, las prácticas y las reacciones sociales del uso de solventes inhalables entre los llamados 'niños de la calle'", *Anales del Instituto Mexicano de Psiquiatría* 140-145.

Hagan, J., J. Simpson y A. R. Gillis. (1987), "Class in the Household: A Power-Control Theory of Gender and Delinquency", *American Journal of Sociology* 92(4), 788-817.

Heitgerd, J. L. y R. J. Bursik. (1987), "Extracommunity Dynamics and the Ecology of Delinquency", *American Journal of Sociology* 92(4), 775-787.

Henggeler, S. W., J. Edwards y C. M. Borduin. (1987), "The Family Relations of Female Juvenile Delinquents", *Journal of Abnormal Child Psychology* 15(2), 199-209.

Hernández, B. H. H. (1989), *Las muertes violentas en México*, México: UNAM: Centro Regional de Investigaciones Multidisciplinarias.

Hirschi, T. (1969), *Causes of Delinquency*. Berkeley, California: University California Press.

Jaffe, P., A. W. Leschied, L. Sas y G. Austin. (1985), "A Model for the Prevision of Clinical Assessments and Service Brokerage for Young Offenders: The London Family Court Clinic", *Canadian Psychology/Psychologie Canadienne* 26(1), 54-61.

Kroupa, S. E. (1988), "Perceived Parental Acceptance and Female Juvenile Delinquency", *Adolescence* 23(89), 171-185.

Larrauri, E. (1992), *La herencia de la criminología crítica*, 2a ed., México: Siglo XXI.

Lester, D. (1990), "The Relevance of Ellis's Neurohormonal Theory of Crime and Delinquency to Suicide", *Personality and Individual diferences* 11(12), 1 201-1 206.

Leung, K. y F. (1986), Drasgow "Relation between Self-Esteem and Delinquent Behavior in Three Ethnic Groups. An Application of Item Response Theory", *Journal of Cross-Cultural Psychology* 17(2), 151-167.

Lytton, H. (1990), "Child and Parent Effects in Boys' Conduct Disorder: A Reinterpretation", *Development Psychology* 26(5), 683-697.

Mak, A. S. (1990), "Testing a Psychosocial Control Theory of Delinquency", *Criminal Justice and Behavior* 17(2), 215-230.

Matsueda, R. L. (1992), "Reflected Appraisals, Parental Labeling, and Delincuency: Specifying a Symbolic Interactionist Theory", *American Journal of Sociology* 97(6), 1 577-1 611.

Menard, S. y B. J. A. Morse. (1984), "Structuralist Critique of the IQ-Delinquency Hypotesis: Theory and Evidence", *American Journal of Sociology* 89(6), 1 346-1 379.

Ramos-Lira, L. (1992), "Percepciones sobre violencia y criminalidad en dos comunidades de la ciudad de México", *Revista Mexicana de Psicología* 12(1), 59-66.

Raskin, D. C. (1994), "Técnicas poligráficas para la detección del engaño", en Raskin, D. C., (comp.) *Métodos psicológicos en la investigación y pruebas criminales*, pp. 213-251, Bilbao, España: Editorial Descleé de Brouwer.

Runyan, D. K., M. D. Everson, G. A. Edelsohn, W. M. Hunter y M. L. Coulter. (1988), "Impact of Legal Intervention on Sexually Abused Children", *Journal of Pediatrics* 113, 647-653.

Schmidt, W. (1985), *La psicología de las emociones*, México: Diana.

Silva, R. A., A. N. Lozano y C. Meza. (1999), "Los niveles de la antisocialidad en la ciudad de Aguascalientes. Un reporte preliminar", *Investigación y Ciencia* 1-15.

Tolan, P. H. (1987), "Implications of Age of Onset for Delinquency Risk", *Journal of Abnormal Child Psychology* 15(1), 47-65.

— (1988), "Socioeconomic, Family, and Social Stress Correlates of Adolescent Antisocial and Delinquent Behavior", *Journal of Abnormal Child Psychology* 16(3), 317-331.

Vela, T. S. (1973), *La culpabilidad e inculpabilidad: teoría del delito*, México: Trillas.

Watson, Ch., T. Kucala, Y. Manifold, M. Juba y P. Vassar. (1988), "The Relationships of Post-Traumatic Stress Disorder to Adolescent Illegal Activities, Drinking and Employment", *Journal of Clinical Psychology* 49(4), 592-598.

Weiner, I. B. y D. Elkind. (1976), *Desarrollo normal y anormal del adolescente*. Buenos Aires: Paidós.

Zieman, G. L. y G. P. Benson. (1983), "Delinquency: The Role of Self-Esteem and Social Values", *Journal of Youth and Adolescence* 12(6), 489-501.

6

Ciencia y criminología

Arturo Silva Rodríguez y
Laura Edna Aragón Borja
Campus Iztacala, UNAM

La capacidad de producir conocimiento científico es un elemento, entre otros, que distingue al hombre de los demás seres del Philum chordata, raíz filogenética a la cual pertenece el Homo sapiens. Esta facultad ha sido el medio por el cual la civilización humana se ha transformado rápida y totalmente. A lo largo de la historia, la difusión de las ideas científicas se ha convertido en el recurso obligado para establecer, remodelar o revolucionar todas las normas del pensamiento humano. En este sentido, la ciencia, como producto del ejercicio de la capacidad de creación de conocimiento científico, ha ocasionado que el edificio en el cual está refugiada la existencia terrenal haya cambiado enormemente en el curso de la historia de la humanidad y siga alterándose cada vez más día con día. En la actualidad, no sólo sigue desarrollándose la ciencia, sino también —a diferencia del pasado, cuando su paso era tranquilo y en cierta medida imperceptible— su dinámica ha sufrido un impulso acelerado, puesto que cada vez más frecuentemente la ciencia da saltos gigantescos que todos podemos percibir (Bernal, 1981). Por ejemplo, nadie imaginaría que, a menos de tres décadas de haberse construido los primeros cohetes teledirigidos, el hombre lograría estampar su huella en la faz de la Luna; hasta antes de este suceso, tal hazaña sólo existía en los relatos de ciencia-ficción. En síntesis, es innegable el papel que ha tenido la ciencia en el desarrollo de la humanidad; ha sido tal su influencia que muy probablemente el mundo no sería como lo conocemos hoy día sin ella.

A pesar de los avances que ha logrado la humanidad con el cultivo de las ciencias, no debemos olvidar que si bien la ciencia es un medio poderoso para generar conocimiento, no ha sido el único camino que el hombre ha seguido para construir el conocimiento que tiene del universo; los otros derroteros han abarcado desde la intuición, la sugestión, la aceptación de la autoridad y hasta la experiencia mística. Todos estos medios epistemológicos a los que el hombre ha recurrido para generar conocimiento pueden ser más o menos convincentes que otros, lo cual depende de la cultura y del sistema básico de creencias de una persona; sin embargo, la ciencia se distingue de otras disciplinas no por tener el monopolio de la verdad, sino por poseer los medios para someter la verdad a prueba y reforzarla (Bunge, 1989). Esta última característica ha hecho que en la mayoría del mundo occidental la ciencia sea considerada el medio epistemológico que proporciona el conocimiento más convincente sobre el universo (Scott y Wertheimer, 1981).

Al margen de lo convincente de la información que proporciona la ciencia y como resultado de ser un proceso de abstracción exclusivamente humano, ésta ha sido considerada en una gran variedad de formas: como conocimiento racional, sistemático, exacto, verificable y falible (Bunge, 1975); como la búsqueda de regularidades en la naturaleza e identificación de los aspectos dinámicos reproducibles de los fenómenos naturales (Rosenblueth, 1981); como realizaciones que alguna comunidad científica particular reconoce, durante cierto tiempo, como fundamento para su práctica posterior (Kuhn, 1992); como el conocimiento que busca leyes generales a partir de ciertos hechos particulares (Russell, 1982); como un sistema de conceptos acerca de los fenómenos y leyes del mundo externo o de la actividad espiritual de los individuos (Kédrov y Spirkin, 1968); etcétera.

De acuerdo con lo anterior, en este capítulo analizaremos la trascendencia de los paradigmas científicos en la generación de conocimiento científico en la criminología, en primer término describiremos el origen del quehacer científico, para después examinar la controversia que generada en términos de las diferentes visiones, de cuál debería ser la orientación directriz que debe adoptar la ciencia. Posteriormente, explicaremos los tipos de objetos que son de interés de las ciencias formales y factuales, continuando con la exposición de cuál ha sido el camino actual seguido por la criminología, analizando principalmente el papel que ha desempeñado en la construcción de conocimiento científico; luego expondremos una secuencia paradigmática que utiliza como primer eslabón en la cadena de desarrollo de la ciencia la búsqueda y construcción de teorías, en seguida haremos la comprobación y contraste de las teorías, y, por último, describiremos la solución de problemas de relevancia social.

En los orígenes del quehacer científico

Las distintas concepciones mencionadas y otras que no tratamos con la intención de ahorrar espacio son un reflejo del amplio espectro en el que ha actuado el concepto de ciencia. Las anteriores nociones de lo que es la ciencia ponen de manifiesto en mayor o menor medida la forma como el entorno social influye en los aspectos centrales incluidos en tales definiciones. Sin embargo, como lo decía Einstein, no solamente el entorno social inmediato contribuye a delimitar lo que es la ciencia, sino también las diferentes etapas históricas por las que ha atravesado la humanidad, así como las situaciones particulares en que se encuentran las personas que acometen tal empresa. Por ende, el propósito y significación de la ciencia tendrá respuestas diferentes en diversas épocas y por parte de personas colocadas en distintas situaciones.

En el inicio de los tiempos y todavía hasta el siglo XVII, los hombres que construían el conocimiento del universo no eran considerados cultivadores de un área del saber relacionada con la naturaleza, o exponentes de un área vinculada con la actividad humana, pues a pesar de la variedad de los campos de conocimiento que ya existían, la ciencia poseía una unidad fundamental apoyada en una base triple: las personas, las ideas y las aplicaciones (Bernal, 1981). El científico era capaz de abarcar una gran variedad de campos del conocimiento y de producir obras originales en cada uno de ellos; por ejemplo, el trabajo de Newton no sólo se desarrolló en el área de las matemáticas, la astronomía, la óptica y la mecánica, sino también se ocupó durante varios años de estudiar la química. Como resultado de esta universalidad del conocimiento, los científicos del siglo XVII lograron establecer una concepción más completa del dominio de la ciencia que en la actualidad se ha perdido casi por completo. Fue hasta el siglo XVIII cuando los científicos comenzaron a considerarse partidarios de uno de dos ámbitos del conocimiento: uno interesado en los fenómenos de la naturaleza y otro abocado al estudio de los asuntos humanos.

Esa distinción fue desfavorable para aquellos dedicados a estudiar los asuntos humanos, pues al momento en que el trabajo experimental y empírico pasó a ser más importante en la visión de la ciencia, especialmente a partir de lo dado en llamar *revolución copernicana,* los científicos que no cultivaban ese tipo de conocimiento fueron acusados de hacer afirmaciones a priori de verdades imposibles de poner a prueba. Eso fue sólo el inicio de una disputa en la que las ciencias sociales y de la conducta han resultado, en parte, las más perjudicadas no sólo por la distinción entre el conocimiento de la naturaleza y de los asuntos humanos, sino también porque en el seno de la comunidad científica, especialmente en aquel dedicado al estudio de la naturaleza, la distinción de las áreas de conocimiento ha dejado de ser una delimitación entre pares, para convertirse en una clasificación jerárquica cuya cima es ocupada por los conocimientos derivados del estudio de la naturaleza. Esta situación originó que la ciencia natural haya adquirido una legitimidad tanto social como intelectual totalmente desligada, e incluso en una gran cantidad de casos en franca contraposición, a cualquier tipo de conocimiento derivado del estudio de los asuntos humanos. En ocasiones la distinción en la jerarquía ha sido tan vasta que hemos llegado a declarar que a las ciencias sociales y de la conducta se les aplica el término *ciencia* sólo por cortesía, debido a que imperceptiblemente se encaminan hacia las formas no científicas como la religión, la literatura y las artes, esto es, hacia las actividades humanas vinculadas con la comunicación de ideas, imágenes y sentimientos (Bernal, 1995). Lo que debe destacarse aún más es la opinión que han compartido investigadores destacados y dedicados a las ciencias sociales y de la conducta como Lévi-Strauss, cuando señala que, no obstante haber consagrado la vida entera a la práctica de las ciencias sociales, no le molesta en lo absoluto —en lo más mínimo— reconocer que entre éstas y las ciencias exactas y naturales sería imposible fingir una verdadera paridad, debido a que unas son ciencias y otras no y que, si a pesar de todo, empleamos el mismo término, es en virtud de una ficción semántica y de una esperanza filosófica, carente aún de confirmación (Lévi-Strauss, 1981).

A partir de esta desafortunada distinción, las ciencias sociales y de la conducta han transitado en un camino plagado de turbulencias materializadas tanto en disputas en contra de la visión oficial de la ciencia, como en controversias entre distintas visiones en el seno de las ciencias sociales y de la conducta. Lo único que confirma esta situación es lo que Habermas señalaba desde la década de 1960 cuando decía que si en la actualidad las ciencias de la naturaleza y las ciencias del espíritu —entiéndase ciencias sociales y de la conducta— se profesan una mutua indiferencia y mantienen una convivencia más enconada que pacífica, en las ciencias del espíritu el problema se recrudece debido a que en ellas debemos dirimir con un mismo sentido la tensión de esos problemas divergentes, pues la propia práctica de investigación obliga a reflexionar sobre la relación entre distintos procedimientos (Habermas, 1993). Las ideas anteriores presentan un panorama muy general en el que surgen los debates sobre la dirección que debería tomar la generación de conocimiento científico en las ciencias sociales y de la conducta.

La controversia

Como resultado de la influencia que tiene el entorno social donde se desarrolla la ciencia, la imagen de ésta presenta un gran número de facetas, pues algunos filósofos de la ciencia y sociólogos consideran que la ciencia es una situación idealizada, debido a que el mundo empírico no es como lo pensamos, porque siempre es observado a través del filtro de los conceptos teóricos y, rara vez en la comprobación de las teorías, miramos los hechos desapasionadamente. Por ejemplo, algunos argumentarían que el lenguaje o las notaciones empleadas para expresar lo que conocemos y sin las cuales habría muy poco que pudiéramos reconocer como conocimiento ejercen también influencia en las observaciones (Hanson, 1989); otros afirmarían que un conocimiento objetivo inmediato, por el hecho de ser cuantitativo, es necesariamente falaz y carga fatalmente al objeto con imprecisiones subjetivas por lo cual debemos descargar, mediante el psicoanálisis, al conocimiento objetivo de elementos innecesarios presentes al momento de iniciar la observación (Bachelard, 1987); otros, más críticos, argumentarían que no es posible obtener una captación directa de los hechos sociales, pues la observación siempre está mediada por la totalidad social del momento histórico, que no mantiene ninguna vida propia por encima de los componentes que aúna y de los que en realidad viene a constatar. Por ello, no es posible entender ninguno de los elementos que conforma el sistema, ni siquiera simplemente en su funcionamiento, fuera de la concepción del todo, que tiene su esencia en el movimiento de lo particular; en consecuencia, debido a que el sistema y la particularidad son recíprocos únicamente por medio de esa reciprocidad resultan cognoscibles (Adorno, 1978). Unos más radicales ahondarían, como señalan Mardones y Ursúa, en que la sociedad burguesa y capitalista no está consciente de que la ciencia moderna, derivada de la tradición galileana y del desarrollo industrial, privilegia el ejercicio de una sola dimensión de la razón, como la que atiende a la búsqueda de medios para conseguir unos objetivos dados, puestos por quienes controlan y pagan los servicios de la ciencia; o sea, la ciencia moderna es una ideología legitimadora de la sociedad capitalista, al reducir a la lógica a una razón instrumental, en la que los medios y los objetivos son puestos al servicio de quienes no tienen ningún interés por suprimir la injusticia social (Mardones y Ursúa, 1982).

La ciencia no se ha librado de las disputas políticas, pues en el pasado los científicos llegaron al extremo de politizar ideológicamente a la ciencia al acuñar términos como *ciencia de derecha* y *ciencia de izquierda;* sin embargo, como acertadamente señala el doctor Adolfo Sánchez Vázquez, en uno de sus artículos, a la serie de muertes declaradas (como el final de la modernidad, del marxismo, del socialismo real y de la utopía) hay quienes recomiendan agregarle otra muerte como es la dicotomía entre derecha e izquierda, ya que por un lado vivimos los momentos tecnocráticos e instrumentales del fin de las ideologías, y por otro nuestra época enfrenta problemas nuevos e insospechados —como la degradación de la naturaleza—, distintos del periodo histórico en que surgió, se desarrolló y fue reconocida la distinción entre izquierda y derecha (Sánchez, 1996). En consecuencia, continúa diciendo dicho autor, la distinción ideológica y política entre izquierda y derecha es ajena a la ciencia, incluyendo el conocimiento científico social, debido a que posee un valor de verdad, es objetiva y está conformada por una estructura sistemática y una ordenación lógica. Cierto es que en la historia más reciente de la ciencia hemos hecho distinciones en su seno de posiciones ideológicas políticas de signo contrario, como el intento nazi de diferenciar entre *ciencia alemana,* entendida como ciencia auténtica, incontaminada, y *ciencia judía,* inauténtica, contaminada racialmente; así como el empeño stalinista de establecer una distinción de clase entre *ciencia burguesa* y *ciencia proletaria.* Pero independientemente de esos esfuerzos y algunos otros, Sánchez Vázquez finaliza diciendo que, por su contenido de verdad, la ciencia no admite distinciones ideológicas, ya sea que éstas las hagamos por motivos de clase, raciales o políticos, en los que si es posible realizar semejante distinción, no es en el contenido de la ciencia, sino en otros terrenos donde la ciencia está afectada, como en la orientación que el Estado y determinados grupos sociales imprimen a la investigación, difusión y desarrollo en este terreno y que llamamos *política científica.* De este modo, la política científica traza los objetivos fundamentales, establece las prioridades de ciertos problemas y la preferencia por determinadas áreas de estudio; por ello, la política científica es la única, y no la ciencia, que admite la distinción entre derecha e izquierda de acuerdo con los objetivos, prioridades o acciones dominantes, además de que el Estado y los grupos no sólo llevan políticas, sino también determinan el uso de los productos alcanzados.

Por todo lo anterior es comprensible el gran desacuerdo que existe sobre el lugar que ocupan las ciencias humanas y de la conducta en el concierto mundial de los científicos, a diferencia de las ciencias naturales, que están definidas más claramente. Ante esta situación —como lo señala Wallerstein— es evidente que la lucha epistemológica sobre cuál es el conocimiento legítimo dejó de ser una lucha acerca de quién debe controlar el conocimiento de la naturaleza (debido a que desde el siglo XVIII había quedado claro que los científicos naturales habían ganado los derechos exclusivos sobre este campo) y fue centrada en saber quién controlaría el conocimiento del mundo humano. No obstante la pugna entre las ciencias sociales sobre quién posee el conocimiento legítimo de los asuntos humanos, todas comparten la idea de que el conocimiento científico se desarrollará en la medida en que lo haga la teoría, pues ésta proporciona una interpretación congruente de los eventos, así como –debido a su versatilidad– es posible confrontar constantemente las interpretaciones contra la realidad empírica y las nuevas visiones teóricas del mundo social. Para algunos estudiosos, la confrontación es el motor del progreso científico aunado a la síntesis entre diferentes tradiciones de pensamiento (Zabludovsky, 1995). Más aún, en el caso extremo de que toda la actividad empírica y teórica en las ciencias humanas y de la conducta fuera cuestionada de forma despiadada, todavía sería posible aglutinar los esfuerzos alrededor de "grandes teorías sociales puras" que no contuvieran ningún vestigio de empirismo y que estuvieran interesadas en indicar cómo y por qué los eventos sociales muestran una considerable diversidad de aspectos. Pero, aun así, estos esfuerzos se prestarían a polémica, pues también estarían matizados según el tipo de concepto de ciencia que compartamos.

De esta forma, algunas teorías adoptarían el enfoque naturalista de las ciencias, como lo hace el positivismo, y otras aproximaciones teóricas serían muy diferentes debido a que están formuladas por teóricos que tienen serias reservas acerca de si las ciencias humanas y de la conducta se ajustan perfectamente a la clase de conocimiento llamado "científico", basado en el empirismo, ya que para ellos el análisis de las evidencias empíricas, por medio de las definiciones operacionales de los conceptos teóricos, es olvidado, con la arrogancia del ignorante, de las objeciones de la gran filosofía contra la *praxis* de la definición. En nombre de la exactitud científica, las ciencias singulares, faltas de reflexión, continúan arrastrando lo que aquélla había proscrito como restos escolásticos (Adorno, 1989). Sin embargo, como menciona Piaget, las ciencias humanas y de la conducta –al igual que algunas otras disciplinas científicas– persiguen la búsqueda de leyes, aunque no siempre en el sentido de relaciones cuantitativas relativamente constantes y expresables en forma de funciones matemáticas, sino en el sentido de hechos generales o de relaciones ordinales, de análisis estructurales traducidos a lenguaje ordinario o a un lenguaje más o menos formalizado –lógico– (Piaget, 1987).

La ciencia como un instrumento para construir conocimiento

Esta diversidad del concepto de ciencia es producto del carácter social que posee; por tal motivo, no tiene sentido inquietarse por esta situación, sino asumir que la variedad continuará siendo siempre la regla más que su excepción, debido a la multiplicidad de aspectos y conexiones que tiene con la realidad social. No obstante esta diversidad en la noción formal de lo que es la ciencia, existe una directriz única: cuando la vemos como un medio para adquirir el conocimiento, pues, afortunadamente, en nuestro tiempo un número cada vez mayor de científicos acepta que la ciencia puede dirigirse a una u otra de tres metas distintas, las cuales son, según Scott y Wertheimer (1981):

a. *Primera meta:* búsqueda y construcción, en la cual buscamos crear, desarrollar o expandir teorías de los fenómenos.
b. *Segunda meta:* confrontación y comprobación, en la cual buscamos confrontar o comprobar teorías existentes de los fenómenos.
c. *Tercera meta:* propositiva, en la cual buscamos resolver problemas específicos socialmente relevantes.

Una proporción muy alta de estudios en la ciencia tienen la finalidad de desarrollar teorías explicativas que consoliden el conocimiento que tenemos de determinado fenómeno. En áreas de las ciencias sociales y de la conducta, donde las formulaciones teóricas son más rigurosas y precisas, los estudios están dirigidos al diseño de investigaciones cuyos resultados permitan tomar una decisión entre teorías alternativas de un mismo fenómeno. Finalmente, existe una cantidad, aunque pequeña, de estudios que no llevamos a cabo con el propósito de comprobar una teoría general o para desarrollar una formulación teórica, sino sólo para descubrir la respuesta a un problema específico, esto es, lograr una meta aplicada práctica.

La primera meta tiene como propósito construir, desarrollar y expandir las teorías mediante el diseño, aplicación y evaluación de enunciados lógicos explicativos, ya que la necesidad de elaborar teorías surge del natural intento de establecer relaciones lógicas entre las diferentes generalizaciones e hipótesis de uno u otro campo comprendido en las ciencias sociales y de la conducta (Academia de Ciencias de Cuba y Academia de Ciencias de la URSS, 1984). En la segunda meta buscamos diseñar, aplicar y evaluar con la finalidad de comprobar y contrastar teorías explicativas de determinado fenómeno, para que con los análisis realizados podamos alcanzar una clase nueva y diferente de conocimientos científicos en las ciencias sociales y de la conducta que permitan especificar exactamente de qué forma se relacionan los distintos fenómenos.

Las dos primeras metas no son diametralmente opuestas, pues tienen un nivel de traslapamiento considerable; la diferencia principal entre ellas reside en la precisión de las formulaciones teóricas involucradas, con la regla siguiente: cuanto más precisas y rigurosas sean las deducciones que derivan en una hipótesis, los esfuerzos realizados estarán más cerca de lo que es la comprobación de teorías. En este sentido, cuanto mayor sea el avance de determinada área del conocimiento en las ciencias sociales y de la conducta, en mejores condiciones estaremos para tomar una decisión entre distintas formulaciones teóricas alternativas, pues serán mayores las posibilidades de interpretar dos o más proposiciones inequívocamente para hacer predicciones con claridad acerca de la misma situación. Una distinción más se presenta en el entorno de la segunda meta, al momento que tenemos formulaciones teóricas claras que han resistido con éxito muchas pruebas, ya que a partir de ese instante podemos comenzar una nueva y diferente clase de desarrollo de teorías, consistente en estimar parámetros que sienten las bases para describir, especificar y explicar exactamente las funciones que relacionan los distintos fenómenos entre sí.

Las dos metas anteriores de la ciencia, en las que está apoyada la idea de la construcción y comprobación de hipótesis son –sin lugar a duda– las dominantes en los círculos científicos mundiales, lo cual ha originado sostener la idea de que toda investigación debe derivarse de la inquietud de construir o comprobar hipótesis deducidas de teorías que den cuenta de los fenómenos estudiados. En esos círculos, los científicos han olvidado reconocer que los avances en el conocimiento provienen en ocasiones de fuentes inesperadas; cuántas veces un investigador ha guiado sus acciones por una idea surgida de una intuición sobre la naturaleza de un fenómeno que posteriormente es verificada o refutada.

Contrariamente, la importancia de la tercera meta radica en la posibilidad de que los conocimientos generados en los campos teóricos sean utilizados en la solución de problemas socialmente importantes. Pero independientemente de usar los cuerpos teóricos generados en las distintas disciplinas que comprenden las ciencias sociales y de la conducta para explicar los fenómenos, cada vez es más evidente la necesidad de influir en la vida social de determinado grupo de personas, con la finalidad de atacar los problemas sociales que ellos enfrentan. Así, es impostergable en las ciencias sociales y de la conducta dirigir las acciones hacia el desarrollo de una serie de técnicas encaminadas a solucionar esos problemas. Los profesionales de las ciencias sociales y de la conducta que hasta hace algunos años se dedicaban exclusivamente a investigar las causas de algunos fenómenos han encontrado que la realidad les impone quedarse no sólo en la búsqueda de las causas que los originan, sino también les exigen diseñar formas de intervención que respondan a problemas considerados por la comunidad socialmente importantes, y usar el cuerpo de reglas y leyes derivadas del análisis teórico con los que cuenta la disciplina. Esta tercera meta, encaminada a la solución de problemas socialmente relevantes, permite trascender los planos cerrados del academicismo y de los foros científicos, mediante el regreso hacia el grupo social de los conocimientos generados al tomar a este último como objeto de investigación. Con dicha acción buscamos que el conocimiento originado a partir del estudio de los fenómenos sociales y de la conducta no quede sólo en un autoconsumo de las instituciones involucradas en la investigación, sino que dichos conocimientos sean vertidos, con estrategias de intervención, hacia el grupo social de donde se derivaron.

El aspecto de mayor controversia en la ciencia es la forma temporal como determinada área del conocimiento científico debe buscar desarrollar, consolidar, comprobar y solucionar problemas de relevancia social. El paradigma secuencial hegemónico hasta el momento establece como paso inicial la creación, el desarrollo o la expansión de teorías, posteriormente la comprobación de teorías y por último la solución de problemas. Esta secuencia de razonamiento es en la actualidad una construcción científica universalmente reconocida que, desde hace un tiempo considerable ha proporcionado y sigue proporcionando modelos de problemas y soluciones a una comunidad científica, lo cual, desde la perspectiva de Kuhn (1992), correspondería a un paradigma.

Objetos de interés en las ciencias formales y en las factuales

El uso de la anterior secuencia paradigmática en la adquisición y construcción de conocimiento en las ciencias formales ha permitido a éstas alcanzar un gran desarrollo teórico para explicar los fenómenos comprendidos en su campo de influencia. Ha sido eficaz seguir la secuencia temporal de crear, consolidar y comprobar teorías en las ciencias formales, debido a que su objeto de estudio principal son entes ideales que no encontramos en la realidad, y aunque sus deducciones son racionales, sistemáticas y verificables, las demostraciones e inferencias derivadas de este proceso sólo existen en el intelecto humano (Bunge, 1989). En este sentido, en las ciencias formales, sólo podemos deducir los sistemas teóricos por medio de transformaciones puramente lógicas o matemáticas que incluyen una serie de elementos que pueden ser un conjunto amplio de conceptos que tienen un grado muy elevado de abstracción y otros muy concretos, de manera que a los lógicos y matemáticos no se les proporcionan objetos de estudio, ellos tienen que construir sus propios objetos. Pero, invariablemente, las teorías tienen un ámbito de acción que consiste en un conjunto de enunciados que describen los tipos de situaciones en las cuales aplicamos los conceptos y las proporciones incorporados en las teorías. Igualmente, aunque la materia prima empleada en las ciencias formales no sea fáctica sino ideal, ya que sus objetos no son cosas ni procesos sino formas, dichas ciencias tienen la ventaja de verter un surtido ilimitado de contenidos, tanto fácticos como empíricos, en las formas que ellas construyen. Este hecho permite establecer correspondencias entre las formas —u objetos formales—, por una parte, y cosas y procesos pertenecientes a cualquier nivel de la realidad, por la otra (Giménez, 1994).

Además, en las ciencias formales existe otro elemento que las hace diferentes de las ciencias fácticas –conocidas también como *materiales*–, pues en aquéllas describimos los enunciados proposicionales en orden jerárquico, ocupando los axiomas la parte más alta de la pirámide, a partir de los cuales todos los enunciados teóricos son derivados con base en operaciones lógicas. En este sentido, las teorías en las ciencias formales son como tejidos que cuelgan de sus supuestos iniciales, que constituyen un manojo de proposiciones y/o funciones proposicionales relativamente ricas y precisas, llamadas axiomas o postulados, que satisfacen la condición de unidad conceptual. En apoyo de los axiomas están los teoremas que corresponden a las demás hipótesis de las teorías (Bunge, 1989). De esta manera, el hecho de que en las ciencias formales las demostraciones de los teoremas y axiomas no sean el resultado de la experiencia sensible, sino de deducciones, ha permitido que el paradigma secuencial de investigación –crear, consolidar y comprobar teorías– sea por el momento el de mayor aceptación en la comunidad científica para acercarse a estudiar los fenómenos propios de dichas ciencias.

La armonía en las ciencias formales entre el objeto de estudio y la secuencia paradigmática utilizada para generar conocimiento se rompe en las ciencias fácticas, pues éstas, a diferencia de las primeras como lo menciona Bunge (1989), están basadas en hechos y experiencias del mundo que nos rodea, por lo cual no emplean símbolos vacíos, sino que cada símbolo representa un objeto real, llámese organismo infrahumano, humano, región geográfica, institución, etcétera. En las ciencias factuales, ya no decimos sea

X cualquier objeto ideal, sino sea X un individuo o grupo de individuos que comparten determinadas características físicas, psicológicas o sociales. En síntesis, podríamos afirmar que en las ciencias formales por lo que hace al contenido y al método de prueba son autosuficientes, mientras que las ciencias factuales en cuanto al contenido, al significado y a su convalidación, dependen del hecho experiencial; esta situación explica por qué podemos conseguir verdad formal completa, mientras que la verdad fáctica resulta huidiza la mayoría de las veces (Bunge, 1989).

Como inferimos de estas breves ideas, en las ciencias fácticas la situación es enteramente distinta de la que impera en las ciencias formales, pues en aquéllas no empleamos símbolos vacíos, personificados en variables lógicas, sino que su interés está centrado en símbolos interpretados por medio de la experiencia que representan hechos o acontecimientos. Otra peculiaridad que distingue a las ciencias fácticas de las formales es que, si bien debe existir en ellas una coherencia con un sistema de ideas aceptado previamente, esta sumisión a la racionalidad, derivada de algún sistema de lógica, no es suficiente para garantizar que obtendremos la verdad, pues para afirmar que un enunciado es (probablemente) verdadero requerimos datos empíricos derivados de la pura observación o de la experimentación. En las ciencias fácticas también es necesario verificar los enunciados mediante la experiencia, ya sea que llevemos a cabo esta acción de manera indirecta, por medio de hipótesis generales, o de forma directa, identificando las consecuencias singulares de las hipótesis. En este sentido, las ciencias formales se dirigen a demostrar o a probar sus enunciados, mientras que en las ciencias fácticas sus acciones están encaminadas a verificar –ya sea a confirmar o refutar– hipótesis que en su mayoría son provisionales. En las primeras, las demostraciones son completas y finales; por el contrario, en las segundas, las verificaciones tienen un carácter incompleto –y por ello temporal– como resultado de que la experiencia por sí sola no garantiza que la hipótesis planteada sea la única verdadera, y sólo proporciona evidencias de que es probablemente adecuada, sin excluir por ello la posibilidad de que en una ocasión posterior obtengamos una mejor aproximación en la reconstrucción conceptual del trozo de realidad escogido. En síntesis, cabe concluir que el conocimiento fáctico, aunque racional, es esencialmente probable, lo cual hace que la inferencia científica se convierta en una red de inferencias deductivas de naturaleza demostrativa y probables, esto es, no concluyentes (Bunge, 1975).

Dadas las diferencias en los objetos del universo que estudian las ciencias formales y las fácticas, estas últimas tienen la necesidad no sólo de explicar los fenómenos, sino también de proponer alternativas de solución a los problemas socialmente relevantes. Esto es, además de la dimensión puramente explicativa, en las ciencias fácticas debemos agregar otra dimensión en el análisis de los fenómenos que consiste en indagar de qué manera la ciencia ha empleado sus diferentes áreas de conocimiento para dar respuesta a problemas de relevancia social. Con la aparición de esta última dimensión se ha debilitado grandemente la creencia ingenua, que hasta hace poco tiempo aún existía en la comunidad científica, de que cualquier aplicación de las ciencias factuales conduce automáticamente al progreso constante en el bienestar humano. En estos días de preocupaciones y angustias constantes, cuando el poder que la ciencia otorga es visto en su capacidad más inmediata para destruir a la civilización e incluso para borrar del planeta la vida misma, ya confiamos simplemente en que la ciencia –sea formal o factual– asegure un progreso ininterrumpido en las actividades pacíficas y de bienestar colectivo. En este sentido, cobra mayor importancia en la actualidad estudiar la forma como hemos utilizado las estrategias generadas por la ciencia en la solución de problemas socialmente relevantes.

A pesar de la necesidad de que las ciencias fácticas proporcionen respuestas a problemas sociales específicos, en el presente hemos seguido una línea de razonamiento deductivo, igual que el de las ciencias formales; esta tendencia ha ocasionado un desprecio en la comunidad científica –principalmente en las ciencias sociales y de la conducta– hacia el estudio de los cambios producidos por las estrategias en la solución de problemas de relevancia social. Como resultado de esta tendencia, en las ciencias factuales hemos adoptado el mismo paradigma secuencial de crear, desarrollar, consolidar y comprobar teorías explicativas de los fenómenos, y sólo hasta el final de este proceso procuramos alcanzar, con todos los conocimientos adquiridos en las etapas anteriores, una meta aplicada práctica. Así, el razonamiento hipotético deductivo, desarrollado por Aristóteles, ha invadido los círculos científicos desde esa época hasta nuestros días (Sosa-Martínez, 1990).

Tal situación ha ocasionado que en la actualidad consideremos que cualquier intento para interrogar a la naturaleza sobre los fenómenos sociales y de la conducta debe involucrar un compromiso fuerte entre las hipótesis planteadas y aquello que pretendemos explicar; por ello, toda inquietud por recopilar información para delimitar algún problema de relevancia social no relacionado con hipótesis derivadas de teorías que den cuenta del fenómeno debemos desalentarla. Sin embargo, lo que olvidamos en esta posición es que no existe nada intrínseco a la comprobación de hipótesis que impida observar y recopilar información de un fenómeno conforme aparece y sin que dicha información guarde un compromiso imprescindible con hipótesis derivadas de una teoría explicativa del fenómeno, ya que tan infortunado es para la ciencia llenarse de datos sin ninguna conexión con conceptos derivados de una teoría, como encadenar hipótesis dentro de un conjunto ordenado de proposiciones teóricas que poseen evidencias empíricas muy débiles.

Es probable que la preferencia por el desarrollo de teorías derivadas del razonamiento hipotético deductivo esté influido positivamente por el hecho de que a menudo proporciona un gran prestigio al autor que las formula, como resultado de que solemos dar por sabida su relevancia. No obstante, es indiscutible que la importancia de la información que podemos recabar de un fenómeno no esté menguada por el grado de refinamiento de las hipótesis que dieron origen al estudio de dicho fenómeno. En el campo de la criminología, con excepción de quienes definen la importancia de los datos en función de su posibilidad de integración a una teoría, muy pocos criminólogos negarían que los fenómenos sociales y de la conducta más interesante no han sido siquiera analizados por las teorías más rigurosas del momento. En este sentido, no existe ninguna razón de peso para imponer al espíritu humano la restricción de que todo intento que hagamos para conocer y cambiar el rumbo futuro de los fenómenos en las ciencias sociales y de la conducta debe estar conducido por hipótesis derivadas de una teoría explicativa sobre el acontecimiento de interés y si la teoría está en boga será mucho mejor. En el aspecto práctico tampoco existe ninguna razón, pues tomar medidas encaminadas a influir en el curso de los acontecimientos –con el único propósito de observar qué sucederá– tiene también sus ventajas. La más importante de ellas es que nunca obtenemos resultados negativos, debido a que en su planteamiento no incluimos ninguna predicción, ya que sólo hacemos una pregunta en el sentido de qué sucederá; por ello, la respuesta siempre será invariablemente positiva. Incluso en caso de que no ocurriera nada, este resultado proporcionaría información útil.

En el aspecto metodológico, el efecto que ha tenido la hegemonía en los círculos científicos del razonamiento hipotético deductivo es que consideremos que cualquier intento de construir conocimiento científico en las ciencias sociales y de la conducta que dirija su atención a algún aspecto empírico del fenómeno debe cumplir con ciertos requisitos metodológicos como: a) pasar de afirmaciones generales a otras particulares; b) elegir aleatoriamente el segmento poblacional o temporal que habremos de analizar; c) normalizar los parámetros de la población que deseamos analizar; d) abarcar grandes grupos de sujetos, y e) aplicar medidas de alta precisión (Hayes, 1981). Estos requisitos metodológicos han contribuido también a fortalecer la creencia de que los conocimientos generados a partir de la solución de un problema socialmente relevante, por no cumplir con los requisitos metodológicos propios de la aproximación hipotético deductivo –como la selección de una muestra aleatoria de una población–, los conocimientos generados no satisfacen el criterio de cientificidad, ya que a partir de esos hallazgos no comprobamos una teoría general o desarrollamos una formulación teórica del fenómeno.

Desdén en las ciencias sociales y de la conducta hacia la solución de problemas socialmente relevantes

La adopción del paradigma secuencial derivado del razonamiento deductivo ha ocasionado en las ciencias sociales y de la conducta que otorguemos mayor valor a la creación, desarrollo, consolidación y comprobación de teorías explicativas de los fenómenos, relegando a un segundo término y, lo que es más grave, considerando de poco valor científico los estudios encaminados a la selección y aplicación de las mejores estrategias para solucionar problemas socialmente relevantes, con el argumento erróneo de que como en estos estudios no explicamos el porqué de las cosas, los conocimientos generados no alcanzan el criterio de cientificidad. Esta tendencia se ha debido, en gran parte, a que la mayoría de los círculos científicos –especialmente en las ciencias sociales y de la conducta– consideran a las investigaciones encaminadas a la solución de problemas de muy poco valor porque no comprueban una teoría general o desarrollan una formulación teórica del fenómeno; por ejemplo, olvidan que en las ciencias sociales y de la conducta existen disciplinas en las cuales si bien la comprensión y la estética es importante, también lo es su capacidad para resolver problemas sociales relevantes. Una de estas disciplinas es la psicología, la cual –como menciona Bouzas–, al igual que la medicina, la ingeniería y la economía, es una ciencia de planes de acción, pues la comprensión generada por una teoría y su valor estético no son suficientes para apoyarla; además, no sólo se le pide que sea aplicable a corto, mediano y largo plazo, sino también es evaluada en términos de su capacidad para resolver problemas conductuales particulares (Bouzas, 1996).

Otro inconveniente que atribuimos a los intentos de generar conocimiento científico a partir de iniciar la aventura seleccionando y aplicando las mejores estrategias para solucionar problemas socialmente relevantes es que estas iniciativas nunca son guiadas por hipótesis derivadas de teorías fuertemente arraigadas en la tradición científica del campo de interés, considerando, por ende, que el valor de cambio de estos esfuerzos es exclusivamente de tipo pragmático. Tal acusación que se imputa a la empresa de iniciar la construcción de conocimiento científico resolviendo problemas socialmente relevantes es debida a que juzgamos que únicamente responde a las necesidades planteadas por la sociedad para resolver el problema, pero de ninguna manera contribuye a engrandecer los sistemas teóricos explicativos que constituyen el conocimiento científico de esa área.

Sin embargo, la anterior actitud, que mira con desdén cualquier inclinación por desarrollar conocimiento científico a partir de buscar solucionar problemas socialmente relevantes por considerar que dichos esfuerzos no están apoyados en hipótesis arraigadas dentro de una teoría, olvida que la historia de la ciencia está plagada de sucesos en los que muchos descubrimientos importantes han sido producto de situaciones en que hemos llevado a cabo las investigaciones sin tener la más ligera sospecha de qué estrategias resultarían efectivas para solucionar los problemas. Esto fortalece la idea de que a veces es mejor iniciar las acciones para construir conocimiento científico haciendo a un lado la derivación de hipótesis a partir de un marco teórico específico, ya que no tener el compromiso de comprobar ninguna hipótesis permite recibir mayores sorpresas conforme profundizamos en el conocimiento de los fenómenos. En caso contrario, cuando buscamos comprobar una hipótesis en la que tenemos una fe absoluta, sólo habrá sospecha si las evidencias encontradas la contradicen, o si el planteamiento de la hipótesis lo hacemos con la firme esperanza de desacreditarla. Encontrar evidencias que la apoyen producirá sentimientos de decepción y desencanto.

Las ideas anteriores son sólo una pequeña muestra del peligro que corremos al adoptar una visión dogmática sobre el paradigma secuencial que deben seguir las ciencias sociales y de la conducta, debido a que puede suceder —como ya ha ocurrido— que construyamos una teoría y posteriormente busquemos los hechos empíricos que la apoyen y, además, en ocasiones hemos llegado a manipular los hechos para que éstos se ajusten a la teoría, en vez de que, a partir de ciertos hechos fácticos, construyamos una teoría que explique esos eventos. Es necesario hacer una ruptura paradigmática que rompa con la tradición de construir una teoría y después buscar los hechos que se apeguen a los postulados teóricos, por un paradigma secuencial que vaya de los hechos a las construcciones teóricas, esto es, invertir la secuencia en la que a partir de dar respuesta a un problema de relevancia social empecemos a construir postulados teóricos que den cuenta de los cambios observados en el fenómeno estudiado. Este viraje es impostergable, pues las ciencias sociales y de la conducta, por su carácter fáctico, necesitan además de construir y desarrollar teorías, solucionar los problemas socialmente relevantes.

De no ocurrir este cambio de rumbo y poner en su justo medio el papel que desempeña en la construcción de conocimiento científico el paradigma secuencial —en el que el paso inicial es la creación, el desarrollo y la expansión de teorías, así como su comprobación y sólo hasta el último indagar en qué situaciones de la vida cotidiana aplicamos dicha teorización para explicar un fenómeno de relevancia social—, corremos el riesgo de que las ciencias sociales y de la conducta naveguen exclusivamente en el campo de la construcción, explicación y comprensión de los fenómenos y nunca llegaremos a la búsqueda de la solución a los problemas socialmente relevantes; con ello, dichas ciencias estarían a un paso de convertirse en una empresa consagrada exclusivamente a la crítica literaria dedicada sólo a ofrecer puntos de vista u opiniones interesantes de determinado problema social, pero que, por desgracia, no aportarían elementos que dirigieran al espíritu humano a la búsqueda de la verdad, pues, por su naturaleza, la crítica literaria no proporciona evidencias empíricas verificables que fuercen a los científicos a realizar revisiones sustanciales de sus descripciones básicas de la realidad. En este sentido, no procurar que las ciencias sociales y de la conducta busquen diseñar e instrumentar estrategias que resuelvan problemas socialmente relevantes y sólo hasta que haya solución al problema busquen construir teorías que expliquen los cambios haría fomentar lo que hemos dado en llamar *ciencia irónica,* constituida por una serie de preguntas que tal vez no podamos contestar nunca de manera definitiva debido a los límites de la ciencia humana. Entre estas preguntas destacan: ¿cómo se creó exactamente el universo?, ¿podría ser el origen de nuestro universo una amalgama de un número de universos infinitos?, etcétera. La característica en todas esas preguntas es que por el hecho de enfocarse en el significado sólo pueden contestarse irónicamente, como lo hacen los críticos literarios (Horgan, 1998).

Con lo anterior no tenemos la intención de descalificar lo que hemos dado por llamar *ciencia irónica* derivada de la crítica literaria y señalar que carece de validez, sino que el propósito es indicar que dedicarse solamente a la construcción y desarrollo de teorías explicativas de los problemas sociales, al igual que el arte y la filosofía, pueden conducir a cultivar el terreno exclusivo de la especulación y deslumbrar a cualquiera que se sumerja en dicho campo manteniéndolo constantemente con la boca abierta ante los grandes misterios del universo, pero imposibilitándolo a trascender la verdad que ya conocemos y a ofrecer la respuesta a los grandes enigmas de la existencia que sacien de una vez por todas la necesidad de conocimiento del espíritu humano. Este último aspecto es el motor principal que conduce a impulsar el arte de la construcción y desarrollar teorías explicativas de los fenómenos del universo.

Así, cambiar la secuencia paradigmática de primero dar solución a los problemas socialmente relevantes y después elaborar o construir teorías que expliquen los cambios permitirá transformar el carácter de la ciencia de ser socialmente irresponsable en tornarse en una ciencia con responsabilidad social, lo cual posibilitaría usar y desarrollar las ciencias sociales y de la conducta de manera más armoniosa, con vistas a obtener de ellas mejores resultados para la humanidad. Y no sólo eso, sino que además los mismos científicos se beneficiarían, pues dejarían de representar el papel de peones de ajedrez ciegos y desvalidos que les ha tocado representar hasta nuestros días, en el gran drama contemporáneo del uso y del abuso de la ciencia al que han sido condenados los científicos, como señala Bernal (1981). El ser interior de la ciencia también se transformaría sustancialmente, para dar paso a una estructura interna más dinámica comprometida con las necesidades científicas y con las condiciones históricosociales en las distintas etapas de la civilización humana, permitiendo que el científico deje de una vez y para siempre el papel de subordinado al que fue condenado por Gramsci, cuando señaló que los intelectuales son empleados del grupo dominante a quienes se les encomienda las tareas subalternas en la hegemonía social y del gobierno político (Gramsci, 1967); y una vez roto ese papel, estar en condiciones de adoptar una posición reflexiva y crítica sobre la forma como la clase dominante puede emplear la ciencia como un instrumento de control y manipulación y, por fin, los científicos dejen a un lado su función de ser técnicos del Estado y, por ende, del grupo dominante.

Dicho cambio en la secuencia paradigmática hacia primero dar respuesta a los problemas socialmente relevantes y sólo después empezar a crear, desarrollar y comprobar teorías que expliquen tales hechos científicos, es fortalecido aún más tomando en consideración, como menciona Kuhn (1992), que las investigaciones científicas cuyo propósito consiste en llegar a crear, desarrollar o expandir teorías –la primera meta de la ciencia– poseen un valor restringido en el enriquecimiento y el avance del conocimiento científico, pues estudian fenómenos que la mayoría de las veces ya han sido explicados por los paradigmas existentes en ese momento y, por ende, rara vez proporcionan un motivo o un punto de partida para la construcción de una nueva teoría. Un ejemplo de esta reiteración en la explicación científica y la insistencia en volver a caer en los lugares comunes, como lo han mostrado recientemente algunas disciplinas de las ciencias sociales y de la conducta, ya que hasta hace poco tiempo el único paradigma aceptado en la mayoría de los círculos científicos latinoamericanos, para entender y explicar los fenómenos de la realidad social era la teoría marxista; fue tal la hegemonía de esta teoría que era utilizada para explicar todo lo que existía en el "reino de Dios". Esto ocasionó, en parte, dentro de la sociología una crisis de paradigmas, pues el marxismo tuvo en la mayoría de las facultades e institutos de investigación una posición hegemónica caracterizada por una actitud ortodoxa, que la mantuvo al margen de cualquier confrontación con las teorías rivales y adoptando un papel de franca función instrumental de orden netamente político (Giménez, 1994).

Esta situación de valerse de un solo paradigma y cerrar la puerta a todos los vientos de cambio trajo consigo –en esas disciplinas– un vacío teórico que no les ha permitido afrontar científicamente los nuevos retos surgidos ante la proximidad del cambio del milenio, pues, como es reconocido en esos círculos, en la actualidad han surgido diversas interrogantes que trastocan de manera muy radical la vigencia de la filosofía marxista como elemento aglutinador de todas las acciones sociales del ser humano; tal es el caso de la globalización, la organización neoliberal de la economía, la reforma neoconservadora del Estado y los procesos de democratización, por sólo mencionar los más destacados (Osorio, 1994). Lo anterior sólo ha demostrado la pérdida de vigencia de las grandes teorías que fundamentaron el quehacer en ciencias sociales durante mucho tiempo, como fueron el estructuralismo por un lado y el marxismo por el otro, y que finalmente –como señala Zabludosvky– resultaron incapaces de dar cuenta de las transformaciones de la sociedad contemporánea, por lo menos en el nivel omnicomprensivo que en sus orígenes pretendían, encontrando al final del camino un agotamiento tanto de las visiones totalizadoras como de las explicaciones deterministas que tienden a explicar la acción del hombre por causas únicas (Zabludovsky, 1995). Esta situación de incertidumbre de las ciencias sociales ha roto la armonía para dar paso a una situación de crisis de paradigmas, en la que algunos estudiosos han propuesto la integración de las teorías clásicas a las contribuciones contemporáneas; a su vez, otros han abogado por romper los viejos moldes y construir unos nuevos que respondan más al momento actual (Tourianne, 1985). Sin embargo, estas deliberaciones e interpretaciones no fructificarán en un enriquecimiento de las ciencias sociales, si no abandonamos "el amor ciego" profesado al paradigma hegemónico de las últimas décadas.

Si bien las investigaciones que tienen como fin confrontar y comprobar teorías –segunda meta de la ciencia– logran superar la tranquilidad y el idilio ciego hacia determinado paradigma que producen las investigaciones cuyo propósito es crear, desarrollar o expandir una teoría, adolecen de una limitación, debido a que están enfocadas primordialmente en la articulación de los paradigmas existentes más que en la creación de otros nuevos (Kuhn, 1992). Sólo hasta el momento en que no logramos articular los distintos paradigmas trascienden las fronteras de la segunda meta. La falta de articulación propicia la aparición de un sentimiento de rechazo a integrar las anomalías encontradas en los paradigmas existentes; esto es, cuando aparece la discrepancia entre paradigmas aumenta la probabilidad de que surja una nueva teoría que sustituya a la precedente.

De lo anterior inferimos que en las investigaciones que buscan crear, desarrollar o expandir una teoría, así como las que tienen como objetivo confrontar o comprobar teorías, su valor radica exclusivamente en que permiten refinar, ampliar y articular los paradigmas que ya existen. Sin embargo, si esto fuera el fin último de la ciencia, el avance del conocimiento científico sobre el universo sería muy escaso y limitado, ya que a partir de estas acciones sólo sería posible articular los nuevos avances de determinada área del conocimiento dentro de un paradigma y a lo más que llegaríamos, en última instancia, sería a reconocer anomalías y crisis en los paradigmas, que, como menciona Kuhn, terminarían no con la sola deliberación e interpretación, sino con un suceso relativamente repentino y no estructurado que tuviera como finalidad un cambio paradigmático que permitiera al científico encontrar a la misma constelación de objetos totalmente transformados en muchos de sus detalles, viéndolos de una manera nueva que hace posible, por primera vez, la solución del problema planteado (Kuhn, 1989).

La situación ideal para que haya una discrepancia entre los diferentes paradigmas es cuando buscamos con la ciencia dar respuesta a problemas que el grupo social considera de relevancia, pues es muy frecuente encontrar que los marcos teóricos explicativos tengan muy poco que ver con la realidad del problema. Así, hay más probabilidad de revolucionar las teorías explicativas de un fenómeno cuando empieza el proceso epistemológico de generar conocimiento científico a partir de querer solucionar un problema específico; esto es, cuando la ciencia busca como objetivo alcanzar una meta aplicada práctica. Por ejemplo, en la física, el declive de la secuencia paradigmática de construir y desarrollar teorías a partir de axiomas y teoremas y posteriormente contrastarlas, como lo dicta el razonamiento deductivo, fue establecer el principio de indeterminación que determina la imposibilidad de medir con precisión una magnitud sin ser afectada la precisión de la medida de otra magnitud relacionada con la primera; en consecuencia, es imposible predecir con certidumbre el comportamiento futuro de una partícula subatómica; por tanto, lo único que podemos hacer son predicciones probables fundadas en comprobaciones estadísticas acerca del comportamiento de tales partículas. En este sentido, algunas cosas que creíamos determinadas, por lo menos en teoría, han dejado de serlo, ya que si, por ejemplo, consideramos una partícula subatómica, como el electrón, podrá tener posición o velocidad, pero no –en un sentido exacto– ambas; es decir, en caso de saber dónde se encuentra, no es posible saber con qué velocidad se mueve; de igual manera, si conocemos la velocidad con que se mueve no podremos saber dónde se encuentra. Esto contradice grandemente la física tradicional en la que la posición y la velocidad son aspectos fundamentales para la explicación, pues, siguiendo con el electrón, sólo podremos verlo cuando emita luz, y sólo la emitirá cuando salte, de modo que para saber dónde está es preciso verlo desplazándose.

El impacto de esta dificultad encontrada en la física se ha dejado sentir en las ciencias sociales y de la conducta, debido a que cada vez resulta evidente la noción, en la comunidad científica, de que ninguna ciencia social y de la conducta debe estar satisfecha con la sola explicación del surgimiento, prevalencia y mantenimiento de determinado problema social, sino que –para trascender al plano puramente especulativo– es imprescindible superar la idea mítica de que con el simple hecho de conocer o eliminar las causas de un problema, quedaría solucionado. Es muy probable que esta creencia sea producto de la influencia que en determinado momento tuvo cierta corriente psicológica en la comunidad científica, la cual establecía que con el simple hecho de estar conscientes de los orígenes de nuestros conflictos (léase explicarlos a partir de sus causas) los resolveríamos y lograríamos ajustarnos adecuadamente a nuestro entorno social. En sociología también se dejó sentir esta tendencia, enarbolada por la sociología del conocimiento que aspiraba a reformar las ciencias sociales tornando consciente a sus investigadores de las fuerzas e ideologías de la sociedad que los acosan inconscientemente, para lo cual abogaba por la adquisición de una clara conciencia fuera de todo prejuicio de los factores sociales que han gobernado y que paralizan las decisiones amenazando la libertad de todo ser humano. Así, desde este punto de vista llegamos a afirmar que las dificultades metodológicas de las ciencias sociales y de la conducta, y en especial de la sociología, no son debidas a su carácter impráctico, sino a que los problemas prácticos y los teóricos están demasiado entremezclados en el campo del conocimiento político.

En los dos casos anteriores, tanto el de la orientación psicológica como el de la sociológica, existe un elemento que no es tomado en consideración concerniente a la necesidad de efectuar una conexión racional entre las causas y sus resultados, pues la creencia de que sólo es necesario conocer o eliminar las causas para solucionar un problema o terminar con la amenaza de la libertad humana, sólo fija su atención en un elemento de la díada relacional, como el caso del primitivo que se hiere accidentalmente con su cuchillo una pierna y que trata de curar su herida limpiando el cuchillo, pero olvidando por completo prestar alguna atención a su lesión. El ejemplo del primitivo es un caso típico del irracionalismo al que podríamos llegar, si seguimos perpetuando la idea mítica de que sólo es necesario explicar los fenómenos a partir de sus causas para solucionar problemas. Con esto es evidente que carece de fundamento filosófico lo que tan reiteradamente algunos círculos científicos se empeñan en poner especial atención, en el sentido de que lo importante para solucionar un problema es atacar sus causas y olvidar sus resultados, pues dicha recomendación hace a un lado un elemento de la díada relacional, situación que nos hace actuar irracionalmente como el primitivo, quien limpia el cuchillo para curar su herida (creyendo que soluciona el problema), ya que, por más esfuerzos que haga por limpiar y después desaparecer el cuchillo, la herida permanecerá sin sufrir ningún cambio por la acción realizada por el primitivo para eliminar la causa. Con este ejemplo, es innegable que la única manera de quitar el irracionalismo de las ciencias sociales y de la conducta no consiste en separar el conocimiento de la voluntad, sino aplicar de modo práctico los descubrimientos (Popper, 1994).

Hacia una revaloración de la práctica en la ciencia

La especie de autoanálisis por el que hemos abogado tanto en la psicología como en la sociología que produce la mayoría de las veces sólo artificios verbales no es la única opción para generar conocimiento científico; otro camino —el que defendemos en este capítulo— consiste en encarar los problemas prácticos que enfrenta la criminología de nuestro tiempo con ayuda de los métodos teóricos a fin de construir hipótesis susceptibles de ser verificadas en la práctica, sin olvidar que, si bien la teoría debe siempre orientar el estudio de problemas socialmente relevantes, también la forma de elaborar estrategias para solucionar problemas es el medio, a su vez, para confirmar, reformular o anular los sistemas teóricos. Lo que queremos decir con esto es que la criminología es una rama del conocimiento científico que en ningún momento debe olvidar que intenta ser al mismo tiempo teórica y empírica, buscando en el primer ámbito de acción construir teorías que expliquen y, en una situación ideal, predigan los acontecimientos. En cuanto al ámbito empírico buscamos que los acontecimientos sean siempre corroborados, como en toda ciencia fáctica, por la experiencia, es decir, que los acontecimientos explicados o predichos sean hechos observables o mínimamente sentidos por los individuos —ya sea mediante sus indicadores o de sus significados—, para que a partir de ellos podamos aceptar o rechazar cualquier teoría propuesta.

Ha sido una costumbre en los círculos científicos de criminólogos despreciar los estudios que buscan dar respuesta a problemas derivados de la criminalidad que ocurre en una sociedad, por considerar que son meras aplicaciones tecnológicas que no aportan nada en la explicación del fenómeno de la criminalidad. El argumento esgrimido para justificar el juicio anterior es que la solución de los problemas de criminalidad, por estar guiada a resolver una necesidad inmediata y no estar sustentada en una teoría, conduce inevitablemente a una colección desordenada de hechos inconexos entre sí y no a un cuerpo de conocimientos sistemáticos de la clase que la ciencia persigue. Sin embargo, por fortuna, en la actualidad ha aumentado el número de criminólogos preocupados por las consecuencias que podría acarrear en el futuro inmediato en la criminología el poco valor científico dado a los estudios que tienen como fin alcanzar una meta aplicada práctica, ya que haciendo eco de la necesidad de cambiar la secuencia paradigmática de generar conocimiento, consideran que el objetivo de la ciencia es no sólo la contemplación de la naturaleza con el propósito de explicarla, sino también su transformación, mediante la unión del conocimiento teórico y la técnica. Asimismo, lo anterior no implica olvidar que la naturaleza y el conocimiento científico son la razón de la ciencia, pero este objetivo no debe opacar que también es importante para el desarrollo de la humanidad optimizar o modificar algunos aspectos de la vida cotidiana por medio de la ciencia, ya que, como acertadamente lo señala Russell (1982), todos los efectos que la ciencia produce son resultado del conocimiento conseguido por ella.

La idea anterior muestra la necesidad de echar al bote de la basura la creencia de que la práctica científica encaminada a solucionar problemas derivados de la criminalidad es enemiga del conocimiento teórico, y sustituirla por una visión en la que la veamos como el más valioso incentivo para estimular la construcción de teorías explicativas del fenómeno de la criminalidad. Esta visión implica reconocer que la fuente de los nuevos conocimientos científicos puede emerger de la reflexión teórica exclusivamente, así como de una serie de procesos propiamente humanos entre los que están la observación casual de fenómenos, de las predicciones generadas por una teoría o de problemas prácticos que originados en áreas como la educación, los conflictos sociales, la terapia, la criminalidad, las relaciones empresariales, etcétera. En este sentido, la práctica no sólo cumple el papel de ser un incentivo de la actividad científica, sino también desempeña la función de poner al científico en contacto con la realidad, alejándolo de la tentación de caer en el ejercicio del escolasticismo, en el que cae a menudo una gran proporción de científicos que cultivan exclusivamente la búsqueda y desarrollo de teorías explicativas del fenómeno de la criminalidad. La adopción de esta visión en el quehacer científico tiene otro beneficio, que consiste en brindar al espíritu humano un camino alterno para construir conocimiento en el cual primero buscamos solucionar los problemas socialmente relevantes y dejar que luego emerjan de manera inductiva las teorías que den cuenta de dicho problema. Esta última posibilidad permite que el proceso creador del criminólogo no esté ceñido a transitar inexorablemente –a la manera de Edipo Rey–, el camino tradicionalmente señalado como el único que conduce a la construcción de conocimiento científico en el que se indica que primero debemos desarrollar o recurrir de antemano a teorías que expliquen los problemas originados por el nivel de criminalidad que ocurre en una sociedad y luego comprobar deductivamente el poder explicativo de dichas teorías.

Con esto se debilita en gran medida la creencia todavía sostenida en algunos círculos científicos de criminólogos, en el sentido de que cualquier esfuerzo encaminado a diseñar y aplicar algunas estrategias de intervención para cambiar el rumbo de los acontecimientos –en este caso, de la solución de los problemas originados por la criminalidad– se aleja por definición del campo científico y se aproxima de forma peligrosa al territorio del sentido común, ya que no parte de hipótesis fuertemente sustentadas en un cuerpo teórico que haga trascender las acciones emprendidas hacia el ámbito explicativo de la naturaleza de los fenómenos. Sin embargo, este reproche que hacemos a la orientación de buscar soluciones a los problemas socialmente relevantes no tiene fundamento alguno, debido a que la diferencia con la orientación hegemónica hasta el momento, de primero construir y desarrollar teorías explicativas de los fenómenos, no reside en la presencia o ausencia de una teoría, sino en el modo como ésta es construida y desarrollada. La orientación deductiva establece que primero es imprescindible explicar el fenómeno, mientras que para la orientación de solucionar los problemas sociales en la práctica, el desarrollo y la construcción de teorías explicativas los alcanzamos inductivamente a partir de los resultados encontrados al instrumentar las medidas encaminadas a solucionar el problema.

De esta manera, lo más adecuado en el momento actual es acercarse a la investigación de los fenómenos propios de la criminalidad, con la visión paradigmática de que si bien la creación, el desarrollo y la expansión de teorías generales sobre los fenómenos es fundamental, también lo es idear estrategias de intervención para eliminar, acelerar o disminuir la frecuencia con que ocurre determinado fenómeno surgido como resultado de la criminalidad. Adoptar esta visión permitiría terminar la polémica, tanto inútil como estéril, sobre el paradigma secuencial que debe seguir la investigación en la criminalidad, así como proporcionar un nuevo paradigma que proporcione apoye las nuevas realizaciones científicas llevadas a cabo en esta disciplina. La disputa epistemológica sobre lo conveniente de desarrollar un cuerpo teórico sistemático que explique determinado fenómeno o lo conveniente de diseñar estrategias de intervención encaminadas a solucionar los problemas sociales ha cobrado su precio para revivirla; por ello, lo más adecuado en esta situación de crisis paradigmática es evitar caer en el fetichismo del concepto o del lado de la inhibición metodológica (Mills, 1975).

Así, los criminólogos –que hasta hace algunos años se dedicaban exclusivamente a investigar las causas de algunos fenómenos– han encontrado que la realidad les impone no quedarse en la búsqueda de las causas que los originan con el propósito de construir modelos teóricos que los expliquen, sino diseñar formas de intervención que den respuesta a problemas derivados de la criminalidad considerados por la comunidad socialmente importantes. La idea que proponemos busca unir tanto el desarrollo de tecnología como la creación y difusión del conocimiento científico, así como adoptar una nueva secuencia paradigmática de investigación en la criminología, que invierta la dirección tradicional que ha seguido la ciencia. El cambio en la secuencia paradigmática aquí propuesto consiste en dar un giro de 180 grados a la forma como tradicionalmente ha sido generado conocimiento científico en la criminología; este cambio consiste en comenzar el proceso de indagación dando respuesta a los problemas socialmente relevantes, para después formular teorías y por último desarrollarlas o expandirlas. Con la adopción de esta nueva secuencia paradigmática no pretendemos revolucionar los paradigmas teóricos de la criminología, sino sólo trascender las fronteras del conocimiento que hoy día existen en dicha ciencia e involucrarla en una nueva empresa que rompa con el modo como tradicionalmente han sido estudiados los fenómenos, partiendo de las necesidades de la vida cotidiana hacia los ámbitos más exclusivos de la investigación científica teórica. Aunque esta novedosa visión de conceptualizar la actividad científica no modifica el mundo, la forma de acercarse a estudiar el campo de la criminología mediante esta nueva secuencia paradigmática permite observar el mundo de diferente manera, pues, no obstante que los objetos seguirán siendo los mismos, habrá una serie de detalles que antes de la adopción de la nueva secuencia paradigmática no habíamos descubierto, pues este cambio de dirección es muy semejante a la acción de abrazar un nuevo paradigma en la que el científico, según el decir de Kuhn (1989), se convierte en un hombre que usa lentes inversores, lo cual ocasiona que perciba y comprenda los fenómenos de manera muy diferente.

Bibliografía

Academia de Ciencias de Cuba y Academia de Ciencias de la URSS. (1984),*Metodología del conocimiento científico*, México: Quinto Sol.

Adorno, T. W. (1978), "Sobre la lógica de las ciencias sociales", en Popper, K. R., T. W. Adorno, R. Dahrendorf y J. Habermas (comps.), *La lógica de las ciencias sociales*, México: Grijalbo.

— (1989), *Sociológica*, Madrid: Taurus-Humanidades.

Bachelard, G. (1987), "Los obstáculos del conocimiento cuantitativo", en Cortés, F., Ruvalcaba, R. M. y Yocelevsky, R., (comps.), *Programa nacional de formación de profesores universitarios en ciencias sociales*, México: SEP, U. de G. y Comecso.

Bernal, J. D. (1995), *La ciencia en nuestro tiempo,* 11a ed., México: Nueva Imagen.

— (1981), *La ciencia en la historia*, México: Nueva Imagen.

Bouzas, R. A. (1996), "La psicología experimental: necesariamente aplicada", en Sánchez, S. J. J., R. C. Carpio y G. E. Díaz, (comps.), *Aplicaciones del conocimiento psicológico,* pp. 211-219, México: ENEP-Iztacala, UNAM.

Bunge, M. (1975), *La ciencia su método y su filosofía*, México: Siglo XX.

— (1989), *La investigación científica*, 2a ed., Barcelona, España: Ariel.

Giménez, G. (1994), "Obstáculos para el progreso de la razón sociológica en México", en Leal y Fernández, J. F., C. A. Andrade, L. A. Murguía y F. A. Coría (comps.), *La sociología contemporánea en México*, pp. 107-120, México: UNAM.

Gramsci, A. (1967), *La formación de los intelectuales*, México: Grijalbo.

Habermas, J. (1993), "Un informe bibliográfico: la lógica de las ciencias sociales", en Habermas, J., (comp.), *La lógica de las ciencias sociales*, México: Red Editorial Iberoamericana, REI.

Hanson, N. R. (1989), "El dilema del teórico: un estudio sobre la lógica de la construcción de teorías", en Olivé, L. y R. A. R. Pérez (comps.), *Filosofía de la ciencia: teoría y observación*, pp. 216-252. México: Siglo XXI.

Hayes, S. C. (1981), "Single Case Experimental Design and Empirical Clinical Practice", *Journal of Consulting & Clinical Psychology 2*, 193-221.

Horgan, J (1988),. *El fin de la ciencia. Los límites del conocimiento en el declive de la era científica*, Barcelona: Paidós.

Kédrov, M. B. y A. (1968), Spirkin. *La ciencia*, México: Grijalbo, 1968.

Kuhn, T. S. (1989), "Las revoluciones como cambios de la concepción del mundo", en Olivé, L. y R. A. R. Pérez, (comps.), *Filosofía de la ciencia: teoría y observación*, pp. 253-278. México: Siglo XXI.

— (1992), *La estructura de las revoluciones científicas,* 3a ed., México: Fondo de Cultura Económica.

Lévi-Strauss, C. (1981), *Antropología estructural. Mito, sociedad, humanidad*, México: Siglo XXI.

Mardones, J. y N. Ursúa. (1982), *Filosofía de las ciencias humanas y sociales. Materiales para una fundamentación teórica*, Barcelona: Fontamara.

Mills, C. W (1975),. *La imaginación sociológica*, México: Fondo de Cultura Económica.

Osorio, J. (1994), "Los nuevos sociólogos: tendencias recientes de la sociología latinoamericana. Estudios Latinoamericanos", *Nueva Época* 1 25-44.

Piaget, J. (1987), "La situación de las ciencias del hombre dentro del sistema de las ciencias", en Cortés, F. y R. M. Ruvalcaba (comps.), *Programa Nacional de formación de profesores universitarios en ciencias sociales. Metodología II*, México: SEP, U. de G. y Comecso.

Popper, K. R. (1994), *La sociedad abierta y sus enemigos*, Barcelona: Paidós Básica.

Rosenblueth, A. (1981), *El método científico*, 4a ed., México: Consejo Nacional de Ciencia y Tecnología.

Russell, B. (1982), *La perspectiva científica*, México: Planeta.

Sánchez, V. A. (1996), "Izquierda y derecha política: ¿y en la moral?", en Olivé, L. y L. Villoro (comps.), *Filosofía moral, educación e historia. Homenaje a Fernando Salmerón*, pp. 37-52. México: UNAM.

Scott, W. A. y M. Wertheimer. (1981), *Introducción a la investigación en psicología*, México: El Manual Moderno.

Sosa-Martínez, J. (1990), *Método científico*, México: Sistemas Técnicos de Ediciones.

Tourianne, A. (1985), "Las transformaciones del análisis sociológico", *Cahiers Internationaux de Sociologie LXXVIII*.

Zabludovsky, G. (1995), *Sociología y política el debate clásico y contemporáneo*, México: Miguel Ángel Porrúa.

7

Hacia el desarrollo de una tecnología social en el ámbito de la criminología

Arturo Silva Rodríguez y
Laura Edna Aragón Borja
Campus Iztacala, UNAM

El campo de la comisión de conductas antisociales en los últimos años –como acertadamente lo comentan algunos autores (Hirschi y Gottfredson, 1988; Garrido, 1993)– ha sido dominado por una tendencia netamente normativa y discursiva de naturaleza sociológica enfocada sobre todo en la búsqueda de los correlatos sociales y demográficos de la delincuencia, así como en determinar en qué forma ha cambiado la normativa elaborada por la sociedad con el propósito de tender fronteras que mantengan bajo cierto control la comisión de conductas violatorias del bienestar social. La característica distintiva de esta tendencia ha estado enmarcada por concepciones sociológicas, normativas o estructurales en las que los procesos de razonamiento de los individuos no son importantes para comprender y explicar la conducta antisocial. La predilección por estos enfoques ha producido una gran cantidad de información, la mayoría de las veces de un carácter exclusivamente narrativo. Esta tendencia ha sido muy socorrida en Latinoamérica; baste revisar las publicaciones periódicas en esta zona para corroborar de inmediato que la narración de tipo periodístico es la que mayor popularidad ha gozado y sigue gozando en el mundo científico latinoamericano. Lo anterior ha ocasionado que demos escasa importancia a los esfuerzos hechos para cambiar o alterar el curso seguido por la criminalidad en las sociedades, que, ante los ojos de la ciencia orientada en lo social –como vimos en el capítulo anterior–, la instrumentación de medidas para solucionar problemas socialmente importantes contribuye poco al crecimiento del conocimiento científico. A lo más que puede contribuir es a sugerir recomendaciones de naturaleza tecnológica encaminadas a paliar en la sociedad los efectos de la criminalidad.

Sin embargo –también como señalamos en el capítulo 6–, ya es tiempo de cambiar la dirección tradicional que ha seguido la ciencia, y más en la criminología, por una secuencia paradigmática que empiece con la construcción de conocimiento científico a partir de solucionar los problemas derivados de la criminalidad y después construir teorías que expliquen los cambios observados. Llevar a cabo esto permitirá que los criminólogos se dirijan a un nuevo conjunto de compromisos que coadyuven a cimentar o establecer una base nueva de la práctica de las ciencias sociales, que rompa con la tradición a la que ha estado ligada la actividad científica en los últimos años. El objetivo de este capítulo es delinear la ruta que debería seguir la criminología comprometida con solucionar los problemas de criminalidad, por medio del desarrollo y construcción de una tecnología social de naturaleza gradual.

Hacia una tecnología social

La actividad en la criminología ha estado vinculada sobre todo a la creencia de que por ser ciencia encaminada principalmente a la interpretación de los propósitos y significados de la criminalidad –véase Taylor, Walton y Young, 1990–, no es posible generar en ellas ningún conocimiento que difunda uniformidades universales válidas que expliquen los acontecimientos particulares, a pesar de que haya habido algunos esfuerzos encaminados a establecer leyes, como los de Ferri cuando señala en su ley de la saturación criminal –según refiere Rodríguez, 1989– que es evidente que el nivel de criminalidad está determinado, cada año, por las diferentes condiciones del medio físico y social combinadas con las tendencias hereditarias y los impulsos ocasionales de los individuos, siguiendo una ley que, por analogía con las de la química, denominamos de la saturación criminal.

En física, la generalización descansa en la uniformidad, la cual establece que en circunstancias semejantes ocurrirán cosas parecidas; por el contrario, en la criminología, el principio de uniformidad y semejanza que suponemos válido a través del espacio y el tiempo, es considerado no aplicable, pues no existe uniformidad en los fenómenos que estudian, por la sencilla razón de que únicamente se repiten semejanzas en determinado periodo histórico, pero nunca persisten de un periodo a otro. De ahí que a diferencia de las ciencias naturales, las uniformidades encontradas en la criminología son muy distintas, debido a que cambian de un periodo a otro, como resultado de la actividad humana; de este modo, las uniformidades no pueden ser referidas como leyes naturales sino como obras realizadas por el hombre; y por ser realizadas por él mismo, el hombre en su naturaleza humana tiene el poder de alterarlas y en cierto grado controlarlas o, como decía Vico allá por el siglo XVIII en su *Scienza Nueva,* el mundo de las naciones –entiéndase mundo social y humanístico– ha sido hecho por los hombres, por lo que en ellos debemos buscar los principios (Vico, 1993).

Con base en la anterior suposición, afirmamos que la criminología no tiene por qué encaminarse a la búsqueda de leyes para explicar o predecir nomológicamente sus fenómenos; en todo caso, de ser necesario deberían abocarse a la búsqueda de leyes o tendencias históricas, pero en ninguna circunstancia a leyes nomológicas legaliformes, como sucede en la física. En este sentido, los esfuerzos deben encauzarse a la interpretación del significado de las acciones humanas, descartando de su análisis el examen de la descripción y reproducción con exactitud de los fenómenos y centrando el interés principal en la comprensión de las obras humanas, que por su naturaleza son únicas e irrepetibles. La idea que apoya estas creencias consiste en suponer que es posible descubrir y entender, intuitivamente, cómo y por qué ocurrió un determinado suceso, y que mediante el uso de la comprensión es factible entender de una manera indiscutible sus causas y sus efectos, esto es, las fuerzas que lo ocasionaron y su influencia en otros sucesos.

La contribución de este razonamiento en la evolución de la criminología, sobre todo en países en vías de desarrollo como México, ha sido el fomento desproporcionado –por parte de los círculos científicos– de macroteorías de naturaleza netamente interpretativas en las que el problema del significado de las acciones humanas y la forma de representarlas han sido consideradas el ideal supremo al que debe aspirar todo intento de investigar cualquier asunto humano. Este desarrollo del conocimiento en la criminología ha propiciado que tengamos escasa información acerca de las causas que influyeron para que el individuo llegue a realizar una conducta antisocial, o la manera en que está alterado su equilibrio social, psicológico y familiar después de haber participado en la consumación de un hecho antisocial.

Otro factor que ha contribuido al poco interés sobre el análisis de la criminalidad en función de los propios actores sociales ha sido el marcado desprecio tenido en los últimos años por el estudio empírico de dicha problemática social, ya que en los círculos científicos se ha privilegiado solazarse en las categorías conceptuales de una macroteoría con la finalidad de explicar el fenómeno de la criminalidad. El procedimiento consiste en hacer una crónica de las acciones colectivas a partir generalmente de noticias periodísticas, de la consulta de los archivos policiacos o ministeriales o de la entrevista a informantes claves y relacionarlas con algunos conceptos teóricos, subrayando principalmente la influencia que tiene una gama muy amplia de cambios económicos y políticos, de relaciones de poder, de clase y de condición socioeconómica sobre el problema analizado. Los temas tratados en estos estudios han sido muy variados; sin embargo, principalmente han estado relacionados con los conglomerados urbanos marginales, con las experiencias de la clase obrera y de los grupos subculturales, además de con la forma como los agentes de control hacen todo lo que está a su alcance para mantener el poder social. La idea que apoya estos estudios consiste en suponer que la única manera de comprender y explicar la conducta antisocial en determinada sociedad reside en elaborar macroteorías que contemplen las diversas estructuras emergentes en cada momento de la evolución humana, para poder dar cuenta de cómo las normas y los recursos, producidos por los sujetos, determinan las propiedades estructurales que limitan al propio individuo que las construye.

Como consecuencia de lo anterior, es común que en los círculos científicos de criminólogos escuchemos que el método debemos centrarlo en la intuición comprensiva, debido a la propia naturaleza de los fenómenos estudiados, por lo que no sólo toda actitud verdaderamente científica, sino también toda comprensión que se precie de llegar a la esencia de los fenómenos debe sustentarse en la contemplación e interpretación de la historia humana. Las variantes de esta premisa han tenido varios caminos; sin embargo, todas pueden agruparse alrededor de tres corrientes principales: la primera se centra primordialmente en el aspecto teleológico involucrado en los fenómenos, pues establece que comprendemos todo acontecimiento cuando lo analizamos en términos de las fuerzas que hicieron posible su aparición, esto es, cuando son conocidos los propósitos y los motivos de los individuos involucrados en los fenómenos. Como consecuencia de esto, el método está dirigido a hacer una reconstrucción imaginaria de las actividades, ya sean racionales o irracionales que los individuos estimaron conveniente realizar para obtener los fines buscados.

Otras variantes metodológicas centran su atención no solamente en el aspecto teleológico de los fenómenos involucrados en la criminología, sino que van más allá al señalar que también es necesario para comprender, además de cómo y por qué ocurren los fenómenos, cuál fue el significado y la relevancia de que ocurriera determinado fenómeno. En este contexto entendemos por significado y relevancia que un fenómeno no sólo ejerce cierta influencia y conduce, con el tiempo, a otros acontecimientos, sino también por el simple hecho de ser cambia el valor situacional de una amplia serie de acontecimientos distintos. De acuerdo con esta visión, para analizar la vida social debemos ir más allá del mero análisis de las causas y efectos de los hechos —esto es, de motivos, intereses y reacciones causadas por las acciones— y buscar entender que cada suceso tiene un papel característico dentro de la totalidad (Popper, 1996). Por tal motivo, la relevancia del fenómeno es evaluada en términos de la influencia que ejerce para alterar la totalidad; por ende, la relevancia se determina en parte por el impacto que tiene en la alteración de la totalidad.

La tercera y última variante engloba a las dos anteriores y agrega un elemento más, pues sostiene que para comprender el significado o la relevancia de la criminalidad no basta con analizar su génesis, efecto y valor situacional, sino además es necesario estudiar las tendencias y direcciones históricas, objetivas y básicas que estuvieron presentes en el periodo en cuestión, así como la contribución de la criminalidad al proceso histórico global. En consecuencia, esta variante considera que el método de la criminología, para que sea capaz de entender el significado de los fenómenos, debe trascender el campo de la explicación causal, adoptando un carácter holístico que ha de identificar el papel determinante desempeñado por el acontecimiento dentro de una estructura compleja, representada por el todo que comprende no tanto las partes contemporáneas como los estadios sucesivos de su desarrollo temporal.

La influencia de las tres variantes anteriores dedicadas a la interpretación del significado de las acciones humanas ha conducido a construir conocimiento en la criminología hacia el desarrollo de teorías comprensivas de los fenómenos incluidos en el rango de influencia de dicha ciencia. Esto ha ocasionado que en muy contadas situaciones dirijamos la vista hacia las formas que existen de cambiar el rumbo de los acontecimientos; pasando por alto, de manera imperdonable, el hecho de que los conocimientos científicos no sólo deben de abocarse a construir teorías explicativas de los fenómenos, ya sea que en la criminología las hagamos por vía de explicación o de comprensión, sino también deben ofrecer la posibilidad de influir en el comportamiento futuro de la criminalidad para predecir su evolución, pues el éxito en esta prueba práctica del poder sobre el medio ambiente o de adaptación a él ha dado a la ciencia su prestigio y le ha otorgado la autoridad de la que actualmente goza (Russell, 1982).

Tomando a la criminología como arquetipo, es posible señalar que la ciencia se mueve en dos planos: uno tiene que ver con la forma como el razonamiento desarrolla una especie de método para llegar a una verdad de carácter social con la que puede estar conforme todo hombre. Éste es el escenario más conocido de la ciencia y el más reverenciado, cuyo mérito consiste en utilizar enunciados lógicos y métodos de prueba que evitan que aparezcan disputas enconadas que ineludiblemente ocurrirán en caso de que la emoción privada fuera considerada prueba de la verdad. El otro plano en el que actúa la ciencia es el del poder, ya que con él es posible influir en los acontecimientos cambiando su cauce y su futuro. Una gran parte de la vida moderna está fundada en el uso exitoso de la ciencia, lo cual es cierto al menos en lo que concierne a las cosas de la naturaleza. En el caso de su aplicación directa a las cosas propiamente humanas ha tenido menos éxito, y aún sigue tropezando con ciertas dificultades derivadas de creencias tradicionales que ven al carácter predictivo de la ciencia como una empresa de naturaleza netamente oracular constituida por una selección de recetas pragmáticas —muchas de las cuales desempeñan la función de ritos mágicos—, y no como una planeación de naturaleza gradual y sistemática encaminada a cambiar el curso de los acontecimientos. Es posible que las dificultades que ha encontrado la aplicación de la ciencia en el ámbito propiamente humano sea producto de que su ejercicio implica transitar caminos no evidentes a simple vista para la mayoría de los mortales y que su uso incipiente está reservado por el momento a determinados círculos especializados de la sociedad.

Si bien el segundo plano tiene que ver con el carácter pragmático de la ciencia, no por esto deja de ser relevante, porque es un aspecto que evalúa la efectividad de las ciencias en términos de su utilidad para conocer la forma futura que adquirirá determinado problema, o para obtener cierto resultado o efecto en el problema de interés. Por ejemplo, es muy común encontrar en la sociología que la predicción es vista como una ayuda para revelar el futuro político de un acontecimiento específico, con lo que la predicción se convierte en un medio altamente demandado por los políticos que tienen una visión práctica, pues les permite orientar sus políticas y prevenir conflictos; con ello, la sociología deja de ser científica y se transforma en una especie de sociología instrumental compatible con la "razón de Estado o con la política de Estado" (Giménez, 1994).

Las predicciones científicas que hacen que la ciencia resulte práctica, como acertadamente lo señala Popper (1996), son de dos tipos: en el primero predecimos a partir de análisis teóricos o de tendencias históricas la ocurrencia de un evento que no podemos evitar que ocurra. A este tipo de predicción, Popper le asigna el nombre de *profecía*, pues advierte sobre un acontecimiento futuro imposible de evitar y se asemeja a una predicción oracular, debido a que generalmente es advertida la ocurrencia de cierto fenómeno por la aparición de determinados signos y símbolos, o mediante la adivinación. El otro tipo de predicción centra su atención en indicar las medidas que están al alcance o que debemos tomar para obtener ciertos resultados. A esta clase de predicciones Popper las denomina *tecnológicas,* debido a que forman la base de una ingeniería, que en el campo que nos ocupa correspondería a una ingeniería social encaminada a crear otro plano de relación entre los actores sociales, en el cual demos mayor importancia a la planeación de ciertas acciones para obtener resultados específicos. Este aspecto tiene que ver con la aplicación de los conocimientos científicos en la solución de problemas socialmente importantes.

La preferencia mantenida a lo largo del tiempo y aún conservada en la actualidad en la criminología –como lo vimos al inicio de este apartado–, por centrar su atención exclusivamente en la comprensión intuitiva de los fenómenos y hacer a un lado la explicación causal de éstos ha hecho que la tarea a la que se ha dedicado dicha ciencia sea proporcionar al mundo predicciones de carácter exclusivamente profético y ha habido poca cantidad de esfuerzos a elaborar predicciones tecnológicas que indiquen los pasos constructivos que debemos dar para conseguir un determinado resultado. La adopción del segundo camino permitirá satisfacer la necesidad que existe en la criminología de construir lo que Popper llama *tecnología social,* cuyos resultados puedan ser puestos a prueba mediante una ingeniería social de naturaleza gradual (Popper, 1994). Esta opción es una alternativa al camino condenado a cualquier cambio que deseen hacer en el ámbito de la criminología los espíritus más radicales cuando profetizan que cualquier cambio conlleva la destrucción de todo, para que una vez terminada la espera de que el viento y el agua se lleven las cenizas, inicie otra vez el proceso de construcción de un nuevo pacto entre los distintos actores sociales. La idea en que está apoyado este radicalismo es que toda planificación que intentemos llevar a cabo queda invariablemente supeditada al imperio superior de las fuerzas históricas que imponen una mecánica de cambio que poco tiene que ver con el perfeccionamiento o el aprovechamiento de los recursos existentes para materializar los resultados deseados creando una tecnología social, pues las fuerzas históricas siempre tienen como propósito revolucionar los sistemas más que perfeccionarlos.

La frecuente inclinación por las predicciones proféticas en la humanidad es debida, en parte, a la predilección que tiene el ser humano por los designios oraculares, pues ante la vista de los demás, a la persona que los ejerce le proporciona cierto enigma y sabiduría por poseer la facultad de adelantarse al futuro y tener la fortuna de lograr casi una inspiración divina, como hemos atribuido a lo largo de la historia a los gurús, a los elegidos, a los visionarios, a los videntes, etcétera. Por supuesto, en las ciencias sociales y de la conducta las predicciones proféticas no adquieren ese carácter tan grotesco; en éstas, las predicciones se fundamentan en la comprensión de las tendencias amplias que caracterizan a los procesos de cambio seguidos por los fenómenos o problemas sociales, pero además tienen interés en comprender las causas de esos procesos y la manera como funcionan las fuerzas responsables de los cambios; los profetas también se aventuran a formular hipótesis sobre las tendencias generales ocultas bajo los procesos de cambio observados, con la finalidad de que los hombres tomen las medidas que crean más convenientes, ante los cambios venideros y acomoden sus acciones teniendo siempre presente la profecía deducida de las leyes históricas.

En el aspecto metodológico las predicciones tecnológicas en el campo de la criminología, en contraposición con las proféticas, están dirigidas a la fundamentación de una ciencia social tecnológica que tenga como propósito identificar los elementos que debemos tomar en cuenta para resolver un problema generado por la criminalidad, ya sea que enfoquemos la resolución a eliminar, disminuir o incrementar la incidencia de conductas prosociales. Invertir esfuerzos en desarrollar una tecnología social permitiría a la criminología fortalecer su aspecto práctico mediante la predicción tecnológica que especifique los elementos que debemos de tomar en cuenta para producir cambios en los fenómenos de interés, y dejar de ser sólo espectadores y profetas de la historia en la que se desarrollan los fenómenos en su devenir, pues el valor de cultivar aspectos prácticos no sólo consiste en aumentar la motivación para incursionar en la criminología, sino también sirve como freno de dicha ciencia, como lo mencionábamos cuando decíamos en el capítulo 6 que dedicarse a la solución de problemas relevantes convierte el carácter de la ciencia de ser socialmente irresponsable a una ciencia con responsabilidad social.

Reconocer la importancia que tiene resolver los problemas prácticos que enfrenta la criminología permitirá hacer menos pronunciado el sesgo en que hemos caído, por el romance fanático y apasionado que le ha profesado en los círculos científicos en ese campo del conocimiento del universo, tanto al desarrollo de teorías explicativas de los fenómenos, basadas en la intuición comprensiva, como a la proclamación de predicciones proféticas acerca del desarrollo histórico que seguirán en el futuro los acontecimientos. Este reconocimiento traerá como consecuencia que el fiel de la balanza sea desplazado en dirección a incrementar el interés por involucrarse en la solución de problemas generados por la criminalidad mediante el diseño de una tecnología social, encaminadas a identificar las medidas necesarias para alterar el curso de dicho problema, para que, de esta manera, la criminología, además de ser profética –característica que tiene mucha aceptación en los círculos científicos–, quede fortalecida por el desarrollo de una tecnología social que podamos evaluar mediante una ingeniería social. Inclinarse por impulsar un aumento en el desarrollo de una tecnología social no implica necesariamente abogar para que ocurra un viraje en la criminología hacia el pragmatismo, sino reconocer que tanto la erudición como la sabiduría son cualidades que favorecen el desarrollo del conocimiento científico, pues –como menciona Popper, parafraseando a Kant– "ceder a todos los caprichos de la curiosidad y permitir que nuestra pasión por la investigación no quede refrenada sino por los límites de nuestra capacidad demuestra una mente entusiasta y anhelosa, no indigna de la erudición. Pero la sabiduría tiene el mérito de seleccionar, entre los innumerables problemas presentados, aquellos cuya solución es importante para la humanidad" (Popper, 1996, p. 70).

Regresando al aspecto metodológico que dictaría las pautas a seguir en la consecución de predicciones tecnológicas en la criminología, deberá estar delimitado sólo por un interés genuino consagrado a descubrir aquellos hechos que habremos de tomar en cuenta para inducir un cambio, ya sea temporal o permanente de los fenómenos que son campo de estudio de dicha ciencia. Esta concepción de ingeniería social se aleja radicalmente de la idea tenida en el pasado en el sentido de que dicha ingeniería debe centrarse en desarrollar una especie de contabilidad social, en la cual, además de dar cuenta de datos socioeconómicos, también ha de dirigir sus esfuerzos a proporcionar información estadística relacionada con problemas sociales, como la salud, la educación y la marginalidad social de los grupos de delincuentes, etcétera. Esta noción de ingeniería social ocasionó en algunas ciencias –por ejemplo, en la sociología–, como lo relata Giménez (1994), que su avance fuera sometido no a la razón científica, sino a la razón práctica de Estado que establecía y definía a priori los problemas sociológicos legítimos que merecían ser estudiados. Esto recortaba arbitrariamente la realidad social al recurrir a criterios de sentido común no preocupados por explicitar los principios que guiaban a seleccionar dichos problemas.

La noción de ingeniería social por la que abogamos en este capítulo trasciende las anteriores ideas, pues pensamos que ésta no solamente debe dirigirse a describir las condiciones cualitativas o cuantitativas de la criminalidad, sino también ha de conducir sus esfuerzos a encontrar las medidas por tomar en cuenta para obtener determinado resultado. La tecnología derivada del cultivo de esta ingeniería social debe elaborar sus propios procedimientos de exploración que se adapten a las circunstancias concretas de los fenómenos o problemas sociales derivados de la criminalidad, aunque su parecido se aleje marcadamente de la forma como la ciencia estudia los casos puros en ambientes más controlados. La creación de la tecnología social no debe verse frenada porque en algunas áreas sólo empleemos un cúmulo de reglas empíricas que a simple vista no tienen ninguna conexión con principios científicos, pues en la ciencia existen muchos ejemplos en los que las acciones son llevadas a cabo sin saber inicialmente en qué orientación teórica pueden acogerse. En este caso, la siguiente tarea sería analizar si las reglas empíricas realizadas para cambiar el cauce de los acontecimientos o fenómenos pueden ser integradas satisfactoriamente en una teoría existente sobre el campo de estudio, sin violentar sus criterios de inclusión, de consistencia, de precisión, de pertinencia y de simplicidad, que fije dicha teoría.

Si la tecnología social utilizada en la tarea cumple con la inclusión de las reglas empíricas que fije determinada teoría, la situación plantea nuevos problemas científicos, cuya solución sólo es posible encontrar al construir nuevas teorías, o en la invención de nuevas técnicas que conduzcan a un conocimiento más adecuado y a un mejor dominio del asunto. En resumen, la tecnología social que debemos fomentar en la criminología no ha de ser exclusivamente la aplicación del conocimiento científico a los problemas prácticos relacionados con la criminalidad, sino que debe estar viva y regirse por la aplicación del enfoque científico en la solución de los problemas prácticos vinculados con la criminalidad. En este sentido, la tecnología social estaría entendida, a la manera de Bunge, como el tratamiento de los problemas prácticos sobre un fondo de conocimiento científico y con la ayuda del método científico (Bunge, 1975).

El problema de la ausencia de uniformidades en la criminología

Como consecuencia de la idea de que la ingeniería social es sólo una especie de contabilidad estadística de problemas sociales, en el pasado reciente hemos dado la espalda al descubrimiento de los hechos empíricos que inducen cambios sociales temporales o permanentes, que es evidente que existen, pues si fuera así, no habría ninguna alteración en los fenómenos porque su estado sería constante y sin ninguna variación a lo largo de su existencia. Sin embargo, es indiscutible que en la vida social todo fluye y no únicamente como resultado de ciertas leyes de un desarrollo histórico inexorable, sino también por la influencia de factores que reflejan cierta uniformidad que ponen freno y moldean el desenvolvimiento de los fenómenos que constituyen el universo de interés de la criminología.

La poca atención dada al descubrimiento de uniformidades se ha debido principalmente a la idea de que el camino en el que debe aventurar la criminología es aquel que conduce a la identificación de analogías. Así frecuentemente preguntamos: ¿cuál es la razón que apoya la creencia de que el nivel de criminalidad presente en una sociedad tiene algún parecido cuando ocurre en otra sociedad? Para dar respuesta a esta pregunta es habitual que los intentos sean dirigidos a realizar acciones encaminadas a identificar los elementos comunes presentados en la criminalidad en ambos tipos de situaciones o contextos, así como en indagar cuáles son las variaciones tanto cualitativas como cuantitativas en que se manifiesta. A la manera del inductivismo de Bacon, buscamos los hechos que comparten una misma propiedad, aunque ocurran en diferente cantidad –etapa de identificación de análogos–; igualmente, examinamos el fenómeno con la finalidad de identificar los hechos que son únicos de la criminalidad en términos de la situación en que suceden –etapa de identificación de hechos negativos o de ausencias de análogos–; y finalmente, inspeccionamos la criminalidad con el propósito de plasmar los grados de comparación –etapa comparativa–, ya sea equiparando el aumento y la disminución de las analogías encontradas en la criminalidad en la misma situación o en situaciones diferentes (Bacon, 1991).

En la criminología para construir conocimiento científico no basta con encontrar analogías en un fenómeno en situaciones diferentes o en diversos fenómenos dentro de un mismo contexto, la mirada se debe dirigir también a identificar uniformidades, que aunque no sean de carácter legaliforme, garanticen mínimamente llegar a reconocer y comprender los paralelismos que existen en los fenómenos examinados. De este modo, es importante encontrar el conjunto de condiciones o factores que ocasionan que la criminalidad se manifieste de igual manera en distintas situaciones, o en diversos momentos con el propósito de identificar las similitudes en sus principios generales de operación, a pesar de que las especificaciones físicas sean muy diferentes. Los principios generales de operación pueden encaminarse a identificar las uniformidades manifestadas en los procesos de la criminalidad en cuanto a la forma cualitativa o cuantitativa que adopta, así como también, en términos de las diferencias en los parámetros de las relaciones observadas en los fenómenos.

Encaminar a la criminología a la exploración de los principios generales de operación de los fenómenos permite extender las fronteras del conocimiento más allá de la sola demostración de la consistencia interna que posee determinada teoría explicativa que se ocupa de cierta porción de la realidad de la criminalidad, pues además facilita establecer relaciones entre fenómenos considerados inconexos hasta ese momento, al descubrir los principios operativos que les son comunes. Sin duda, existe una gran cantidad de actos delictivos que no comparten ninguna similitud en cuanto a la forma de manifestarse, pero que están relacionados estrechamente en cuanto a los principios generales que los producen; por ejemplo, si un fenómeno engulle a otro, o en la situación en que descubrimos que dos actos delictivos tienen una frontera común.

Dirigir los esfuerzos a descubrir los principios generales de operación tiene otra ventaja, puesto que permite integrar los fenómenos sin necesidad de recurrir a un proceso deductivo, con lo cual queda superada la limitación inherente del requisito insalvable que establece el razonamiento deductivo, en el sentido de la invariabilidad de las relaciones a lo largo de toda su existencia, pues como fue establecido desde el pensamiento aristotélico, la validez o invalidez de una inferencia deductiva es inmutable y universal hasta el fin de los tiempos, como lo enseña la ya famosa argumentación deductiva sobre la mortalidad de los hombres y su derivación hacia Sócrates, la cual establece que:

Todos los hombres son mortales
Sócrates es un hombre
Por tanto, Sócrates es mortal

La alternativa que brinda la búsqueda de principios generales de operación es la posibilidad de integrar al campo de conocimiento de la criminología fenómenos que aparentemente no tienen ninguna relación entre sí, cuando son analizados bajo la óptica de las situaciones en que se presentan, o al ser estudiados en un segmento particular de su existencia, pero que al hacer un análisis más cuidadoso en otras situaciones, contextos o en otros momentos de su existencia, podemos encontrar con sorpresa que los fenómenos se funden en uno solo. Con el razonamiento deductivo es imposible descubrir este tipo de hechos delictivos que únicamente emergen cuando los fenómenos alcanzan situaciones críticas o llegan a etapas críticas de su existencia que hacen que la forma de manifestarse tanto simbólica como empíricamente sea idéntica, sin importar que en otros instantes su naturaleza haya sido del todo distinta. De igual modo, es posible incorporar en el campo del conocimiento el instante en que las situaciones o la etapa por la que pasa el fenómeno se aparta de las fronteras comunes y vuelve a manifestarse lo que era una unidad, como dos fenómenos diferentes. Así, la demostración de que dos o más actos delictivos coinciden en un punto y a continuación divergen sistemáticamente constituye un logro de gran importancia con miras a integrar el conocimiento científico que tenemos de determinada área del ser humano. En el ámbito de la experimentación psicológica, esta manera de construir conocimiento es conocida como *método de contigüidad cuantitativa* (Sidman, 1960).

Una variante más que podemos explorar cuando analizamos la criminalidad con el propósito de descifrar los principios generales con los que operan es averiguar cómo dos o más actos delictivos, que son el resultado de dos o más condiciones antecedentes, comparten una misma funcionalidad. La forma de dar respuesta a esta cuestión es utilizar en la organización de los hechos el *método de contigüidad funcional*, pues por este medio es factible establecer una contigüidad −en términos de similitudes funcionales− entre fenómenos, a pesar de que sean el resultado de situaciones, contextos, o de momentos históricos diferentes. Este método permite agrupar en un mismo principio general de operación varios tipos de acciones humanas que son objeto de estudio de la criminología, como la acción racional con arreglo a fines, valores y tradiciones. Con la aplicación del método de contigüidad funcional sería posible integrar en una misma uniformidad varios fenómenos que, aunque sus orígenes o elementos desencadenantes sean distintos, pretenden alcanzar los mismos fines. Igualmente, podríamos sistematizar fenómenos que persiguen alcanzar ciertos valores, éticos, religiosos, estéticos o ideológicos.

Caminos que recorre la tecnología social

Una vez identificados los principios generales de operación, estaremos en una condición más ventajosa para moldear con planes racionales el movimiento de los fenómenos objeto de estudio de la criminología, y otorgar con esto a la razón el poder de realizar un mundo más razonable. También será posible desterrar la creencia de que el movimiento es solamente el producto de fuerzas sociales en conflicto de intereses, en las que la planeación racional no tiene cabida, como ha sido reiterado tantas veces en los sectores propensos a rechazar la tecnología social, por considerar que las revoluciones en el ámbito del universo social no surgen como un resultado directo de una planeación racional, sino como producto de una guerra de intereses y fines, en la que cada contendiente busca someter y subordinar a su contrincante bajo su predominio. Una vez desterrada la noción de que el movimiento humano en la sociedad es sólo producto de fuerzas sociales en conflictos de intereses, podremos dirigir la mirada hacia el horizonte futuro de los acontecimientos para enfrentar con imaginación y dedicación los desafíos que plantean los acontecimientos por venir. Colateralmente, también podremos atenuar la obsesión que ha caracterizado a la mayoría de las

áreas del conocimiento que conforman a la criminología de mirar hacia
atrás en el análisis y el planteamiento de los problemas de gran relevancia
social; así, en su grado más extremo, estos esfuerzos han conducido a la
búsqueda de los factores conjugados para dar origen a los males sociales
que ocurren en el presente y, en su versión más grotesca, a la cacería de brujas aderezada en ocasiones con un espejismo quijotesco de atacar molinos
de viento. En todos estos esfuerzos queda excluida la posibilidad de integrar la planeación racional del horizonte futuro de los problemas sociales,
mediante la interpretación y comprensión de su pasado.

El ingreso de la planeación racional como elemento definitorio de la
tecnología social da la oportunidad a esta última de superar el plano del destino manifiesto al que han sido condenados todos los cambios en el universo social, trascendiendo también a aquellas visiones que si bien aceptan
la influencia de la razón en la vida social, la relegan exclusivamente al campo
de la interpretación de la historia con la finalidad de descubrir las leyes
inexorables del desarrollo de los acontecimientos. La superación de estas
visiones interpretativas racionalistas ocurre debido a que las predicciones
realizadas están centradas únicamente en hacer profecías más que en proporcionar las acciones que debemos realizar para producir un cambio en los
acontecimientos, ya que impera el criterio de considerar racional a una interpretación, si los cambios predichos proféticamente concuerdan con el
deseo que motivó la realización de la profecía. En caso de que el desarrollo
futuro del fenómeno profetizado tienda hacia otra dirección, el deseo de
construir un mundo más razonable es considerado enteramente irracional.
Estos enfoques siguen estimando que sólo pueden interpretar el desarrollo
social y ayudarlo en varias formas; sin embargo, su tesis es que nadie puede
cambiarlo por más esfuerzos que haga (Popper, 1994). Lo anterior niega a
la razón la posibilidad de edificar un mundo más razonable y la condena
a ser un elemento más, sin posibilidad de trascender más allá de las leyes del
desarrollo histórico, muy semejante a la ley de la gravedad en la física, la cual
establece que todo lo existente en el mundo físico se somete a la fuerza de
la gravedad; análogamente, todo lo que puede planear la razón humana para
edificar el mundo social se somete inevitablemente a la lógica seguida por
las leyes del desarrollo histórico y no puede hacer nada para cambiarlo. Lo
más que puede hacer la razón humana es interpretar la historia para revelar
la forma que toman dichas leyes.

Dar un giro en la criminología hacia prestar mayor atención a la construcción de una tecnología social, más que a seguir obsesionados por
incursionar exclusivamente en el desarrollo de teorías explicativas o interpretativas de los acontecimientos, surge de la necesidad que tienen hoy día

estas ciencias de cimentar sus teorías en fenómenos de naturaleza más prácticos. La necesidad nace debido a que una gran cantidad de teorías surgidas recientemente han tenido pocos o nulos resultados en la explicación de la criminalidad; en este sentido, cada vez resulta más apremiante que las especulaciones de las cuales son generadas las teorías estén controladas por la práctica. Procurar que dichas especulaciones teóricas estén controladas por la práctica no solamente garantizaría que las teorías siempre hicieran contacto con un acontecimiento que el grupo social consideraría de relevancia capital, sino también enriquecería el debate metodológico y lo haría más fructífero al inspirarlo en los problemas prácticos que enfrenta un investigador al tratar de poner en práctica cierta teoría, pues como señala Popper (1996), casi todos los debates sobre el método no inspirados en la práctica están caracterizados por una atmósfera de fútil sutileza que ha desacreditado a la metodología ante los ojos del investigador práctico. Sin embargo, es importante mencionar que este enfoque tecnológico práctico por el cual abogamos en este capítulo no es una defensa para que la criminología tenga por objeto un pragmatismo a ultranza, sino con este esfuerzo buscamos alentar a que la especulación teórica que la ha caracterizado integre visiones prácticas en su trayectoria de desarrollo. Con esto pretendemos que no sean excluidos los problemas teóricos que puedan surgir del análisis de los problemas prácticos, sino más bien sensibilizar para estar al pendiente de identificar el momento en que el enfoque tecnológico propicia que surjan problemas de carácter puramente teórico y, de esta manera, dirigir los esfuerzos a elaborar la teoría que explique el problema surgido. La ventaja de acercarse al estudio de los problemas tratados por la criminología con la visión anterior es que el enfoque tecnológico, además de auxiliar en la selección de problemas socialmente relevantes, pondrá un freno al impulso tan marcado que hay en dicha ciencia hacia la pura especulación y mantener bajo control la fascinación que todo ser humano siente hacia la metafísica, pues forzará a someter a toda teoría que construyamos a criterios definidos de claridad, comprobación y refutación.

En las ciencias sociales y de la conducta, la ingeniería social ha seguido dos caminos; uno ha sido la planeación utópica u holística cuya finalidad es remodelar a toda la sociedad de acuerdo con determinado plan o modelo, apoderándose de las posiciones clave y buscando controlar desde éstas las fuerzas históricas que moldean el futuro de la sociedad en desarrollo, ya sea deteniendo ese desarrollo, o previendo su curso y adaptando a la sociedad a dicho curso (Popper, 1996). El otro camino conduce por el sendero de la planificación gradual de los cambios, que aunque se tenga un ideal de ver a la sociedad como un todo, no busca rehacerla totalmente, sino persigue llevar a cabo pequeños cambios y reajustes que pueden ser mejorados continuamente. En este sentido, dicha alternativa consiste en transitar paso a paso de manera gradual haciendo altos en el camino con la finalidad de comparar cuidadosamente los resultados obtenidos que esperábamos con el cambio instrumentado, estando siempre al cuidado de identificar el momento en que ocurran las inevitables consecuencias indeseables de la puesta en práctica de cualquier cambio para realizar los ajustes pertinentes; procurando evitar instrumentar cambios complejos que por su dificultad natural impidan identificar las causas y los efectos y, por consiguiente, ocasionar que desconozcamos lo que en realidad está ocurriendo.

Los caminos que podríamos transitar con el fomento de la ingeniería social de naturaleza gradual en la criminología estarían encaminados a verificar la eficacia y las posibilidades de instrumentación de una tecnología nueva, a especificar la forma de obtener una evolución determinada de los fenómenos que no hubiéramos logrado, dejando que siguiera su curso normal; otro de los caminos sería instrumentar deliberadamente una tecnología social por la expectación de conocer qué resultados produce y cómo pueden ser integrados en un marco explicativo. Un elemento adicional es que la tecnología social que utilicemos para alcanzar los anteriores propósitos no requiere que sea necesariamente original, pues puede ser sólo el resultado de nuevos usos o combinaciones de métodos antiguos. En resumen, la ingeniería social en la criminología ha seguido uno de dos caminos: hacia una ingeniería utópica u holística o hacia una ingeniería social tecnológica gradual.

Entre el enfoque gradual y el utópico de la ingeniería social existen puntos de vista diferentes acerca de cómo deberían tratarse los cambios buscados en la criminalidad; mientras que para la ingeniería utópica debemos explorar únicamente la manera de reconstruir, a partir de la destrucción, una nueva forma de relación que produzca una transformación radical de la sociedad, para la ingeniería tecnológica gradual los cambios han de centrarse en examinar un problema con una perspectiva abierta, sin olvidar nunca el alcance que podemos lograr con el cambio propuesto. Además, en el enfoque de la ingeniería utópica es desechado el factor humano, pues el único fin buscado es transformar radicalmente todo. Por tal motivo, una carencia de esta aproximación es no considerar el papel que desempeña el factor humano en la incertidumbre de los cambios. Este último hecho tiene profundas consecuencias que alteran grandemente la planificación utópica, ya que al no considerar el factor humano y relegarlo a un conjunto de impulsos humanos que pueden ser organizados para ser dirigidos hacia la dirección deseada, fuerza inevitablemente a la ingeniería holística a recurrir a la improvisación gradual, a la manera de la ingeniería social tecnológica gradual; no obstante, a diferencia de ésta, en la ingeniería utópica realizamos cosas que no teníamos la intención de hacer, llegando a fundamentarse en el contrasentido de ser una planificación transformadora no planificada.

Al no otorgar la ingeniería utópica el papel que merece el factor humano en su carácter privado y relegarlo a ser poco menos que una hoja de árbol movida por los caprichos del viento, cual ser sin voluntad propia, aleja toda posibilidad de evaluar el éxito o el fracaso alcanzado en la consecución de esas condiciones apropiadas, pues, según la visión de la ingeniería utópica, lo único que tiene que hacer el ser humano ante los cambios es adaptarse a la nuevas condiciones sociales apropiadas (a las condiciones sociales que el ingeniero utópico considera adecuadas) y vivir bien en ellas. Por no incluir el factor humano en la planificación utópica y centrar su atención exclusivamente en la transformación de la sociedad, olvidando por consiguiente incorporar en su plan la transformación de ser humano, cuando ocurre la incertidumbre de los cambios en el factor humano empleamos la fórmula banal de considerar a aquellos a quienes no les agrade vivir en la sociedad que se les ha planificado, como individuos no preparados para vivir en ella, por lo que sus impulsos humanos necesitan ser organizados más aún (Popper, 1996). Esta idea de la planificación utópica olvida que los seres humanos no son hojas de árbol, sino seres que, mediante sus acciones, moldean y determinan la forma y la estructura del papel que desempeñan en la sociedad.

El carácter que adquiere la tecnología social en la criminología debe ser de naturaleza gradual, pues con ella y debido a los cambios graduales y sistemáticos que perseguirá realizar, aunado al análisis crítico, será posible obtener resultados prácticos que fortalezcan los marcos teóricos explicativos y extender el ámbito especulativo más allá de la sola crítica de las propuestas de mejoras a los problemas socialmente relevantes o de los intentos por descubrir si determinado resultado es producto de ciertos elementos amalgamados en el pasado para producir el efecto observado. En el campo de la tecnología social también deberá ser colocada en su justa dimensión la búsqueda de los fines que persiguen los individuos al emprender determinada acción, para centrar su atención en las medidas pertinentes para que determinado resultado aparezca. Lo anterior no quiere decir que la criminología deba abandonar el estudio de los fines que los individuos tienen para realizar determinadas acciones, sino que éstas, al igual que las causas, deben ser retomadas en el ámbito teórico de dicha ciencia, no sólo para estar en posibilidades de responder que "algo tuvo lugar porque ocurrió aquello" (como sucede en la explicación causal), sino también para conocer que esto "tuvo lugar con el fin de que ocurriera aquello", conocimiento que podemos obtener mediante la comprensión teleológica. En este sentido, la tecnología social gradual vendría a redondear el conocimiento científicos de los fenómenos de la criminología, pues podríamos responder a las preguntas de cuáles fueron sus causas, cuáles sus fines y cuáles las medidas que debemos aplicar para obtener cierto resultado.

De ese modo, estaríamos ejerciendo una ciencia en la cual a la vez que satisface el deseo de conocer aspectos puramente teóricos, también habría posibilidades de usarla como un instrumento para resolver los problemas prácticos socialmente relevantes producto de la criminalidad. Podríamos alcanzar lo anterior con diseños de estudios en los que busquemos describir, explicar e identificar las causas de la criminalidad e instrumentar medidas preventivas primarias, secundarias y terciarias ante dicho problema, de una manera sistemática más apegada a la ingeniería social de naturaleza gradual.

A manera de desenlace

En conclusión, cabe decir que la propuesta hecha en este capítulo de dirigir a la criminología hacia la generación de una tecnología social de naturaleza gradual en la que sean identificadas claramente las causas y los fines y queden especificados los medios necesarios para obtener determinados resultados, tiene como finalidad sentar las bases para edificar una cosmovisión que abandone de una vez y para siempre la idea de que es irracional tratar de resolver un problema socialmente relevante, debido a que en la criminología no resulta factible cambiar el curso de los acontecimientos y lo único que podemos cultivar en ella es la interpretación o comprensión de los fenómenos y, en el mejor de los casos, explicarlos en términos de sus causas o profetizarlos considerando sus signos y símbolos. El cultivo de esta cosmovisión permitirá que los criminólogos orientados al análisis de los problemas sociales derivados de la criminalidad dirijan su atención hacia asuntos de naturaleza puramente teóricos; asimismo, propiciará que los criminólogos ubicados en el extremo de la especulación netamente teórica sean sensibles a la influencia que tienen en los hombres los problemas sociales en que éstos están inmersos.

De tal manera, con esa cosmovisión será posible tender los puentes de comunicación necesarios entre los ámbitos más exclusivos de la explicación teórica y los campos más prácticos de la ciencia y eliminar el escenario de la disputa en que se han desenvuelto, a lo largo de la historia reciente, estas dos formas de ver el quehacer científico. La disputa puede ilustrarse inge-

niosamente con la historia de dos criminólogos especializados en la negociación de rehenes, que al llegar al escenario de los hechos donde un individuo que robó un banco tiene como rehén a una persona y tirotea a los
policías, uno de los criminólogos, orientado más a los aspectos aplicados, se
acerca a la barrera antibalas y tomando aliento empieza a entablar un diálogo con el delincuente con el fin de negociar la liberación del rehén. Después
de transcurrir dos horas de negociación, el delincuente libera al rehén y deja
sus armas, el producto del robo y luego se entrega a la policía. Cuando
regresa al vehículo en que había llegado al lugar de los hechos, encuentra a
su compañero criminólogo absorto en sus pensamientos y lo único que
alcanza a preguntarse es por qué le tocó un compañero con tan poco espíritu de ayuda y solidaridad con los seres humanos. Al día siguiente, los criminólogos reciben otra llamada en la que solicitan sus servicios porque de
nueva cuenta otro delincuente que robó un banco tiene un rehén y está dis-
parando; vuelve a ocurrir que el mismo criminólogo entabla la negociación
y, una vez liberado el rehén, el delincuente es detenido; al regresar encuentra a su compañero en la misma actitud que en la ocasión anterior, situación
que empieza a molestarlo. Al siguiente día ambos vuelven a recibir otra llamada para atender otro caso de un delincuente que después de haber asal-
tado un banco tiene como rehén a una persona, pero ahora al llegar al lugar
el criminólogo que ha atendido a los anteriores casos dice a su compañero:
"Ven, acompáñame para que me ayudes en la negociación con el delincuente para que libere al rehén y se entregue a la policía", a lo cual su compañero le contesta: "En un momento te alcanzo, nada más deja que termine
de escribir estas notas"; sin embargo, este último tarda mucho y vuelve a
ocurrir que el mismo criminólogo encabeza la negociación que resulta en la
liberación del rehén y la captura del delincuente. Al regresar encuentra a su
compañero ensimismado en sus pensamientos y al lado de él, una gran cantidad de notas, lo cual hace que el criminólogo orientado a solucionar problemas se moleste con su compañero, lo increpe señalándole la poca
sensibilidad que tiene para ayudar a sus semejantes y su poco espíritu profesional de servicio, y lo amenaza con denunciarlo para que le sea retirada
su cédula profesional, pues en ningún momento ha mostrado disposición
para ayudar a las personas en desgracia. En ese momento, el criminólogo
que a simple vista no ha realizado ninguna acción para negociar la liberación de los rehenes y la captura del delincuente, deja de estar absorto en sus
pensamientos y, mirando directamente a los ojos de su compañero que lo
acusa de no sentirse comprometido con sus semejantes para solucionar sus
problemas, le contesta:

Cómo que no he estado haciendo nada para solucionar el problema del aumento de robos de bancos y la toma de rehenes, si todos estos días, aun después de que ha terminado mi turno de servicio, he estado buscando en tus reportes, en los cuales describes los casos que has atendido, así como en la bibliografía más reciente en la que hay estudios empíricos y teóricos del robo de banco y de la toma de rehenes, elementos que ayuden a descifrar cuáles factores inducen a las personas a robar bancos y tomar rehenes, para que de esta manera podamos construir un modelo teórico que nos ayude a explicar el comportamiento de los robabancos, así como a delinear las medidas que debemos tomar para que los delincuentes que roban bancos no intenten tomar rehenes.

El relato, aunque muy coloquial, es una clara muestra de que cualquier fenómeno en la criminología debe tratarse desde distintos enfoques; en uno de ellos utilizamos las habilidades especiales para solucionar el problema inmediato, como el criminólogo que prefiere atender la emergencia de velar por el cuidado de la vida de los rehenes. En el otro enfoque construimos una fuente más amplia de conocimientos, que incluye desde la generación de explicaciones hasta la creación de modelos teóricos que proporcionen alternativas de solución a los problemas presentes y futuros. Como apoyo de estos enfoques está el mismo número de ámbitos en los que navega todo conocimiento científico: el primero es el explicativo o de generación de conocimientos; el segundo está encaminado a diseñar y aplicar medidas que permitan obtener determinados resultados. Es indiscutible que estos dos ámbitos se complementan uno a otro y en su simbiosis contribuyen a fortalecer el conocimiento en sus áreas de influencia; sin embargo, como lo hemos señalado a lo largo del presente capítulo, estas dos fuentes han sido consideradas dos corrientes independientes y cada una corre siguiendo su propio cauce. En esta visión antagónica de las dos corrientes que nutren el conocimiento científico de la criminología, el fiel de la balanza se inclina por la fuente explicativa y comprensiva de los fenómenos, estimando de interés secundario para la generación de conocimiento científico la formación de habilidades especiales para solucionar problemas socialmente relevantes. Tal situación está sustentada en la práctica común seguida en la criminología de únicamente explicar y no buscar soluciones a los problemas, pues existe la creencia de que no está en manos de dicha ciencia cambiar el curso de los acontecimientos, sino sólo profetizarlos. Lo anterior queda reflejado en la costumbre actual seguida en círculos científicos en los que es prioritario que los esfuerzos para construir conocimiento científico se encaminen hacia el desarrollo teórico, relegando a un lugar secundario cualquier inquietud de generar tecnología social y aplicarla en la solución de los problemas creados por la criminalidad. Empero, esta última fuente no es secundaria, sino que la efectividad de la tecnología social alimenta eficazmente la fuente dedicada a la construcción de teorías explicativas de los fenómenos. Por tal motivo, las personas que cultivan la criminología no deberían sentirse satisfechas con sólo explicar las causas de los fenómenos, sino también deberían dirigir su interés hacia la creación de una tecnología social encaminada a dictar las medidas que deberíamos tomar para solucionar los problemas sociales generados por el nivel de criminalidad existente en una sociedad.

En el plano operativo, el diseño de una tecnología social encaminada a solucionar problemas, en contraposición con la alternativa de construir teorías y modelos explicativos que den cuenta del problema seleccionado, tiene un privilegio más como consecuencia de que su desarrollo no está condicionado por hipótesis que restrinjan su actuar y lo comprometan con una predicción, en el sentido de que el fenómeno debe adquirir determinado derrotero. Cuando deseamos explicar el fenómeno, es común plantear una hipótesis a partir de la cual juzgamos los resultados obtenidos al analizar dicho fenómeno; en caso de que los hallazgos no muestren indicios que fortalezcan lo enunciado en la hipótesis, consideramos que el camino seguido es un fracaso y, una vez superada la frustración y la contrariedad, empezamos de nuevo agregando o eliminando conceptos explicativos al modelo teórico, hecho que origina en ocasiones la sensación de que la ciencia debe su progreso a esos tropiezos. Por el contrario, el privilegio que posee la búsqueda de solucionar un problema socialmente relevante se deriva del hecho de no obsesionarse por una hipótesis determinada, ya que cualquier resultado obtenido al aplicar la tecnología social que no contribuya significativamente a solucionar el problema es considerado únicamente una estrategia poco efectiva para cambiar el rumbo de los acontecimientos; por ello, surge la necesidad de dirigir las acciones hacia otra dirección en la que contemos con cifras esperanzadoras de que obtendremos mejores resultados y, una vez logrado esto, incluir los nuevos hallazgos en un marco teórico que dé fe de ellos.

Una ventaja más de la creación y aplicación de una tecnología social radica en que no se aferra demasiado a hipótesis preestablecidas, lo cual le otorga la posibilidad de descubrir nuevos fenómenos por casualidad que lleguen a revolucionar una determinada teoría científica explicatoria. No debemos descartar esta posibilidad, pues es posible hacer muchos descubrimientos importantes al aplicar una tecnología social para solucionar una problema, porque resulta incuestionable el papel que desempeña el azar en la construcción del conocimiento científico. Es tal el papel del azar en la ciencia que en la actualidad ha sido acuñado un término hecho popular para indicar que "el descubrimiento fue casual"; este término es un neologismo introducido al castellano y que no ha sido posible traducir, por lo cual sigue manteniendo el nombre de Serendipity.

Finalmente, sólo resta señalar que si bien en el momento no podemos prever qué requerimientos existirán en el futuro, hoy día es impostergable dedicar más tiempo a la construcción de una tecnología social de naturaleza gradual cuya finalidad sea solucionar el problema de la criminalidad. No obstante que la historia enseña que no es posible predecir con exactitud las directrices de las necesidades futuras que haya de la criminología para construir conocimiento científico, lo que sí es posible afirmar con toda certeza que las semillas de los avances venideros serán sembradas cuando las disciplinas que engloban las ciencias sociales y de la conducta inviertan una proporción de sus esfuerzos en la construcción y desarrollo de una tecnología social gradual. Es posible señalar con certeza que cualquier afán por cultivar este campo de acción en la criminología no será infructuoso, pues resulta incuestionable que todo avance tecnológico plantea problemas de carácter teórico, cuya solución puede consistir en idear nuevas explicaciones o nuevas técnicas que conduzcan a un conocimiento más adecuado y a un mejor dominio del tema.

Bibliografía

Bacon, F. (1991), *Novum organum*, México: Porrúa.

Bunge, M. (1975), *La ciencia su método y su filosofía*, México: Siglo XX.

Garrido, G. V. (1993), *Técnicas de tratamiento para delincuentes*, Madrid, España: Centro de Estudios Ramón Areces.

Giménez, G. (1994), "Obstáculos para el progreso de la razón sociológica en México", en Leal y Fernández, J. F., C. A. Andrade, Murguía, L. A. y F. A. Coría (comps.), *La sociología contemporánea en México*, pp. 107-120, México: UNAM.

Hirschi, T. y M. Gottfredson. (1988), "Towards a General Theory of Crime", en Buikhuisen, W. y S.A. Mednick (comps.), *Explaining Criminal Behavior*, Leiden: Brill.

Popper, K. R. (1994), *La sociedad abierta y sus enemigos*, Barcelona: Paidós Básica.

— (1996), *La miseria del historicismo*, 7a reimp., Madrid: Taurus en El Libro de Bolsillo Alianza Editorial.

Rodríguez, M. L. (1989), *Criminología*, 6a ed., México: Porrúa.

Russell, B. (1982), *La perspectiva científica*, México: Planeta.

Sidman, M. (1960), *Tactics of Scientifics Research*, Nueva York: Basic Book.

Taylor, I., P. Walton y J. Young. (1990), *La nueva criminología. Contribución a una teoría social de la conducta desviada*, Buenos Aires: Amorrortu.

Vico, G. (1993), *Principios de una ciencia nueva: en torno a la naturaleza común de las naciones*, México: Fondo de Cultura Económica.

Colaboradores

Arturo Silva Rodríguez
Laura Edna Aragón Borja

Esta obra se terminó de imprimir
en septiembre de 2006, en los Talleres de

IREMA, S.A. de C.V.
Oculistas No. 43, Col. Sifón
09400, Iztapalapa, D.F.